人才与科技助力乡村振兴研究

郭修平　王艳华　著

中国农业出版社
北　京

图书在版编目（CIP）数据

人才与科技助力乡村振兴研究 / 郭修平，王艳华著．
北京：中国农业出版社，2024. 6. -- ISBN 978-7-109-32032-1

Ⅰ. F320.3

中国国家版本馆 CIP 数据核字第 2024RR8458 号

中国农业出版社出版

地址：北京市朝阳区麦子店街 18 号楼

邮编：100125

责任编辑：肖　杨

版式设计：王　晨　　责任校对：周丽芳

印刷：北京通州皇家印刷厂

版次：2024 年 6 月第 1 版

印次：2024 年 6 月北京第 1 次印刷

发行：新华书店北京发行所

开本：720mm×960mm　1/16

印张：12

字数：222 千字

定价：98.00 元

本研究获得以下项目基金资助：中国工程院战略研究与咨询重点项目《人才与科技助力吉林省农业高质量发展的机制和模式研究》（JL2023－05）、吉林省教育科学“十四五”规划重点课题《新农科背景下经管类专业实践课程改革研究》（ZD22154）。

前言
FOREWORD

党的十九大提出实施乡村振兴战略，对现代农业产业体系建设和农业科技进步、产业融合等“三农”工作提出了新的要求。乡村实现全面、全方位振兴，在任务清单上不仅包括乡村经济建设，还涉及政治建设、文化建设、社会建设和生态文明建设等诸多方面。党和国家深刻认识到乡村振兴的重要性，努力探索乡村发展的可行途径，不断丰富“三农”发展的内涵和外延，始终坚持党的核心领导地位，充分发挥中国特色社会主义制度优势，广泛调动社会力量推动乡村全面振兴，接续制定了一系列惠农支农政策，不断加大对乡村的扶持力度，促进优质要素、资源向乡村区域流动，加速城乡经济、文化、科技、社会、生态等领域融合发展，有效提升乡村民生福祉，促进城乡共同富裕。

党的二十大提出“教育、科技、人才是全面建设社会主义现代化国家的基础性、战略性支撑”。在中华民族伟大复兴蓝图下，只有发挥好乡村人才与农业科技的支撑作用，才能有效推进农业农村现代化、实现乡村全面振兴。目前我国乡村依然存在发展不平衡不充分的问题，尤为突出的是乡村产业发展动能弱、乡村政治生态差、乡村传统文化衰落、乡村环境污染严重、乡村资源大量闲置等问题。在发展新时期，大力培育乡村人才、推进农业科技创新是解决乡村现实问题、促进城乡均衡发展的有效途径。

本书研究重点共包括十章内容：第一章阐述了乡村振兴战略的实施部署，分析乡村振兴战略的实施意义、时代特征和实践路径；第二章分析人才与科技对乡村振兴战略的支撑作用，在理论层面梳理了人才与科技助力乡村振兴战略的逻辑机理，强调了“科技是第一生产力、人才是第一资源、创新是第一动力”的发展理念，提出了对“人才兴农”“科技兴农”的战略思考；第三章至第六章侧重围绕乡村人才问题开展研究，依次分析生产经营型、创新创业型、科技型和治理型乡村人才队伍建设现状和发展困境，并从人才工作的“引、育、用、留”等方面提出各类乡村人才队伍的建设策略；第七章和第八章偏重对农业科技问题的研究，分析了农业科技在创新、转化、推广环节中面临的主要问题和影响因素，从研发主体、转化途径、推广模式等多个角度提出相关对策；第九章是国外典型案例分析及经验借鉴，总结美国、日本、德国等农业发达国家在推进乡村人才建设和农业科技发展中的成功做法；第十章侧重探索人才与科技助力乡村振兴战略的实践路径，是在前九章分析结论的基础上，结合我国新时期社会经济发展特征和乡村发展实际，探索人才与科技助力乡村振兴的有效切入点，构建人才与科技助力乡村产业振兴、生态振兴、文化振兴、组织振兴的可行路径，以促进乡村人才发展、农业科技进步，保障乡村振兴战略扎实推进。

人才兴则国兴，科技强则国强，高水平的乡村人才队伍和持续创新的农业科技是全面推进乡村振兴战略的重要支撑。本书围绕乡村人才和农业科技问题提出的一系列对策建议，期望能够在“三农”发展理论与实践中有所应用，研究成果能够为我国加快推进乡村振兴战略、推进农业强国建设、实现中华民族伟大复兴做出一定贡献。

目录
CONTENTS

第一章
全面部署实施乡村振兴战略

第一节　实施乡村振兴战略的意义

党的十九大提出了实施乡村振兴战略，是立足于新时代新征程的历史方位，统筹经济社会发展全局，审时度势、高屋建瓴而提出的顶层设计（李广稷等，2023），是通过辩证分析、科学论断勾勒的愿景蓝图，是全国一盘棋、实现中国梦的科学布局，具有重大的现实意义和历史意义。

一、乡村振兴战略的实施背景

实施乡村振兴战略揭示了社会主义发展规律和建设理念。社会主义曲折发展至今，面临过无数困难，我们由粗浅认知到深入探索，再到把握其发展规律，经历过无数磨砺。新中国成立初期，中国共产党提出“以苏为鉴”，强调苏联“只注重发展重工业，忽视轻工业和农业”的产业政策是导致其解体的重要因素。毛泽东同志于1956年在《论十大关系》报告中提出了“以农业为基础，以工业为主导”的方针，以农轻重为序发展国民经济。虽然在此时期我国将推进农业生产作为经济工作的重点，但从1957年下半年开始仍然走了苏联的错误路线，开展“全民大炼钢”运动，耽搁了农业的健康发展。1962年农村地区形成了“三级所有、队为基础”的统派统购的人民公社体制，城市和农村发展成为两个相对独立的生产系统，二元经济结构逐步形成。1978年改革开放后，农村实行家庭联产承包责任制，农业生产力得到极大恢复，农民温饱问题得以解决。1984年我国推进了以城市为重点的经济体制改革，随着改革的不断深化，农业与工业、农村与城市的发展速度逐步被拉开。

2010年以来，我国国内生产总值稳居世界第二位，制造业增加值连续10余年居世界第一位，高铁运营总里程、高速公路总里程和港口吞吐量均居世界第一位。伴随工业发展的突飞猛进，农业发展的相对滞后性日益凸显。从世界各国经济发展规律看，当一个国家的工业发展水平远远超前于农业发展水平，各类生产要素投向城市的边际效益就很难有更大提升，投资热点会转向农业领域或国外地区。我国经济已处于工业反哺农业、城市反哺农村的发展阶段，在政策层面主张城乡经济社会均衡发展，以求共同富裕。与资本主义国家相比，我国具备社会主义制度优势，不仅可以发挥市场的自我调节作用，还可以通过国家调度、社会动员、党团组织的引领作用发挥，来维护要素配置的平衡，促进工业对农业的支持与援助。所以，在我国社会经济发展新时期提出实施乡村振兴战略，是站在工农业发展历史和现实统一的高度，针对国际、国内两个大局的实际，把握当前社会主义建设规律和发展规律而作出的科学决策。

习近平总书记指出："没有农业现代化，没有农村繁荣富强，没有农民安居乐业，国家现代化是不完整、不全面、不牢固的。""农业农村农民问题是关系国计民生的根本性问题，必须始终把解决好'三农'问题作为全党工作重中之重。"党的十九大报告提出实施乡村振兴战略总要求是"产业兴旺、生态宜居、乡风文明、治理有效、生活富裕"。目标是"建立健全城乡融合发展体制机制和政策体系，加快推进农业农村现代化"。具体措施是：一要完善农村各项基本制度。"巩固和完善农村基本经营制度，深化农村土地制度改革，完善承包地三权分置制度。""保持土地承包关系稳定并长久不变，第二轮土地承包到期后再延长三十年。"二要深化改革，特别要求壮大集体经济。"深化农村集体产权制度改革，保障农民财产权益，壮大集体经济。"三要稳住粮食生产。"确保国家粮食安全，把中国人的饭碗牢牢端在自己手中。"四要进行一整套现代农业体系建设。"构建现代农业产业体系、生产体系、经营体系，完善农业支持保护制度，发展多种形式适度规模经营，培育新型农业经营主体，健全农业社会化服务体系，实现小农户和现代农业发展有机衔接。"五要发展农村产业。"促进农村一二三产业融合发展，支持和鼓励农民就业创业，拓宽增收渠道。"六要健全乡村社会治理。"加强农村基层基础工作，健全自治、法治、德治相结合的乡村治理体系。培养造就一支懂农业、爱农村、爱农民的'三农'工作队伍。"

为进一步推进乡村振兴战略，2018 年 1 月中央一号文件《中共中央 国务院关于实施乡村振兴战略的意见》发布。2018 年 9 月，中共中央、国务院印发《乡村振兴战略规划（2018—2022 年）》，分为十一篇，明确了新时期推进"三农"发展的各项任务，清晰勾勒了乡村振兴蓝图，形成了振兴乡村的系统工程。

二、实施乡村振兴战略的重要意义

实施乡村振兴战略是破解“三农”难题、缩小城乡差距的金钥匙。21世纪以来，我国接续出台了多项支农惠农政策：2002年，党的十六大提出“统筹城乡发展”，是对解决城乡发展不平衡问题的确认和引导；2003年，党的十六届三中全会提出“五个统筹”，再次强调了“统筹城乡发展”；2005年，党的十六届五中全会提出“建设社会主义新农村”，确立了以工促农、以城带乡的发展模式；2006年国家正式取消农业税，标志着中国改革开放进入一个新的转型时期；2007年开始实行“新型农村合作医疗”，完善了农村社会保障体系。虽然这些惠农政策取得了良好成效，但在实践工作中“三农”问题仍然没有得到完全根治，如小农经济与小农生产方式问题，土地的所有权与承包权、使用权矛盾的问题，集体经济的发展与否问题，农村发展的资金渠道问题，农村产业方向问题，农村教育、医疗与社会保障等民生问题，农村基层政权建设问题，农村制度和机制的设计问题等。这些问题的解决路径仍有待于深入探索。党的十八大以来，实施精准扶贫、精准脱贫的基本方略，坚决打赢脱贫攻坚战，多管齐下，多路并进，实打实解决问题。2017年党的十九大提出实施乡村振兴战略，发出对“三农”问题堡垒的总攻令，构建了彻底解决“三农”问题、全面振兴乡村的可行路径。

实施乡村振兴战略是实现“两个一百年”奋斗目标的助推器。2017年中央农村工作会议明确实施乡村振兴战略的目标任务是：到2020年，乡村振兴取得重要进展，制度框架和政策体系基本形成；到2035年，乡村振兴取得决定性进展，农业农村现代化基本实现；到2050年，乡村全面振兴，农业强、农村美、农民富全面实现。由此可见，实施乡村振兴战略紧紧扣住了“两个一百年”奋斗目标。其一，第一个百年奋斗目标——全面建成小康社会的重点难点在农村，“三农”问题的历史沉积久远，解决路径艰难且复杂，这是全面建成小康社会的困难所在。只有所有农民的生活达到了小康，我们的小康才算全面建成。2020年我国脱贫攻坚战取得全面胜利，乡村振兴战略的制度框架和政策体系基本形成，第一个百年奋斗目标实现之际，正是推进脱贫攻坚与乡村振兴有效衔接的关键时期。其二，第二个百年奋斗目标——实现社会主义现代化强国的难点依然在农村。实现农业农村现代化是一项复杂、持久工作，现阶段，农业与工业发展不平衡的矛盾、城市与乡村发展不平衡的矛盾尤为突出，农业农村发展不充分问题亟待解决。乡村振兴战略的实施体现了新时期全面根治我国“三农”发展问题的决心，其内容涉及农业、农村、农民的方方面面，对解决各类乡村发展不平衡不充分问题谋划了实施对策。所以实现了第一个百年奋斗目标后，依然要通过实施乡村振兴战略推进农业强国建设，助力社会主义现代化国家建设，向第二个百年奋斗目标迈进（张琦等，2023）。

实施乡村振兴战略是实现共同富裕的必然路径。新中国成立初期，我国城乡差距不大，但并不富裕，毛泽东同志曾指出，要消灭三大差别，即：工农差别、城乡差别、体力劳动与脑力劳动的差别。在经济建设上，毛泽东同志主张统筹兼顾、全面安排、综合平衡，要求正确处理生产两大部类的关系，即：中央和地方的关系、积累和消费的关系。由于过度强调消灭三大差别和“一大二公三纯”，导致绝对平均主义在全国盛行。1978 年改革开放后，邓小平同志为了消除绝对平均主义导致绝对贫穷的恶劣影响，提出允许和鼓励一部分地区、一部分人因勤奋劳动、合法经营而先富起来，然后先富带后富逐步达到共同富裕的思想，提出沿海一些地区要走在全国的前列，率先实现现代化。同时邓小平同志也指出，国家要尽力支持内地的发展，对于收入差距悬殊的问题，要有效进行调节，要承认发展中的不平衡，更要努力实现从不平衡逐步达到相对平衡。改革开放 40 多年以来，在地理优势和各项倾斜政策的支持下，沿海地区经济水平大幅提升，全国城市工业发展速度也超出预期，与工业、城市相比，农业和农村发展严重滞后，形成了强烈反差，二元经济结构特征愈发明显，且工农差别、城乡差别仍在持续拉大。实施乡村振兴战略秉承的方针是农业农村优先发展，推进城市反哺农村、工业反哺农业，引导优质生产要素向乡村地区流动，补足农业农村发展短板，促进城乡融合进步，因此实施乡村振兴战略就是减小工农差别、城乡差别的良方，是实现城乡人民共同富裕的必然路径。

第二节　乡村振兴战略的时代特征

实施乡村振兴战略，是中国共产党领导的中国特色社会主义事业的本质要求，是在“百年未有之大变局”下开创农业农村现代化道路的必然选择，具有鲜明的中国特色和时代特征。

一、始终坚持党的领导和人民至上

党的领导是中国特色社会主义道路的本质特征和最大政治优势，是中国特色社会主义乡村振兴道路的突出特点和根本政治保障。坚持党的领导，才能够坚持正确方向，坚持农业农村优先发展的战略定位，凝聚最广泛合力，确保攻坚克难、实现共同富裕。

代表中国最广大人民的根本利益是党立于不败之地的根本所在。实施乡村振兴战略是解决发展不平衡不充分问题的实践抓手，是推进中国特色社会主义现代化强国建设的重中之重。习近平总书记指出，要持续推动脱贫攻坚成果与乡村振兴战略的有效衔接。巩固拓展脱贫攻坚成果是全面实施乡村振兴的前提，也是促进农业农村现代化的基础。建设美丽乡村，实现人民物质财富与精神财富同步提升，不断满足人民对美好生活的向往，是中国共产党的初心使命所在。

二、始终坚持共同富裕的奋斗方向

共同富裕是人民至上的自然延伸，是中国特色社会主义的鲜明特征和乡村振兴的内在目标，是实现马克思主义关于人的全面发展理想的基础和保障。实施乡村振兴战略能够充分调动和激发各类生产要素的积极性和创造力，在广阔乡村大展拳脚，有所作为（谢沛涵等，2023），以产业振兴带动农民增收致富，以要素互通优化财富分配机制，不断缩小城乡居民收入差距，走出一条符合国情农情的共同富裕发展道路。

三、始终坚持绿色振兴理念和文化繁荣

乡村生态振兴是“绿水青山就是金山银山”的“两山”理念的具体体现，是实现农业绿色转型可持续发展的必然选择。只有实现生态价值、人的需要与经济价值统一的乡村振兴，才能创造出人民群众的高品质生活。

用高尚的文化涵养人心，用高雅的文化滋养生活，实现人的解放，以及人与人、人与自然的和谐，是马克思主义的思想精髓，是中华农耕文明的底色，是中国特色社会主义乡村振兴的重要精神力量。

四、始终坚持城乡融合发展和改革创新

城乡融合发展是实施乡村振兴战略、推进农业农村现代化的有效途径。要以乡村为基点、以县域为平台，进一步挖掘乡村资源的多元价值和多重功能，打通城乡要素双向流动渠道，增强农业农村发展活力，实现城乡均衡发展。建立城乡融合发展体制机制和政策体系，是打破城乡二元发展模式，实现城乡共生发展共同繁荣的关键。只有促进要素在城乡之间合理配置、双向流动，开拓发展空间、培育新的发展动力，才能真正逐步实现共同富裕。

创新是发展的动力之基，改革是发展的活力之源。统筹绿色发展、共享发展、城乡融合发展的乡村振兴，必须用改革的办法，破除发展的障碍，提升发展效能，以创新驱动孵化新的业态，创造和满足新的需求。要继续守牢国家粮食安全底线，实施藏粮于地、藏粮于技战略，严格耕地保护责任，加强种源等核心技术攻关，提升农业科技水平，为推进农业农村现代化奠定“硬

核力量”。

第三节　乡村振兴战略的实施路径

一、推进乡村产业振兴

乡村产业振兴要发挥好政府和市场两方面的应有作用。政府层面要抓紧制定乡村产业振兴计划，编制重点发展的基础产业目录、重点支持的经营业态目录、重点建设的产业体系目录，建立产业效率评估体系。市场层面要大力消除阻碍资源要素自由流动平等交换的体制机制性障碍，激活要素活力、市场活力、主体活力。

（一）推进城乡要素分配均等化、公共服务供给一体化

全面落实城乡统一的基础设施保障机制，完善农村水电路气房网等基础设施建设。把农业农村作为财政支出的优先保障领域，中央预算内投资继续向农业农村倾斜，优化资金投入结构，提升支农效能；加大各级财政对主要粮食作物保险的保费补贴力度，建立对地方优势特色农产品的保险补贴政策。全面引导农村金融机构存款用于农业农村发展的考核约束机制，实施差别化货币政策，健全覆盖市县的农业信贷担保体系，改革抵押物担保制度，完善抵押物处置机制，扩大涉农贷款规模，推广政府和社会资本合作模式，撬动金融和社会资本注入农业。对城市资本、人才、技术等要素下乡兴业制定优惠政策，大力促进外部要素向农村区域流动。

（二）持续推进农村重点领域深化改革

深化农村土地制度改革，落实第二轮土地承包到期后再延长三十年政策，在基本完成承包地确权登记颁证的基础上强化确权成果应用，完善农村土地“三权分置”制度，加快培育新型经营主体发展多种形式适度规模经营。加快推进农村“三块地”改革，完善新增建设用地保障机制，将年度新增建设用地计划指标确定一定比例用于支持农村新产业新业态发展，抓紧完善农民闲置宅基地和闲置农房政策，探索宅基地所有权、资格权、使用权“三权分置”，允许通过村庄整治、宅基地整理等节约的建设用地采取入股、联营等方式，重点支持乡村休闲旅游等产业和农村一二三产业融合发展。深化农村集体产权制度改革，全面开展清产核资、集体经济组织成员身份确认、股权量化等工作，研究赋予农村集体经济组织特别法人资格的办法。培育壮大农村集体经济，稳妥开展资源变资本、资金变股金、农民变股东、自然人农业变法人农业的改革，打造服务集体成员、促进普惠均等的农村集体经济组织。推进农业农村管理体制改革，严格落实各级党委抓农村基层党建工作责任制，发挥县级党委“一线

指挥部”作用，实现整乡推进、整县提升。深化农村社区建设试点工作，完善多元共治的农村社区治理结构。深化农村精神文明建设，提高农民文明素质和农村社会文明程度。构建农业生产投入一体设计，农村一二三产业统一管理，农业国内国际“两种资源、两个市场”统筹调控的大农业管理格局。

（三）打造多元化乡村产业融合发展格局

发展特色乡村产业，发挥区域特色与优势，打造一大批优质专用、特色明显、附加值高的主导产品，做强做大区域公用品牌。围绕有基础、有特色、有潜力的产业，创建一批带动、示范能力强的现代农业产业园，建立农民充分分享第二、三产业增值收益的分配机制。壮大新产业新业态，大力发展乡村休闲农业、乡村旅游、森林康养等多元化乡村产业，推进农业、林业与旅游、文化、康养等产业深度融合。加快发展农村电商，加快建立健全适应农产品电商发展的标准体系，支持农产品电商平台和乡村电商服务站点建设，发展电商产业园。加快发展现代食品产业，在优势农产品产地打造食品加工产业集群，积极推进传统主食工业化、规模化生产。完善小农户发展政策和机制体系，持续推进农业保险扩面、增品、提标，探索开展价格保险、收入保险试点，推广“保险＋期货”模式。支持农户与新型经营主体通过订单农业、股份合作等形式建立紧密的利益联结机制，让处于产业链低端的小农户也能分享财政支农的政策红利、参与全产业链和价值链的利益分配。

二、推进乡村人才振兴

（一）打造高素质乡村人才队伍

乡村振兴需要大量的人才作为支撑。一方面，农村经济正在向现代化、多样化和服务化转型，需要大量的技术、管理和服务人才；另一方面，农村基础设施建设、环境治理、生态保护等任务也需要大量的人才支持。因此乡村人才不仅需要具备专业技能，还需要有创新精神、管理能力和社会责任感。近年来，我国农村人口持续减少，随着城镇化进程的不断加速，青年劳动力大多数选择进城打工，乡村人才流失情况愈加明显。在推进乡村振兴战略的过程中，离不开人才力量的重要支撑，只有加快培育一大批专业化职业化农民，持续壮大乡村人才队伍，才能回答好“谁来种地”的现实问题，才能补足乡村发展的要素短板（冀香，2023）。

（二）强化人才在乡村发展中的支撑作用

人才可以为乡村振兴注入新的动力，带来新的发展机遇。乡村振兴，核心在“能人兴村”，要下好人才“先手棋”，让更多的能人积极投身到乡村振兴大业中去，强化人才在乡村发展中的支撑作用。一是让乡村人才成为推动农村经济发展和转型的关键力量。乡村经济正在向现代化、多样化和服务化转型，需要大量的技术、管理和服务人才。在现代化的生产生活中，科技所产生的作用不可忽视。乡村振兴需要引进现代化的技术和管理方法，提高农业生产效率和质量，乡村人才可以帮助农村企业实现技术升级、产品升级和市场化，提高经济效益和竞争力。二是让乡村人才成为农村社会发展的重要支撑，人才可以为乡村振兴提供管理和运营的支持。乡村社会需要大量的教育、文化、医疗、养老等服务，这些服务离不开人才的支持。同时，人才还可以帮助乡村社会推进环境治理、生态保护、文化传承等工作，提高农村社会的整体素质和生活水平，推动乡村发展。三是让乡村人才成为开拓市场的主力军。具备市场营销能力的乡村人才能够通过研究市场需求和消费者行为，设计更多符合市场需求的产品和服务，从而推进农产品品牌建设，提高市场占有率，促进乡村经济快速发展。

三、推进乡村文化振兴

（一）乡村文化振兴着重突出乡土性特征

乡村文化以乡土社会为主要依托，体现出乡村文化的乡土性特征。广义上的乡村文化是农民在农业生产劳动过程中创造的物质和精神上的双重财富，具有外在性表现，为广大民众所感知，贯穿到广大农民的物质生活中，如服饰、文字、实物、语言、住房、交通等。狭义上的乡村文化特指广大农民在日常生活和生产中创造的精神文化和由乡土社会的历史发展形成的精神文化，包括经过历史变迁而传承的民风民俗、农民自身受熏陶的道德情感、乡土社会革新下所形成的行为习惯和思想观念等。乡村非物质文化遗产、乡村公共文化体系、乡村文艺作品、乡村群众文化等智慧结晶都是乡村文化的集中体现。

（二）以社会主义核心价值观为引领推进文化振兴

乡村文化振兴就是要以社会主义核心价值观为引领，加强公共文化建设及农村思想道德建设，传扬乡村良好风气，深层次多方面培育和挖掘乡土文化“宝库”。同时挖掘优秀传统农耕文化蕴含的道德规范、人文精神、思想观念，改善村民固有的精神风貌，培育淳朴的民风、养成良好的家风、形成文明的乡风，不断提高乡村的社会文明水平，从而构建和谐社会秩序的共识。因此，乡村文化振兴的重点工作是加强农民思想道德修养的传承，不断弘扬中华优秀传统农耕文化的内在品质，以乡村文艺作品、乡村群众文化、乡村公共文化等文化形式为载体，真正实现乡村传统地域红色文化、民俗文化、农耕文化的振兴。

四、推进乡村生态振兴

（一）着力推进农业绿色、可持续发展

我国正处于推进传统农业绿色转型的关键战略期。针对新时期农业生产所面临的资源环境形势，以及国内外市场对农产品质量安全的新要求，我国需高度关注水土资源保护利用问题，推进农业绿色可持续发展，保障居民饮食安全。党的十八届五中全会提出了绿色发展理念，围绕生态文明问题习近平总书记提出了“绿水青山就是金山银山”的“两山”理念，为实现农业绿色发展指明了方向。为此，迫切需要以绿色发展理念为指导，从数量和质量两个方面保护水土资源，为农产品质量安全提供资源基础，作为农业绿色发展的核心与关键，真正将中央的各项政策及部署落到实处，为14亿多国人提供优质安全的农产品，以满足广大人民对美好生活的需要。

各级农业农村部门要深入学习贯彻习近平生态文明思想，切实把思想和行动统一到党中央决策部署上来，深入推进生态环境保护工作，提升农业农村生态文明。一要切实加强农产品产地环境保护（熊素等，2023）。加强污染源头治理，会同有关部门开展涉重金属企业排查，严格执行环境标准，控制重金属污染物进入农田，同时加强灌溉水质管理，严禁工业和城市污水直接灌溉农田。开展耕地土壤污染状况详查，实施风险区加密调查、农产品协同监测，进一步摸清耕地土壤污染状况，明确耕地土壤污染防治重点区域。在耕地土壤污染详查和监测基础上，将耕地环境质量划分为优先保护、安全利用和严格管控三个类别，实施耕地土壤环境质量分类管理。二要大力推动农业资源养护。加快发展节水农业，统筹推进工程节水、品种节水、农艺节水、管理节水、治污节水，调整优化品种结构，调减耗水量大的作物，扩种耗水量小的作物，大力发展雨养农业。建设高标准节水农业示范区，集中展示膜下滴灌、集雨补灌、喷滴灌等模式。加强耕地质量保护与提升，开展农田水利基本建设，推进旱涝保收、高产稳产高标准农田建设。推行耕地轮作休耕制度，坚持生态优先、综合治理、轮作为主、休耕为辅，集成一批保护与治理并重的技术模式。三要建立健全考核评价机制。各级农业农村部门要切实将农业生态环境保护摆在农业农村经济工作的突出位置，加强组织领导，明确任务分工，落实工作责任，确保党中央、国务院决策部署不折不扣地落到实处。深入开展教育培训工作，提高农民节约资源、保护环境的自觉性和主动性。完善农业资源环境监测网络，开展农业面源污染例行监测，摸清农业污染源基本信息，掌握农业面源污染的总体状况和变化趋势。紧紧围绕“一控两减三基本”目标任务，依托农业面源污染监测网络数据，做好省级农业面源污染防治延伸绩效考核，建立资金分配

与污染治理工作挂钩的激励约束机制。

（二）加强农村人居环境建设

农村人居环境建设要优先开展科学规划工作。一是全面统筹、科学设计。与城市规划相比，农村人居环境建设起步较晚且进度缓慢，相关理论支撑和实践经验相对欠缺。因此在规划思路上要统筹考量农业生产与农村生活，在规划方法上要综合运用理论分析与实践调研，进而做好农村人居环境建设规划工作。二是因地制宜、逐渐推进。我国幅员辽阔、人口众多、民族多样、文化多元，镇与镇之间、村与村之间存在较大的差异性。因此在农村人居环境建设工作中要重点考虑地域差别，因村而异谋划布局，针对不同基础、不同条件的村落设计建设事务，有重点、有层次、有示范地推进相应工作，规避追求政绩式的雷同做法。三是保护传统文化、彰显乡村特色。2013 年习近平总书记视察桐山村时强调，建设美丽乡村不是“涂脂抹粉”，把房子外面涂白，一白遮百丑就行了，而是要将古村落保护好。可见，农村人居环境建设不能一味追求大拆大建，要把乡村的文化资源和传统特色留存住。四是保护农村生态环境、修复农村绿水青山。生态环境破坏是现阶段农业农村发展中存在的重要问题，影响农村居民的身心健康和日常生活，我们应深刻树立环境保护意识，强化乡村生态治理，坚持“预防为主、防治结合、综合治理”的工作原则，归还农村绿水青山。

农村人居环境建设要发挥参与主体的职能作用。政府是农村人居环境建设的指挥者，政府职能的发挥对改善农村人居环境有着直接的作用。农村人居环境建设缓慢，与政府监督和管理的缺失有着必然的联系。一要明确政府职能权限，避免职能混乱；二要加强相关部门的联动合作，提高监督管理能力、创立激励机制。另外，农村居民是完善农村人居环境的参与者和受益人，工作中要加强农村居民的主体性建设：一是推进农村居民环境自治，二是提高居民文化素养。

五、推进乡村组织振兴

（一）加强乡村基层党员队伍建设

组织振兴是乡村振兴的重要保障。如何以组织振兴带动和保障乡村振兴，是基层党组织建设和乡村治理研究中的重要课题。在实践路径上，一要加强和完善驻村第一书记制度。2015 年，中央在各地探索和积累的基础上，将驻村第一书记制提升为全国性制度安排，作为加强基层党组织建设和脱贫攻坚的主要手段。《关于做好选派机关优秀干部到村任第一书记工作的通知》规定，对全国 57 688 个党组织软弱散村和 12.8 万个贫困村选派驻村第一书记，依靠第一书记重建农村基层党组织和实施精准扶贫。事实证明，驻村第一书记在农村基层治理中发挥了至关重要的协调作用，帮助国家圆满完成了脱贫攻坚的历史任务。在发展新时期需进一步培养第一书记的干部素养及专业技能，发挥党支部书记的带头作用，提升其干事创业的能力，强化基层党组织的战斗堡垒作用。二要不断完善基层党员结构。重点发展一批年轻有为的青年党员，将其组建成乡村振兴战略人才队伍，根据党员发展标准，依照党章规定进行党员队伍建设，尤其要从高等教育毕业生、农村致富能手、优秀妇女群体等方面进行潜在人才发掘。

（二）发挥制度优势，形成振兴合力

在脱贫攻坚和乡村振兴的衔接关键时期，要充分发挥我国基层组织建设的制度优势，凝聚各方力量，形成乡村全面振兴的合力（孟祥琳等，2023）。一要强化党建引领作用，使基层党组织成为领导农村各项工作的坚强堡垒，加强党对农村各类组织，包括村民自治和村务监督组织、集体经济和农民合作组织、各种经济社会服务组织的引领，使农村具备自我造血能力，形成可持续性发展的内驱动力。二要创新党建引领模式，因地制宜探索“党支部＋基地＋农民”和“党支部＋企业＋合作社”模式，培育出一批先进个人、致富带头人和新农人，从而在模范带动下引导全体村民参与进来。借助党组织优势统筹规划地方产业布局，实现资源聚集、高效互动，带领全体村民顺应市场趋势，逐步提升生产效率。发挥党组织引领作用，大力招商引资，和上级党组织、非公单位党组织进行联动，结合助农项目、对接帮扶项目，主动找寻更好的发展项目，建立起集种植养殖、农产品加工、旅游观光为一体的产业模式，提升价值链，强化产业竞争优势。

第二章

人才与科技是实施乡村振兴战略的重要支撑

第一节 人才支撑乡村振兴战略

一、乡村振兴战略对人才的支撑需求

（一）乡村振兴战略对人才的规模需求

乡村振兴关键在人才，乡村人力资本开发是全面做好“三农”工作的基础。党的十九大提出了乡村振兴战略的20字方针——“产业兴旺、生态宜居、乡风文明、治理有效、生活富裕”，方针内容全面且统一，虽涉及经济、政治、文化、社会、生态诸多方面，但都与乡村人才的建设问题密切相关。从“产业兴旺”的需求看，乡村振兴需要一大批专业化、职业化的新农人投身于生产实践，在种植、养殖等领域具备突出生产能力，在营销、贸易等方面具备现代经营理念和管理才能，成为建设乡村、推动乡村产业振兴的主体。同时也需要一大批农业农村科技型人才，能够推进现代农业科技成果的推广和转化，围绕生产技术问题开展相应的分析和探索，进而增强农村生产力，实现产业兴旺。从“生态宜居、乡风文明”的需求看，乡村振兴需要培育一大批从事教育、卫生健康、文化旅游、体育以及规划设计等公共服务行业的农业人才，包括乡村教师、乡村机构培训、农村公共卫生医师、农村文艺团、农村志愿者、乡村规划师等，能够在培养农民生态保护意识、推广健康生活方式、丰富乡村文体活动、完善农村医疗卫生服务等工作中形成充沛的支撑力量。从“治理有效、生活富裕”的需求看，乡村振兴需要一大批心理素质过硬、综合能力突出的治理型人才和领导型人才，能够胜任管理、执法等相应岗位的农业人才，主要包括乡镇党政领导人员、农村党组织带头人、大学生村官、农村经营者与农村执法人员等，以实干精神扎实推进乡村各项工作，为农业农村谋求发展道路，实现农民生活富裕。由此可见，发展目标的全面性决定了乡村

振兴战略对乡村人才多层次、多类别的规模需求，只有足够数量的人才聚集于乡村建设，才能保障农业增产增收、农村稳步建设、农民从温饱到小康再到富裕的跨越。

（二）乡村振兴战略对人才的质量需求

乡村振兴不仅需要人才的数量支撑，更要强调人才的质量和实践成效。乡村振兴战略对人才的质量需求体现于三个方面：一是坚定的政治信仰，需要乡村人才具备正确的政治追求和理想信念。在人才培育工作中要明确“为谁培养”“培养什么人”的问题，准确把握乡村人才工作的政治属性。乡村人才需要坚守“为民服务”的宗旨，具有正确的政治追求、政治认同、政治站位和较强的政治能力，具有服务国家、服务人民的社会责任感，能够把个人发展与乡村振兴紧密绑定，积极投身于乡村建设当中。二是突出的技能本领，需要乡村人才具备卓越的创新精神和创造能力。以科技创新为驱动推进农业转型升级是现代农业发展的必然路径，因此乡村振兴需要一批科技领军人才、青年科技人才和高水平创新团队，既包括生产一线的“田秀才”“土专家”，也包括科研院所的农业科技工作者，以支撑农业科技的研发、推广与转化。乡村人才需要具有扎实的专业技术和创新精神，与产业需求相吻合、与时代要求相适应。三是良好的实践能力，需要乡村人才具备突出的社会实践和发展能力。乡村建设必然会面临新的困境和挑战，乡村人才要不驰于空想、不骛于虚声，要勇于实践，做时代的奋进者、搏击者。在组织建设、企业运营、乡村治理等工作中，乡村人才需要不断增强社会认知、人际交往和组织协调能力，在实践中具有检验理论知识的判断能力和决策能力，能够敢闯敢干，不畏艰苦，担当振兴乡村的重任。

二、人才对乡村振兴战略的支撑作用

乡村振兴的宏伟蓝图已经绘就，无论是产业振兴、组织振兴，还是生态振兴、文化振兴，都需要有“人”的参与，都需要有“人才”的引领（黄敦平等，2023）。因此，必须建设一支数量充沛、素质优良、结构合理、懂农业爱农村的乡村人才队伍，为推进乡村全面振兴提供坚实的人才保障。

（一）乡村人才支撑产业振兴

目前我国大部分乡村的产业发展面临着底子薄、规模小、产业链短、运营不善、抵抗风险能力差等难题，解决这些问题，都需要乡村人才的支撑。农业经营型人才直接参与农业一线工作，在生产实践中运用所学知识分析问题、寻找对策，在不同行业领域能够发挥能人效应，担当农业发展的领头人，带动当地农民增产增收，进而增强农业发展动力；二三产业型人才是推进乡村一二三产业融合发展的重要支撑，通过参与乡村建设能够催生农业发展新业态、新模式，对促进乡村产业转型升级发挥关键作用；创新创业型人才能够把先进的农业技术和运营理念带回乡村，依托创业项目拓宽乡村发展路径，借助技术创新延伸农业产业链条，提升农产品经济效益，激发乡村产业发展活力。

（二）乡村人才引领组织振兴

实现乡村善治是乡村振兴战略的题中之义。2022 年的中央一号文件确定了乡村振兴战略的三个着力点，即乡村发展、乡村建设和乡村治理。其中乡村治理主要指充分发挥基层党组织的战斗堡垒作用，实现乡村治理“三治”融合。在此过程中，广大农村党组织人才及广大党员干部发挥着重要作用。农村党组织人才是推动乡村组织振兴的关键，也是带领乡村致富的“领头雁”。目前，我国乡村“两委”成员等党组织人才普遍存在年龄偏大、思想保守、工作前瞻性不足等问题，致使乡村党组织人才普遍存在管理松散、作用发挥不充分等问题。在新发展阶段，乡村治理型人才能够在实践工作中不断提升工作本领和为民意识，担负起乡村振兴掌舵人和领航者的责任，全力谋划乡村发展，引领乡村组织振兴。

（三）乡村人才助力文化振兴

加强乡村精神文明建设，是乡村振兴的重要一环。新时代农民在“富口袋”的同时，更要“富脑袋”。但是，随着城市化进程的加快，大部分年富力强的劳动力迁移到城市，大量的村庄严重缺乏青壮年劳动力，很多民间技艺到了后继无人的尴尬境地。同时，部分乡村在精神文明建设方面滞后，仍存在大操大办红白事、盲目攀比、厚葬薄养等陋习，成为乡村文化振兴的障碍。乡村服务型人才队伍将成为农村公共文化服务建设的坚实力量，通过强化文化产品供给和提升文化服务水平促进乡村文化事业蓬勃发展，让广大农民在精神面貌、道德风尚等方面获得全面提高。

（四）乡村人才促进生态振兴

良好的乡村生态、美丽宜居的乡村环境是承载乡村全面振兴的基础和保障。多年来，粗放的生产方式和农民薄弱的生态发展意识与环保意识，导致我国农村环境遭到破坏，生态保护措施相对不足，严重影响了乡村生态文明建设。乡村人才具备良好的政治素养，能够积极响应国家政策需求，通过培训、教育等手段深刻认知“两山”理念内涵，根植绿色发展意识。同时乡村人才也具备较强的技术能力，能够不断探索低碳环保的绿色生产技术，将生态保护理念作用于生产生活中，引领周边群众建设美丽、环保的宜居村庄。

第二节 推进“人才强农”战略的重点任务

一、强化对农民职业身份的认同

（一）改变对农民职业的固有偏见

农民是社会主义新农村的建设者，是乡村振兴的主力军。加强乡村人才队伍建设，必须营造良好的人才环境，对乡村人才给予充分的尊重。对农民职业固有的偏见来源于城乡、工农发展差距的不断加大，在二元经济结构下，很多人认为城市具有更丰富的公共资源和更高的收入水平，导致农村、农民被贴上了“贫穷”“落后”的标签。只有打破这种固有偏见，才能让农民成为有吸引力的职业，才能加快推进乡村人才队伍建设。在“三农”工作中需要始终强调农业农村优先发展原则，引导优质资源向农村流动，不断缩小城乡资源差距、收入差距，让人们感到乡村与城市一样都具有施展才华的广阔舞台，进而改变城市优于农村的传统观念。在教育手段上可以开展农民体验活动，发动社会成员和在校学生广泛参与，破除传统陈旧的农民形象，在思想上正确认知农民职业，体验现代农业的发展魅力，吸引更多社会力量和毕业学生愿意参与农业生产，投身乡村建设。

（二）坚持正确的舆论宣传导向

充分利用好各类媒体宣传渠道对农村人才建设进行广泛的宣传，使人们认识到乡村人才的重要性以及乡村人才队伍建设的必要性。在宣传形式上应树立乡村人才典型，宣传乡村人才的个人事迹，推广人才培育工作的成功经验，提高农民群体的职业热情。可以制作优秀乡村人才评选节目，全面展示乡村人才的技术特长，并将节目投放在多媒体渠道传播，让观众改善对农民职业的认知；可以举办农业优秀人才交流会，促进乡村人才的交流沟通，通过网络、电视、书籍出版等渠道加以宣传报道，树立正确的、积极的农民职业形象，以此打造热爱农业、尊重农业人才的良好舆论氛围，强化全社会对农民职业身份的认同。

二、构建乡村人才长效供给机制

（一）加强对农村本土人才的挖掘

挖掘农村本土人才是乡村人才队伍建设的重要来源。农村本土居民的优势与劣势十分明显，受教育资源限制，农村居民的教育程度普遍偏低，学习先进农业科学技术的能力相对薄弱，但在农村环境中，本土居民也具备特有的成才优势：一是家乡情怀的优势。本土居民生于乡村，成长于乡村，对当地的风俗习惯和自然环境最为熟悉。乡村既是本土居民的生产劳动场所，更是他们的故土家园。本土居民对农村有着更多的热爱，对建设农村有着更高的热情，在思想上更愿意投身于家乡建设，奉献于乡村发展。二是生产实践的优势。农村具有熟人社会特征，与他人相比，本土人才对当地农业生产经营的不足之处了如指掌，在技术推广和合作交流方面有着明显的便利条件，才能和技术的应用更具有针对性、实用性。因此，本土居民一旦培养成为乡村人才，其发挥的引领示范作用将会更加强劲。挖掘本土人才，要灵活运用现有人才政策，树立创新的人才选拔观念，应注重对本土人员的资料信息整理，建立人才信息库，对信息库成员进行不定时的摸底调查，及时发现人才、培育人才。在挖掘乡土人才的过程中，要打破传统的人才选拔观念，强调实干精神和实践能力的重要性，破除唯学历、唯帽子的工作机制，改进挖掘人才的方法，在实践中选拔具有创造力和引领力的农村本土人才。

（二）加强对乡村人才的引进

吸引更多人才走进乡村、服务乡村，是壮大乡村专业化人才队伍的关键举措。与本地居民相比，社会人才在教育程度和年龄结构上占据优势，学习能力和技术水平更符合现代农业发展需求，人才引进工作的突出作用就是借助外部力量提升乡村人才队伍的专业化、技术化水平。引进乡村人才包含两种类型：一是对本地外流人才的引进。在城镇化推进过程中，很多年轻劳动力背井离乡进入城市谋生，很多打工者虽然学习了生产技能和管理经验，但仍没有真正融入城市生活，埋没在工业化、城市化的浪潮中，难以实现人生抱负。因此在乡村振兴背景下，应积极引导具备生产、管理能力的流失劳动力返乡就业，发挥所学所悟服务家乡，在故土建功立业。二是对社会人才的引进。引导社会人才入乡创业，要强调发挥其能人效应，把先进的农业技术和经营理念带进乡村，推进传统农业转型升级，也可以把社会资源、人脉关系引进涉农企业，拓宽农产品商贸渠道，促进农民增产增收，进而实现城市反哺农村、工业反哺农业。由此可见，无论是哪种引进类型，乡村人才引进目标都是高素质、有能力的外部力量，都需要打破人才从农村流入城市的单向局限性，做好人才的引进工作和保障措施，为引进人才提供施展才华的舞台，构建人才资源在城市与乡村之间双向流动的新格局，实现城乡人才“一体化”，弥补乡村发展的资源短板。

（三）加强对乡村人才的培养

农村人才教育培养是农村人才建设的基础工程。乡村振兴要求培育一大批理论水平高、业务能力强的农村人才。在农村人才的培养上必须注重理论与实践相结合，基于乡村发展需求不断提高人才的理论水平和业务能力（李敏，2022）。

一是要大力发展农村义务教育。农村义务教育是培养农村后备人才的关键所在。必须严格推行义务教育法，确保每一名农村的适龄儿童都得到义务教育的权利。在义务教育工作中，对现有农村课程进行适当改革，增加劳动课内容，培养农村儿童的农业技能。在教育过程中充分培养农村义务教育学生对农村的热爱，开展在地化的教学，让农村学生与土地及农村的山川湖泊林草充分接触，防止农村与农村学生因教育教学产生割裂，保证农业农村的纽带在新一代农村学生中得到传递。国家还要加大对农村义务教育的投入，培养出一大批高素质的愿意到农村进行教育教学的乡村教师，以此改变现有乡村教师素质相对较低，能力相对较弱，年龄结构相对不合理的落后局面。同时，构建教师在城市与农村之间双向流动路径，改善农村教育教学条件，充分开发农村义务教育学生的能力，满足未来农村人才的需求。

二是建立健全农业职业教育体系。农业职业教育是满足农业人才需求的一个重要渠道。要大力发展农业职业教育，培育出一大批切合农村实际需要的具有扎实农业理论知识和技术能力的农村职业人才。通过借鉴学习国外农村职业技术教育培养农村人才的经验，不断加强国家、地方、农村、用工单位与农业职业教育院校的联系，推行农村职业技术人才的定制化教育模式，体现农村人才的实用性。在教育教学的过程中，重视农业理论与农业生产经营实践的结合，具体问题具体分析，做到因地施教，因材施教。而且，要充分调动社会资源积极参与到农业职业教育中来，除了在校的学历教育以外，开展多层次、多方位、多渠道的职业教育，以满足广大农民以及农民人才的职业教育需求。

三是坚固农业农村高等教育高地。一方面，充分整合利用涉及农业农村专业高等院校资源，加强对高素质农村农业人才的培养。国家要大力投入资源到农业农村高科技领域，推动农业高等院校农业农村高科技领域的基础研究，以实现农业农村高科技领域的基础研究的突破。社会要积极广泛地参与农业高科技领域技术的应用开发。加快对农业农村高新技术领域的研究成果的转化。另一方面，政府、社会、农业农村高等院校要大力推广农业农村技术，提高农业农村技术从业者的地位，营造人们尊重农业农村技术人才的氛围。加强高等院校与农村、社会之间的密切联系，实施定制化教育服务，满足农村与社会对高素质人才的精准需求。

四是完善乡村人才培养制度。首先，建立健全乡村教师培养制度。除了常规的师范生以外，因乡村教师资源匮乏，乡村需要大量有素质有能力的乡村教师。国家现有的教师培养体系无法满足乡村对教师的需求，因此国家需要弥补这种培养体系的缺位，制定专门针对乡村教师的扶持政策，大力培养乡村教师队伍。在全国范围内，加大公费师范生培养力度，扩大公费师范生招生规模，拓宽公费师范生招生条件。积极实施公费师范生定向培养，在大学的学习过程中与定向培养的地方或者定向培养的学校进行紧密的联系沟通，为以后教育教学的进行打下坚实基础。其次，建立城市与乡村双向循环的人才流通体制。大力推动城市与乡村的人才流动，建立健全各类人才服务乡村的体制。同时，各类服务乡村的人才要定期到城市交流学习，提升业务能力。

三、建立健全农村人才保障体系

（一）加强组织保障

1. 加强乡镇干部队伍建设

一是重视对乡村领导班子的选拔。在领导班子选拔过程中，加大一线人才的选拔力度，优先提拔长期在乡镇工作有口碑有能力的干部。二是加强对乡镇人员编制的调整。运用信息技术加强对乡镇编制的管理，提升乡镇编制管理的效率。在选聘乡镇人才干部时，强调乡镇人才干部的技术导向，加大新录取人员中技术人才的比重，不断改善乡镇人才的结构。对特殊的乡镇要特事特办，在编制上可以适当调整。三是加大对乡镇干部的激励力度。加大对乡镇干部的关注度，落实职务与职级并行制度，增加乡镇干部的补贴，提升乡镇干部的收入。

2. 加强村级组织队伍建设

一是重视对村干部的选拔。采取多种方式多种渠道选拔村干部，将本地选拔、外来引进、上级下派有机结合起来，让村干部尤其是村党组织书记真正发挥出带领农村振兴的领导作用。二是注重从农村一线工作的群体中选拔农村后备人才，选拔出对农村有了解、对农民工作有认识的后备人才。

（二）强化政策保障

1. 体现政策的基层导向

一是从职称上体现。在乡村人才职称的评定上，增加聘任数量，放宽评选条件，要求以实际工作效果为主要评价条件，从论文学历导向转向实际工作导向。二是从发展上体现。提升具有乡村基层工作经历的干部遴选岗位数量，使乡村干部有奔头。加强对乡村基层人才的培训，为乡村人才出台专属培训政策，实现定制化培训，在外出交流深造的名额上，向基层人才倾斜，让基层人才享受到更多福利。

2. 完善引才政策

一是创新引才编制。以“人来人编”的方式，引进急需人才，对特殊人才可以放宽考核方式，对工作环境艰难的地区解除一定的考核限制。二是扩大用人单位自主权。县区以及乡镇事业单位，根据实际情况，结合自身实际确定引用人才的数量。三是加大对专业技术岗位的投入。加大对专业技术岗位人才的引进力度，地方财政要特事特办，制定专项计划，提高专业技术人才的工资与补贴，完善专业技术人才的社会保障。

3. 提升公共服务保障

一是建好医疗人才队伍。落实高校毕业生到乡镇卫生院工作特岗计划；每年在高校毕业生毕业之际，主动与高校沟通联系，引进乡村急需专业人才，特别是全科医生；定期组织乡村医疗人才到县级以上卫生医疗机构学习实训，提高他们的医疗水平。同时，强化和完善农村合作医疗制度，加强乡村卫生医疗基础设施建设，改善乡村卫生医疗硬件环境，解决村医的养老、医疗保险问题。二是建好教育人才队伍。落实国务院办公厅《关于全面加强乡村小规模学校和乡镇寄宿制学校建设的指导意见》，实现县域内城乡义务教育一体化发展，为乡村提供公平而有质量的教育。落实高校毕业生到农村任教计划，通过考核招聘等方式主动到高等院校引进乡村教育所需的全科教师和外语、艺术类教师。落实乡村教师享受乡镇工作补贴、集中连片特困地区生活补助和艰苦边远地区津贴等政策，并适当提高补助标准。深化教师“县管校聘”管理改革，按照生师比与班师比相结合的方式核定编制。将学校安保、生活服务等事项纳入政府购买服务范围。

第三节　科技支撑乡村振兴战略

一、乡村振兴战略对科技的支撑需求

（一）乡村高质量产业体系构建，需要加快农业科技创新

当前，我国农业仍然以传统粗放型的经营方式为主，迫切需要以科技创新提高农业综合效益和竞争力。

一是我国人均耕地少、耕地质量不高、耕地后备资源不足，迫切需要通过新品种选育、试验示范和良种扩繁及田间管理等新技术应用，提高农业土地生产率。

二是农村劳动力数量愈发不足，农业机械化水平仍偏低，迫切需要加快机械化、信息化、智能化技术创新，提高劳动生产率。

三是需要大力发展测土配方施肥、节水灌溉、水肥一体化、科学防治病虫害等技术，并通过综合技术集成提高资源利用率、投入产出效率，推动农业高端化、绿色化、集约化发展。

四是我国农村一二三产业间衔接不强，迫切需要以科技创新促进农村一二三产业融合发展。我国乡村产业链偏短，需要通过多领域技术融合促进要素融

合和产业融合，发展信息化主导的智能农业、生物技术引领的农业生物制造产业、可持续发展的绿色农业；通过开发农业旅游新产品、新服务，推动农业旅游业创新发展；以信息化技术应用促进农业电商普及发展，推进“互联网+”现代农业发展。

（二）乡村创新创业蓬勃兴起，需要科技激发活力

一是互联网信息技术打破城乡资源梗阻，有利于降低创新创业市场壁垒。互联网为“三农”提供了新的市场交易方式，有利于推动生产领域科技创业，通过农业与信息产业的融合可以催生农业物联网、在线农业、数字农业、直播农业、抖音农业等新业态，为农民提供更多的致富路径。

二是加强平台建设有利于创新创业主体间及农户间的技术交流畅通。通过网络平台可以将新技术和生产经验传播出去，在少数创新创业示范户的带动下，会吸引更多人参与到利用新技术创新创业的队伍中，当新技术跨省份、跨地区传播时，会实现新技术的再次创新，并不断因地制宜地对新技术进行改进，最终完成新技术的传播扩散。

三是完善技术服务体系有利于优化创新创业生态。技术是创新创业成功的关键因素之一。通过完善技术供需匹配机制，优化技术服务体系，可以增加创新创业主体实际需要的技术供给，从技术到服务为创新创业主体提供全方位的支撑。

（三）强化农村民生保障，需要提升民生技术有效供给能力

一是科技助力完善农村基础设施建设，能够改善农村生存状态。目前，我国农村基础设施建设依然落后，缺乏科学规划设计、建造技术和材料，迫切需要科技支撑，借助信息技术收集农村基础设施测量数据，利用大数据分析、社区建设和住宅建筑设计模块化技术与软件，对农村基础设施建设和公用设备配置进行科学发展规划。

二是科技助力提升基本公共服务能力，有利于提高农村生活质量水平。城乡配套公共服务差距较大，要素流通不畅，迫切需要利用信息网络技术，搭建平台，促进优质服务资源向农村流动。通过创新推广大数据技术，建立大数据平台，加强农村信息网络硬件建设，有利于村村通网络等便民利民工程的建设。在推进乡村社会的“互联网+乡村治理”模式中，促使乡村治理不断走向协作共享型治理和整体性治理。

三是科技助力拓宽农民致富路径，有助于缩小城乡收入差距。依靠科技创新的现代化市场化的农业才能为农民增收提供更多的机会，农民从传统的种植养殖产业开始转向从事休闲观光、智慧农业、农村电商等产业，拓宽农民致富路径。通过充分运用农业科学技术，在保护环境和节约资源的前提下，既能为

农村建设留住人才，又能缓解农村劳动力就业压力，促进农民增收。

（四）促进乡村生态宜居，需要完善乡村环境技术服务体系

一是需要依靠科技改善农村生产环境。农业生产发展与资源环境硬约束的矛盾日益凸显，农业高收入与生态环境保护的矛盾需要依靠科技创新来破解。目前迫切需要以科技为手段，加强“三废”污染物处理、农业绿色生产设备、废弃物循环利用、资源保护与综合利用等关键技术创新，大力推动绿色农业、生态农业、休闲观光农业等发展模式，转变农业生产方式和资源利用方式，实现农业生态良性循环与农业的可持续发展。

二是需要依靠科技改善农村生活环境。我国农村垃圾年产生量约 1.2 亿吨，但 90%得不到合理、安全、无害化处置，垃圾、废弃物随意倾倒、丢弃、堆放，致使农村生活环境恶化。需要进一步发挥科技作用，加快垃圾污水处理、农村畜禽粪便处理、农村清洁能源生产、资源高效利用、节水节能等技术应用，对农村生活垃圾、污水、畜禽粪便、作物秸秆等生产、生活废弃物进行无害处理以及再利用，减少对农村生活环境的污染。需要通过大数据监测、数据处理、统计分析、综合规划等技术应用，对农村生活基础设施需求进行分析，制定更加科学准确高效的农村垃圾处理设施规划。

三是需要依靠科技加强乡村生态保护与修复。乡镇企业粗放式生产造成工业污染遗留，农村土地资源破坏严重，全国有 40%的耕地土质较差，农村土壤修复任务艰巨。农村生物多样性减弱，农村自身生态修复能力减弱，需要利用环保科技创新破解农村生态系统保护及修复难题。通过矿山修复技术、土壤资源修复等农村生态修复技术，加强农村生态环境修复；通过生物技术、清洁能源技术、旱区水资源保护与综合利用等高效能源环境保护技术，保护自然生态环境，减少对环境的污染。

二、科技创新支撑乡村振兴战略发展的主要路径

（一）科技创新促进乡村产业高质量发展

乡村产业高质量发展离不开科技支撑，必须着力提升农村产业基础装备水平和劳动者素质（李美岩等，2023），加快农业先进科技成果转化应用，促进农村一二三产业融合发展。

1. 科技创新支撑乡村产业高质量发展的典型模式

根据技术服务主体、服务对象、服务内容、服务方式等不同，当前科技支撑乡村产业发展的典型模式主要可以划分为以下 5 种：涉农高校院所主导的产学研合作服务模式、科技特派员主导的专家指导型服务模式、农业科技企业主导的市场化服务模式、农村科技组织为平台的村民自我服务模式、农业科技园

区综合集成服务模式。从不同服务模式的运行机理、服务内容、服务方式及实际成效等来看，每种服务模式都独具优势。

（1）涉农高校院所主导的产学研合作服务模式。涉农高校院所主导的产学研合作服务模式是指涉农高校及科研机构通过项目合作或购买服务等方式为涉农企业和地方政府提供农业科技服务，开展农业产学研技术合作的模式。合作内容主要包括：一是涉农高校及科研机构同地方政府共建农业科技园区、新农村科技服务基地，开展新农村建设宏观战略研究，建立大学生实习基地、实训工厂，以及涉农高校及科研机构生产试验与示范基地、成果中试和小试基地等；二是涉农高校及科研机构同涉农企业开展农业技术领域的项目合作、技术咨询、人员培训等服务。

（2）科技特派员主导的专家指导型服务模式。科技特派员主导的专家指导型服务模式是一种发端于农村基层并在政府积极推动下逐步形成和完善起来的新型农村科技服务模式，指以涉农高校及科研机构的科研人员为骨干，深入农业农村一线开展技术服务的一种模式，并与农民结成利益共同体，实现科技“高位嫁接、重心下移”，形成科技人员基层创业活动的长效机制。科技特派员把农业科技、人才、管理机制导入田间地头，为涉农企业、种养大户、合作社和普通农户等通过技术承包、试验示范、技术咨询等方式提供技术指导，打破农业生产发展的关键技术瓶颈，解决当前农业发展面临的诸多痛点和难点，为乡村振兴战略实施提供有效的科技支撑。

（3）农业科技企业主导的市场化服务模式。农业科技企业主导的市场化服务模式是指涉农科技服务企业根据农业生产经营者的技术需求，以新品种、新技术和农资装备等的引进、交易、推广、服务等为主要内容，以追求利润为目的，按照市场化的交易方式和运营机制，把科技服务作为商品，提供科技服务的模式。当前，我国农业科技服务市场化主体主要包括涉农服务企业和技术服务中介机构。其中，涉农服务企业是指从事农业生产、农产品加工、储藏及农业生产和销售服务等的经济实体，如农场、饲料厂、农产品加工企业、乳制品企业等，它们往往采用“企业（技术中介）＋农户”模式，企业通过自身组织模式创新加速企业科学技术提升，进而辐射带动农户加速对农业科技的应用。

（4）农村科技组织为平台的村民自我服务模式。农村科技组织为平台的村民自我服务模式是指农村种养大户和农民专业合作社中的乡村能人通过外部知识输入和技术学习，然后再对村民委员会或合作社组织中农户及社员进行技术培训、生产示范和品种推广、传播、扩散的科技服务模式。该模式是以农村家庭承包经营为基础，以农业科技为主线，以农民为主要成员，围绕某个专业合作组织或产品组织，在技术、资金、采购、销售、加工、储运、开发等环节开展互助合作，为村民和社员提供产前、产中、产后全方位服务的一种技术服务模式，是农民自我服务、自我发展和自我保护的一种行之有效的组织形式。目前，农民专业合作社成为农业技术推广服务的重要渠道，究其原因：一是作为政府和农户之间的连接纽带，有利于协助政府做好农业技术与品种的引进；二是作为企业和农户之间的中介，有助于组织广大农户进行规模化、标准化生产，提升农业技术与品种的采用效率；三是便于组织内部农户和社员进行技术交流与推广；四是作为农户利益的代表，便于同政府和企业进行农业公共服务方面的事务协调。这种农村技术服务组织已成为乡村科技服务体系的重要组成部分，它在服务功能和运作方式上也更接近广大农民，从而能更好地反映农民的生产意愿和技术需求，提高农业生产的质量和效率。

（5）农业科技园区综合集成服务模式。农业科技园区是融合了乡村产业技术转移孵化、技术培训、新品种和新技术试验示范、农业技术人才培训、农产品加工和储藏、农业生态观光与休闲等多种功能于一体的现代产业集聚区，也是农业科技实际应用的示范园区。它拥有检验检测仪器设备、中试小试基地、生产示范基地、大规模产业园区、农产品加工车间、文化旅游与生态休闲观光区、科普教育基地等多种公共平台和服务功能，是我国现代农业科技成果转移孵化和技术集成创新的重要载体区。其技术需求涵盖农业产前、产中、产后，以及农业、工业和服务业等各个环节，并由单一经验型转向综合科学型的技术体系，包括生物技术、资源技术、设施技术、机械装备技术、信息技术、储藏加工与运输技术等。近年来，政府开始探索乡村产业技术服务的集成化和综合型服务模式，并开始在全国各地创建现代农业示范区、农业科技园区和农业高新技术产业开发区等各类农业产业园区。如陕西杨凌农业高新技术产业创新示范区探索以农业大学为依托，以企业为主体，以现代媒体为平台，构建起新型多元化农技推广模式。

2. 不同农村科技服务模式比较

（1）各种农村产业服务模式各有差异、互为补充，共同支撑乡村产业高质量发展。不同类型的农村产业服务模式在其服务主体、服务对象、服务方式、服务内容、服务效果及面临问题等方面各具特色、各有差异，但彼此又相互补充、密切协作，构建一个有机系统，使新型农村产业服务系统的整体功能得以充分发挥。

（2）市场化服务模式将逐步成为农业农村科技服务体系的主导。农业科技企业主导的市场化乡村产业技术服务模式通过服务内容、技术手段与推广方式的创新，提高了农业科技成果的转化效率，也提升了新型农业经营主体的技术应用水平。未来随着我国农业产业化水平持续提升，乡村产业技术服务开始由公益性质逐步向市场属性演化，市场化的乡村产业技术服务体系将成为一种更加持续有效的技术服务模式，并在我国乡村产业技术供给和服务中扮演越来越重要的角色。

（3）涉农高校及科研机构科技人员到乡村创新创业的活力有待进一步激发。大学乡村产业技术服务推广模式主要为技术创新提供知识创造、理论支撑和技术研发，科技特派员推动农业技术下沉，打通了农业企业、农业大户和农民技术需求的各个环节。但目前，我国国有企事业科研人员归属于单位，科研人员首先必须完成单位“核心业务”，不具备自主技术推广属性，受传统科研论文评价机制束缚，导致大量的人才被困在体制内，难以支撑乡村产业发展。

（4）村民自我服务模式是新型农村科技服务体系的基层堡垒和毛细血管。当前，农民专业合作社已成为农村技术服务的重要组成部分和内容，能在技术供给和农民需求之间架起沟通与合作的桥梁，并在服务功能和运作方式上更接近广大农民，从而更好地反映农民的生产意愿和技术需求。

（5）农业科技园区将成为农业高新技术推广与应用的重要载体。农业科技园区通过综合平台将技术、人才、资本、营销渠道、涉农高校及科研机构、农业企业等结合起来，实现了研发平台、创新载体、成果孵化、创业培育、示范基地建设和农业科技人才培养的集成整合功能，进行多主体、多环节协同创新，属于中心化的技术研发与应用集成基地。新时期乡村产业高质量发展将更加依赖于农业科技园区的集成创新和示范推广。

（二）科技创新促进乡村创新创业蓬勃发展

1. 科技创新促进乡村“双创”发展的模式分析

（1）科技人员下乡创新创业模式。科技人员下乡创新创业中的技术需求内容主要涉及与科技成果产业化相配套中试、小试技术需求，包括市场经营管理信息等。国家为给科技人员松绑，支持涉农高校及科研机构人员依规兼职兼薪或离岗创业，加速科研人员下乡创业。当前科技人员创新创业模式主要包括：科技人员自己创办企业、科技人员与企业合作创办企业、科技人员技术入股协办企业。科技人员创新创业本身就是科技下乡的一种重要途径，内容主要涉及科技成果产业化或提供科技服务，需要科技人员以资金、技术、管理入股，与农民形成利益共同体，形成全产业链服务对接模式。科技人员下乡创新创业模式技术获取渠道单一，多为科技人员在研究所工作期间所取得的，受科技成果知识产权划分是否明晰影响。

（2）大学生下乡创新创业模式。当前我国大学生下乡创新创业模式主要包括：独立创业模式，如大学生可以在当地创办相关专业的培训机构，向当地农民传授相关农技知识；信息服务创业模式，大学生利用自己对市场信息的了解、对网络知识的掌握以及自己的专业优势，通过信息服务模式拓宽当地产品的销售渠道，为农户解决问题；合作社创业模式，通过创业成功者结对帮带，当地农民以入股的形式联合创办合作社，高薪聘请农业专家传授专业知识，大学生负责生产经营技术，指导当地农民进行生产经营。大学生创新创业缺乏实践经历、必要的管理经验，技术需求内容主要是创业实践指导培训和与市场需求相适应的创新性应用技术。大学生创新创业技术获取渠道主要有教师及校友技术支持、网络学习培训、孵化基地创业培训，具有较强的理论性。由于大学生创新创业属于起步阶段，对市场化科技的获取能力较弱，大多数依靠政府、社会关系获取技术，但目前政府对大学生创业政务服务、公共服务提供不足，尚不能为大学生创业者提供培训、研发、苗圃、孵化全方位服务。

（3）农民工返乡创新创业模式。农民工返乡创新创业对集成化、交叉融合、全链条产业技术需求更加迫切。当前，我国农民工返乡创新创业模式中技术获取渠道主要有大众传媒（广播、电视、网络渠道）、组织传播（政府组织创业技术培训）、人际传播（经验积累）。但由于大众传媒和人际传播渠道的信息大多数是知识普及，实用性不强。要解决当前农民们农业技术水平较低问题，关键还是要加强对农民科技学习方面的培训。

（4）农村能人创新创业模式。农村能人创新创业模式的技术需求多集中在传统种养业基础上进行新技术引进及应用和商业模式创新。农村能人创新创业模式主要是指各行业文化素质高、懂管理、会经营、有一技之长的“田秀才”“土专家”，以及致富带头人、种养大户等在本地开展创新创业，当前农村能人主要为种养大户。当前农村能人创新创业形式主要有：技术服务创业形式，通过购买一批农机具，创办农机具中介服务组织；创办合作社形式，部分种养大户借助长年技术积累，当地农民以入股的形式联合创办合作社，农村能人负责指导当地农民进行生产经营；家庭农场形式，部分懂农业技术、懂经营管理的农村青壮年劳动力转向从事农业经营，创办家庭农场。相比较而言，农村能人创新创业技术获取渠道更加多元化，技术获取更有针对性。多数农村能人具有一定的组织协调能力，农村能人了解外部市场和自身的比较优势，一定程度上，农村能人可担当企业家决策者的角色，与政府、企业、科技中介机构等外部科技供给主体进行谈判，强化组织网络的外生联系，更能够实现技术需求与供给的匹配。但目前我国农村经济能力有限，市场化科技供给主体少，市场化科技获取成本很高，多数农村能人创业的技术获取方式是长期积累的技术经验人人相传，科技信息获取能力弱。

2. 不同模式下科技创新支撑作用的效果分析

通过深入剖析乡村人才创新创业的典型模式，发现 4 种典型模式科技要素导入各有利弊，其科技支撑效果也各有不同，现归纳如下：

（1）在科技人员创新创业模式中，长效的科技支撑机制是发挥科技支撑作用的关键。科技人员自身拥有技术成果，科技人员到农村创新创业具有天然技术优势，但科技人员农村创新创业也存在资金短缺、预算不科学、项目选择不合理、引进新技术不稳定、新产品缺乏市场等情况，以及责权利不清晰、土地整理不配套、发展节奏慢等问题。科技人员创新创业模式科技支撑作用发挥得如何主要看能否与资本、信息、装备等更好地结合，建立一种长效的科技支撑机制。

（2）在大学生创新创业模式中，政府的公共服务保障能力是发挥科技支撑作用的关键，如创业政策、创业教育培训、科技创业公共服务平台、创业资金支撑等。科技是大学生创新创业的原始推动力，在促进大学生创业就业中，科技主要发挥三个方面的作用：一是以科技项目为重要牵引促进大学生到农村创业就业，加大从大中专毕业生、大学生村干部中选派科技特派员，给予政策支持；二是发挥农业科技园区、“星创天地”的核心承载作用促进大学生创业就业，推行创业导师、创业苗圃、创业培训等系列扶持创业举措，使大学生实现“零成本”创业，降低创业风险；三是积极拓展科技金融服务体系，为大学生创新创业提供全方位金融支撑。

（3）在返乡农民工创新创业模式中，技术的适用性是发挥科技支撑作用的关键。返乡农民工具备一定的资金、人脉积累，也有市场意识和丰富的管理经验，城市打工经历成为有效的创业“孵化器”，加速科技下乡。但返乡农民工创新创业存在年龄偏大、学历层次不高、专业不对口、资金支持不足、缺乏核心竞争力等问题，在农村开办新企业时，往往照搬城市经营模式，在结合本地特色资源时难以充分发挥当地的比较优势，因此需要政府加强引导，通过“星创天地”、创业园等完善孵化服务，强化平台试验、示范作用。

（4）在农村能人创新创业模式中，示范转化能力是发挥科技支撑作用的关键。农村能人拥有天然的乡土人脉优势，在农户组织关系构建发展中，农村能人发挥显著作用。农村能人创新创业模式的技术推广扩散能力虽然较强，但仍存在创新创业人员文化素质偏低、创业综合能力不强、缺乏专业的创业培训体系等问题。农村能人科技信息获取能力弱，实际科技需求常常获取不到，科技供给与需求契合度欠佳。农村能人对于农民具有很强的示范和激励作用，对于没有多少资本和技术的农户来讲，他们没有抵御新技术、新品种尝试风险的能力，农村能人的模范示范效应会在新技术、新品种的推广中发挥关键作用。

第四节　推进“科技兴农”战略的重点任务

一、加快农村科技体制和服务体系改革

探索建立农业科技相关部门定期沟通会商机制，联合研究编制科技支撑乡村振兴专项规划，统筹全国、区域和涉农行业各方面科技资源，加快科技创新成果和服务向乡村领域渗透。贯彻实施以知识价值为导向的分配政策，加快落实科技成果转化收益、科技人员兼职取酬等制度规定；深化科技成果权益管理改革，强化科技成果产权对科研人员的长期激励，充分激发新型多元农村科技服务主体活力。

目前，我国农村科技服务诸多领域仍然存在较强的公益属性，因此政府仍承担着乡村科研投入的主要责任。政府应加大对乡村产业高质量发展、民生改善、创新创业和生态环境建设领域的技术研发、中试小试基地、“星创天地”、技术转移、技术服务采购等领域的投入，推动乡村振兴各个环节技术需求的系统化解决。确定乡村振兴中科技创新重点领域，谋划创新重点科技研发专项，将科研经费按比例优化投入基础研究、应用研究、开发研究中。与此同时，出台相关优惠政策和措施，逐步引导和建立起以企业为主导、以市场需求为导向、资金来源多渠道、投资主体多元化及投资行为商业化的乡村科技投入与服务体制。

二、强化农村科技创新配套设施及公共技术服务平台建设

聚焦农业农村发展新需求，面向计量、标准、信息、检验检测、认证认可、创业孵化等公共服务领域搭建一批农业科技创新服务平台和服务载体，促进农业新技术、新品种同装备、人才、资本等的高效整合和集成创新，并以政府购买服务形式，引导企业搭建公共技术服务平台，加快技术服务溢出。大力实施现代农业科技成果转化示范工程，加强农业类工程技术研究中心、产业技术转移中心、农业科技园区、专家服务基地、科技信息服务站等成果转化平台建设，在省级新农村示范片大力推进农业科技园区建设，稳步发展农业技术交易市场。采取政府牵头、社会资本介入、技术创新主体提供技术支撑的协作方式，着力构建一批乡村科技服务中介机构信息网络，并坚持市场化运行机制和管理方式，发挥集群优势，为技术与市场之间的交流转化提供服务平台。利用微信公众号、互联网平台、“快手”等新媒体来加速农业科学技术进村入户，推动传统农业技术应用载体平台化、规模化和专业化，改善服务质量、降低服务成本、提高服务效率。

三、加强多层次技术人才培养

建立以科研和市场并重、短期和长期相结合的科学合理专业技术职称评定制度，以培养领军人才和创新团队为重点，加强农村科研人才队伍建设。研究制定高校毕业生到农村创新创业在土地流转、社会保障、财政减免、信息服务等方面的配套政策；进一步提高高等农业院校人均综合定额拨款标准，强化高等农业院校农业学科设置，依托大学、科研院所和大中型企业，共建一批实验实习基地，通过扶持一批农业科学特色大学和服务机构，培训一支农业技术人才服务队伍；根据区域主导产业发展需求，选择一批高等农业院校，以“定招、定培、定岗”方式，实行四年制“全科式”本科教育；以推广工作量和服务绩效考核评价农技人员推广服务成效，健全农技人员考核、激励机制，建立农技推广人员岗位聘用制度和定期培训制度。

积极整合科技、财政、农业、科协等多部门教育培训资源，依托新型农民培训阳光工程倍增计划、农民绿色证书工程等各类资源，加强新型农民和农村生产型、技能服务型、经营型实用技术人才的培养；依托农业科技大学、专家课题组等技术服务载体，以组织技术骨干、农村经纪人、返乡农民工等为重点，开展高效种植养殖实用技术、新型农机工具使用等培训；依托互联网开展视频学习、远程课堂等多元化教育培训。针对不同的服务领域，研究制定差异化、针对性的职称评定标准和依据，建立健全新型多元化农村科技服务主体的职称评定机制。

四、强化农村科技服务体系建设的跟踪评估与监督考核

建立乡村科技创新跟踪评估机制，完善督促检查工作制度，定期对乡村科技创新发展行动实施、政策落实和项目建设情况开展督促检查，特别是在乡镇、村集体两级加强落实，使农户能够得到实实在在的农业科技补贴，激发其利用科技发展生产的积极性，促进当地产业的发展。加强对农业农村科技工作实施过程的监督考核，转变政府职能，简化科技计划项目审批程序，发挥中介服务机构的作用，实施项目全过程管理，建立高效运作的科技管理模式。增加农业农村科技专项经费和加强基础设施建设，把投资的重点放在基础研究、农业应用、农业科技成果转化等方面。

第三章
乡村生产经营型人才队伍建设

第一节　乡村生产经营型人才内涵、类别及培育目标

一、乡村生产经营型人才内涵

中共中央办公厅、国务院办公厅发布的《关于加快推进乡村人才振兴的意见》文件中，明确了一系列加强乡村人才培养与振兴的措施。最重要的一项措施是实施“培养现代农民”工程，其主要聚焦于为中等规模农户提供多层次的全程培训，并强化技术指导和后续服务。文件还提出了加大网上教学和培训力度的计划，以充分利用已有的在线教育资源。另一个重点是乡村实用人才的培养，以建设培育基地并培养一批领军人物，带领当地乡村振兴，尤其是要培养家庭农场经营者和农民合作社领袖。此外，文件不只强调提高农民专业技术人才的知识水平和建设专业化的技术人才队伍，还积极鼓励农民工、大学生、退役军人、科技人员以及农村实用人才兴办家庭农场和农民合作社。同时，在有条件的地区，积极扶持农民专业技术人员参与经营。最后，文件明确指出要培育以专业大户、家庭农场、集体经济组织、农民专业合作社和龙头企业为主体的多种新型农业经营主体，为现代农业的实现奠定良好基础（李岩等，2022）。

二、乡村生产经营型人才类别

（一）生产型人才

生产型人才，主要指在农村领域从事种植、养殖、捕捞和加工等活动的从业者。这类人才通常拥有较大的作业规模，并且获得的收入明显高于普通农民收入。这些生产型人才在经济领域发挥着重要作用，同时在农村社区中也扮演着领导和示范的角色。这不仅会对农民收入增长起到促进作用，还提升农民的

整体生活质量和精神面貌。具体来说，生产型人才包括种植能手、养殖能手、捕捞能手以及加工能手等。

1. 种植能手

种植能手主要集中在农村地区，涵盖从事农业生产和经营的劳动者。他们可能专注于单一作物种植或涉及多种作物，其种植规模或总产量在本地区具有显著优势。这些种植能手在相同土地和技术资源条件下，通常能实现单产（每亩*产出量）显著超出地区平均水平，从而获得高于一般农户的土地产出和经济效益。此外，他们在农村社区中扮演着示范和领导角色，对其他农业从业者起到了良好的积极作用。种植能手的衡量标准为：

（1）种植规模或总产量应至少达到本地劳动力平均种植规模的6倍以上，或在相同的土地和资源投入条件下，其单产（每亩产出量）应明显超过本地平均水平30%以上，或单位面积的土地产出收益应明显高于本地平均水平3倍以上（图3-1）。

（2）每年的净收入应至少达到本地农村居民的人均净收入的3倍以上，但不包括因自然灾害或其他无法控制的因素导致的减产或经济损失的情况。

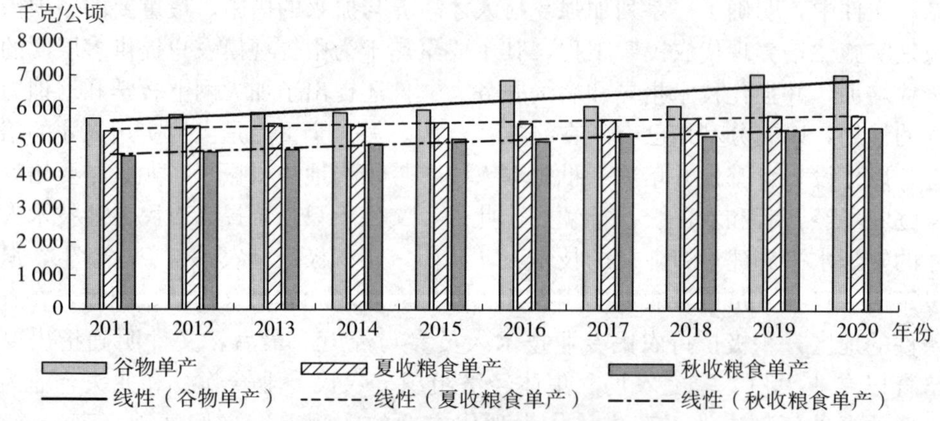

图3-1 2011—2020年我国粮食单产情况

数据来源：中国畜牧业年鉴。

2. 养殖能手

养殖能手，通常以养殖畜禽和水产动物为主要经济来源，这些专业人员的养殖规模通常显著超过当地平均水平，并在农村具有一定示范带动效应。养殖能手的衡量标准为：

* 亩为非法定计量单位，15亩=1公顷。全书同。

（1）养殖规模至少达到本地劳动力平均养殖规模的 6 倍。

（2）在相同的市场条件下，对于同一种动物，实现高于本地平均 30%的单位养殖收入。此外，一些养殖能手可能专注于非传统养殖，他们的年净收入应至少是当地农村居民人均年净收入的 3 倍，但不包括因自然灾害或其他不可抵抗因素影响导致的减产情况。

3. 捕捞能手

捕捞能手专注于渔业捕捞生产，他们一般拥有或承包船只，并率领一队劳动力进行捕捞作业。这些专业人员的船只在同等动力条件下，相比其他船只展现出更高的经济效益，并且在业内具有示范和带动作用。捕捞能手的衡量标准为：

（1）捕捞能手通常为投资者和经营者。

（2）领导一定规模的劳动团队。

（3）他们的收益通常高于同行业平均水平，展现出显著的竞争优势（表 3－1、表 3－2）。

表 3－1　2011—2021 年我国渔业淡水捕捞量

单位：吨

年份	鱼类	甲壳类	虾	蟹	贝类	其他类
2021	920 325	123 156	98 161	24 995	141 140	13 061
2020	1 108 900	161 831	131 491	30 340	171 361	15 171
2019	1 383 930	234 810	195 931	38 879	204 830	17 645
2018	1 470 820	258 511	216 671	41 840	212 048	22 430
2017	1 615 760	289 326	244 671	44 655	251 847	25 669
2016	1 711 080	316 901	264 844	52 057	259 128	30 932
2015	1 682 970	310 986	258 399	52 587	254 084	29 261
2014	1 673 450	327 704	275 353	52 351	263 297	30 704
2013	1 614 680	343 320	289 488	53 832	286 980	44 368
2012	1 638 020	343 906	282 625	61 281	280 775	37 142
2011	1 582 470	323 979	275 349	48 630	286 576	39 198

数据来源：中国渔业统计年鉴。

表 3－2　2011—2021 年我国渔业海洋捕捞量

单位：吨

年份	渤海	黄海	东海	南海
2021	597 259	2 288 360	3 851 340	2 777 630

（续）

年份	渤海	黄海	东海	南海
2020	602 415	2 268 380	3 808 430	2 794 880
2019	629 572	2 292 300	4 075 850	3 003 790
2018	790 300	2 385 960	4 172 800	3 095 590
2017	698 002	2 529 460	4 513 620	3 383 120
2016	1 015 090	3 324 970	5 175 580	3 767 000
2015	1 039 630	3 350 840	4 999 640	3 757 700
2014	1 023 740	3 315 960	4 894 710	3 569 960
2013	975 257	3 185 000	5 022 720	3 460 840
2012	1 043 390	2 927 670	5 178 070	3 522 760
2011	1 058 810	3 046 540	4 921 440	3 392 590

数据来源：中国渔业统计年鉴。

4. 加工能手

加工能手主要专注于农产品的加工业，达到一定规模，并对本地农业产业化经营具有示范和带动效应。加工能手的衡量标准为：

（1）需要专门从事农产品（包括林业产品）的加工，并且加工能力可以辐射到周边村组，对农村地区的农产品加工具有一定影响力。

（2）年纯收入需至少是本地农村居民人均年纯收入的 3 倍以上。

这些不同类型的能手，在各自领域中发挥着不同的作用，对创新农业经营主体、优化农业经营形式起到了不可替代的作用。

（二）经营型人才

经营型人才涵盖了从事非农业经营、管理农村专业合作组织以及参与农村经济发展的农村劳动者。他们所从事的农业生产经营活动具有一定的规模和一定的经济效益，对农业生产性经营活动具有指导和示范作用，同时还会吸纳其他农村劳动力，为其提供就业机会。具体来说，经营型人才包括经营人才、农民专业合作组织负责人和农村经纪人。

1. 经营人才

经营人才指的是在非农业领域从事经营活动的农村劳动者。他们利用自有或合伙的生产资料或资金从事工业、建筑业、运输业、商业、饮食业以及其他服务业等非农产业经营，具有一定的经营规模，能够取得相当可观的经济收入。首先，经营人才应为主要投资者或经营者，而不是一般的参与者，同时，经营人才应能对农村富余劳动力的就业起到促进作用；其次，经营人才目前应有相关产业，已经开业三年或从事经营五年以上；最后，经营人才本人的年收入至少达到本地劳动力纯收入平均水平的 8 倍。

2. 农民专业合作组织负责人

农民专业合作组织负责人是指农村地区农业合作社、股份合作社和专业协会等组织的管理者和主要负责人。他们的主要工作是组织协调和管理生产经营活动，这些活动通常具有一定规模和相应的经济收益，并在相关区域发挥了重要的示范和引领作用。此外，他们还在技术指导和技术交流领域具有权威性（图 3－2）。

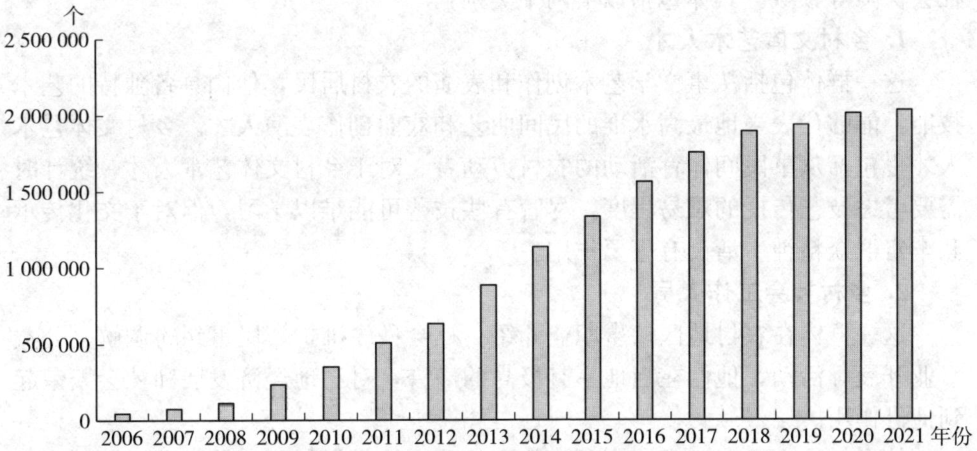

图 3－2　我国农民专业合作社数量

数据来源：农业农村部。

3. 农村经纪人

农村经纪人主要提供中介服务，涵盖了农产品交易、技术引进以及科技信息传播等领域，以佣金作为主要的收入来源。他们在这些领域中充当主要负责人和业务经营者的角色，年纯收入明显高于本地居民的平均水平。他们在促进农村地区的非农产业收入和农村经济发展方面发挥着关键作用，通过使农村经济活动规模化、示范化和经济化，为农村就业和经济增长提供重要的推动力。

（三）技能带动型人才

这一类人才拥有独特的技能和专长，适用于制造业、加工业、建筑业、服务业等领域，通过从事该行业获得经济收入。同时，他们具备能力引领其他农村居民掌握相同的技能或进入相关行业。这些农村劳动者的年纯收入显著高于本地农村居民的平均水平，通常达到了平均纯收入的 3 倍以上。举例而言，他们可能从事铁匠、木匠、泥匠、石匠、篾匠、漆匠等手工业领域的工作。

（四）技能服务型人才

这一类人主要包括村级农业技术服务人员，他们在农村地区承担农业技术服务工作，具备较高水平的技术和服务能力，并为10人以上的农村劳动者提供服务。具体领域包括动物防疫员、植物病虫害综合防治员、农产品质量检验检测员、肥料配方师、农机驾驶和维修能手、农村能源工作人员等。

（五）社会服务型人才

这一类人才专门在农村地区提供各类社会服务，涵盖文化、体育、就业、社会保障等领域。具体包括以下两个类别：

1. 乡村文体艺术人才

这一群体包括从事文学艺术创作和表演的农村居民，他们具备独特的艺术技能，能够代表当地最高水准的民间曲艺和戏曲创作表演人才。乡村文体艺术人才也包括从事民间体育活动的农村劳动者。对于乡村文体艺术人才，统计时需要考虑技艺传授的难易程度，尽管有些技艺可能难以学习，但对于文化传承和丰富群众精神生活具有重要作用。

2. 乡村社会工作人员

这一群体在农村地区从事职业介绍、社会秩序维护、民事纠纷调解、公益事业开展等活动，他们在当地享有极高的声誉，对当地经济发展和社会繁荣起到促进作用。

从乡村生产经营型人才与现代新型经营主体之间的相互关系可以推断，在当前阶段，我们可将新型农业经营主体视为农村生产经营型人才的一部分。已有研究表明，我国目前存在三到四种新的农业经营主体。家庭农场、专业大户、专业合作社和龙头企业是促进现代农业发展的主要力量（楼栋等，2013）。农民专业合作社、农业企业等是中国现代农业发展的主要推动力，并且与农业生产密切结合（黄祖辉等，2010）。有学者将农业经营主体定义为从事农业经营的组织或单位，并将农业开发公司、农民专业合作社、家庭农场等列为农业经营主体（汪发元，2014）。部分学者通过对中国知网上的CSSCI源论文进行检索和分析，进一步强调了这一观点（刘畅等，2020）。

通过调查研究，根据其组织形式，可将新型农业经营主体划分为农业生产经营性主体和社会化服务主体。经对一系列政策文件的梳理以及对有关新型农业经营主体的相关文献的深入分析，得出以下结论：

（1）在农业生产经营方面，新型农业经营主体主要以土地、劳动力、资金、技术和其他生产要素为基础进行合作，以农户为核心组织单位，以农户的共同利益为纽带，同时也以集体经济组织为支持纽带，进行协作。这种合作形式具有规模化程度较高、分工明确、市场整合度较好的特点，构成了一种协作型农业生产管理机构。这一模式是农户自发形成的互助合作行为，其显著特征在于各农户承担自身责任，一部分农户形成合作集体、一部分参与生产活动、另一部分从事产品加工，还有专门从事市场销售工作的农户，此种形式提升了农业生产效率。

（2）与零散的农户相比，规模较大的个体农户更加专注于某一特定农产品的初级生产，专业化水平较高，这种专业化主要表现为在农村地区的种植、养殖、捕捞和初级加工等领域形成了较大的产业规模。与当地其他农户相比，这些规模较大的个体农户会获得更高的收入，并在一定程度上发挥示范和带动作用，有助于提升其他农户的收入和农业生产效益。这些规模较大的个体农户在种植、养殖、捕捞和初级加工等方面拥有专业知识和技能，因此，他们与零散农户之间存在着明显的规模化和专业化差异，也具有其自身的特点，包括生产的产品单一、市场导向强烈，以及相对较高的生产效率。

（3）家庭农场是以家庭成员为主要生产者的组织形式，虽然与规模较大的专业农业经营者一样都以家庭为核心单位，但由于家庭农场的独特性，其生产链条更加复杂和专业化。家庭农场的经营方式涵盖了农业生产、初级加工、产品流通和市场营销等多个环节，包括了第一产业、第二产业和第三产业的领域。举例来说，家庭农场可能同时从事大面积土地的种植、开设用于生产农产品的工厂、开展乡村旅游或农舍经营等多元化经营活动。这些家庭农场通常具备商品化程度较高、工艺和装备水平较为先进、规模较大、经营较为专业以及生产效率较高等特征（图 3-3）。

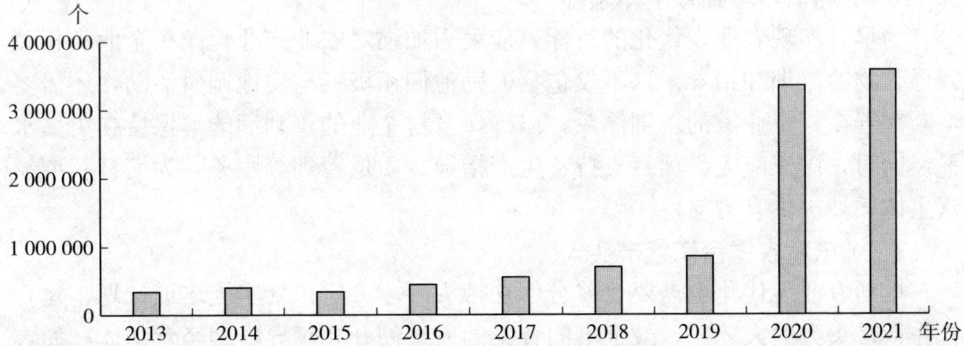

图 3-3　2013—2021 年全国家庭农场数量

数据来源：农业农村部。

（4）龙头企业在农业经营中扮演重要角色，涵盖了整个产业链，包括农产品的生产、初级加工、仓储、物流运输、销售甚至科研等多个领域。这些企业具备卓越的组织能力和较高的专业水平，由于其广泛涉足不同领域，它们不仅能够推动当地农业生产的多元发展，还有助于促进农村经济的增长。为实现与农户的协调发展，通常采用“企业＋基地＋农户”或“企业＋专业合作社＋基地＋农户”等协作模式，这些模式的生产效率通常显著高于其他新型农业经营主体（图 3－4）。

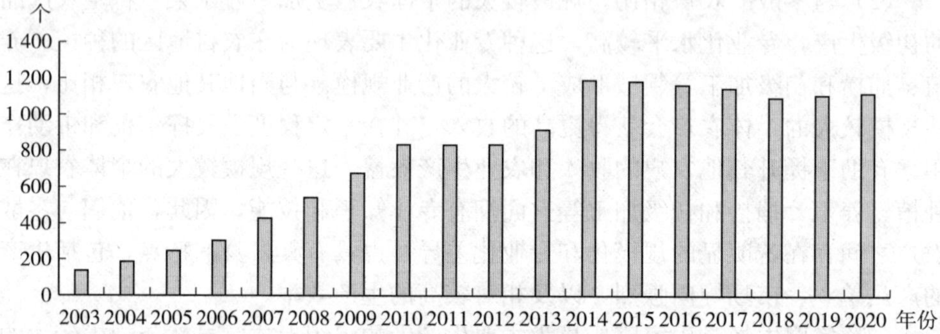

图 3－4　2003—2020 年全国涉农龙头企业数量

数据来源：农业农村部。

三、乡村生产经营型人才培育目标

面对当前农村生产经营的主流趋势，为了有效管理农村生产经营活动，全能高素质复合型人才的现代新型农民应运而生。专业大户、家庭农场、农民合作社以及产业化龙头企业等，是新型农业经营主体的组织形态。

（一）培育新型经营主体领袖

为早日实现农业现代化的目标，应大力加强对农业产业化龙头企业和相关领导人物的培训和指导。这不仅包括鼓励他们积极参与实地调研活动，还需要不断完善乡村企业家的培训体系，以确保乡村企业的年利润能够保持在更高水平。同时，国家应完善项目支持、生产指导、质量管理等服务，为培育新型经营主体领袖提供有力支持。

（二）培育农村合作社带头人

推动农业现代化也需要培养合作社带头人才。这包括实施培训计划，建立合作社带头人的人才库，鼓励不同背景的人来创办和领导新型经营主体，如农民工、高校毕业生、退役军人、科技人员和农村实用人才等，以此推动农村经济的多元化和现代化。

（三）培育农村实用人才

在培养高素质农民队伍方面，需要实施农村实用人才培养计划。首先，应加强对农村劳动力的各类技能培训，包括农业生产、经营、销售等方面的培训；其次，要建立农村实用人才的评价和激励机制，以实现培育农村实用型人才；最后，要打造全方位的农村社会化公益服务，以提升农村实用人才的公益性思维。

新时代为了发展多种形式规模经营，构建组织化、集约化和专业化的新型农业经营体系，培育新型农业经营主体成为必要条件。现代农业经营人才作为农业生产经营中的一个不可或缺的要素，是各类新型经营主体的单元和细胞，没有新型农民，现代化机械设备和科学技术只能成为摆设。现代农业经营人才必须掌握现代农业理论与技术，具备科学创新思维、不断学习和适应发展的能力，对市场运作具有深刻理解，并具有出色的公司治理能力以及创业的勇气。

第二节　乡村生产经营型人才的建设困境

一、乡村生产经营型人才建设存在的主要问题

（一）乡村生产经营型人才总量缺口较大

中国是世界上最大的发展中国家，中西部的贫富差距很大，在中西部的农村地区高素质高知识高学历的人才少之甚少，许多有能力的农村人才为了更高的薪资水平、更好的发展机会以及满足家人期盼，更愿意去往经济发达地区，这样就导致了农村地区“老龄化”“弱势化”“空心化”等一系列问题，目前农村人才的数量不容乐观。因此，社会各部门应该着重提倡发展农村人才，留住农村人才，为农村现代化发展作出贡献。

（二）现有生产经营劳动力整体素质有待提升

乡村振兴战略的实施效果很大程度上取决于乡村人才的综合素质水平。然而，在我国的大部分乡村，村民们普遍受到传统观念的束缚，且教育水平普遍较低，这导致他们的综合素质难以满足当前的发展要求。随着农业逐渐向规模化、专业化和智能化发展，其经营风险增加，对人才的需求门槛也随之提高，这需要具备风险意识和盈利思维的专业性人才。在这种趋势下，农民们逐渐跟不上农业发展步伐。

（三）乡村产业体系发展滞后，科技支撑动力不足

当前，乡村产业存在对传统要素投入的依赖度较高、产业集中度不高以及科技贡献率较低等问题。在乡村产业中，第一产业与第二、第三产业之间存在着科技创新和技术利用率的差距，农业科技的创新能力不足，科技创新成果的转化率不高。此外，农村生产要素的使用率不高，在培育融合发展的主体及高

素质农民方面，仍存在不足，导致农村发展的人才供给不足。这些问题阻碍了乡村振兴战略的实施和农业现代化的发展。

二、乡村生产经营型人才的开发思路

现代化的发展迫切需要农村产业人才的支持，随着农村工业化成为农村经济发展的必然趋势，我们面临着人口老龄化、农村空心化、缺乏经营型人才等挑战。为应对这些问题，我们必须从长期战略思维出发，发挥社会各界的作用，吸引各类人才投身于农村事业的建设，提升广大人民群众的生产积极性和带头作用。

（一）发挥外部人才的建设作用

在乡村振兴战略的大力号召下，许多社会知识分子和高素质人才返乡发展，这些人才包括乡村创业者、高校科研院所的专业人才、返乡大学生、退伍军人等，他们用所学知识回报家乡，为家乡发展贡献自己的力量。例如，农村企业家将创业精神视为自己的职业追求，充满激情，目标明确；高校研究型人才具有完备的知识储备和强大的技术实力，为乡村振兴战略提供智力支持；返乡的年轻人充满爱国热情，为国家发展提供动力；富有情怀、政策洞察力且视野广阔的退休人员，也是乡村振兴的有力支持，将其吸引到农村，将成为乡村振兴的强大力量，为农村的发展做出杰出贡献。

（二）发挥乡村本土人才的作用

农村党员干部和致富带头人在基层发挥着关键作用，是乡村振兴战略的引导者和组织者，他们的才智和务实精神为农村提供了丰富机遇。高素质农民成长于社会主义市场经济环境下，具备多项新技术和专业知识，应成为农村工业化的支柱力量，在农村发展中发挥示范和引领作用。乡村工匠拥有独特的专业技能，秉承匠人精神，他们的工艺技艺可以使那些携带深厚民族文化的传统手工艺焕发新的活力。这些乡村人才的积极参与和贡献，将有助于加速乡村振兴战略的实施，推动农村的持续发展。

第三节　乡村生产经营型人才的培育思路

一、提升新型农业经营主体市场竞争力

确立“全产业链”和“产供销一体化”的全新理念，大力扶持示范性经营主体，实现从“企业主”到“带头人”的转变。一要强化龙头带动。重点培育销售收入超 10 亿元的“加工巨人”龙头企业。组织开展农业十强企业和十强创新成长型企业“双十强”评选，扶持农业龙头企业做大做强；开展规范化农

民专业合作社考评，推进社社联合和跨行业组建合作社；开展示范性认定，引入和建立家庭农场市场化标准。二要强化市场拉动。继续组织开展农超、农企对接等产销对接活动，举办农产品节会，组织农业企业参加省内外各类展示展销活动，健全农民信箱、数字农业网和农产品营销管理中心功能，为分散的农业主体构建高效的公共信息和市场服务平台。三要强化产业联动。围绕本地区特色农业，依托农产品深加工园和镇乡特色农业加工园等园区建设，积极发展特色、优势农产品精深加工，延长农业产业链条；积极发展农产品冷链物流，统筹优化各经营主体的集中配送规划；挖掘和拓展农业文化，借助现代信息技术，引导农家乐休闲旅游业转型升级，提升农产品附加值。

二、提高新型农业经营主体生产效率

与传统农户相比，新型农民的优势之一就是善于运用机械化和智能化的农业设备，提升了农业科技进步贡献率和农业资源要素利用率。但是，新型农民在规模、资金、科技信息等方面仍面临一定的限制，仍有提升的空间。因此，想要提高新型农业经营主体生产效率，首先，要加大农机购置补贴投入力度。在严格遵守国家补贴标准基础上，可根据本地实际情况适当拉高补贴标准，重点扶持一批有发展潜力、起示范作用的新型农业经营主体，以此助推高效设施农业发展、秸秆机械化还田、粮食生产高产创建、病虫害统防统治等。其次，要提升农机社会化服务水平。可以通过积极创建农机专业合作社，设立育苗育种、用水用电、机械维修等专业性农机服务中心，组织开展跨区域、跨行业外包服务，向销售、维修市场服务延伸等方式。最后，要培养高素质农民队伍。引导大学生、回乡创业青年、本地青年农民等群体投身农业生产和销售，定期开展技术培训，以提升现代化农业机械的利用率。

三、破解新型农业经营主体土地制约

目前，中国农村土地实行“三权分置”原则，即：国家拥有土地所有权，农户拥有承包权，实际经营者拥有土地的经营权。“三权分置”的核心是放活土地经营权，赋予经营权相关的法律地位和权能。传统的家庭小规模经营已经不能满足现在农村经济发展的需要了，想要推进农村经济全面发展，就必须合理放活土地经营权，土地流转到新型农业经营主体手中，是实现规模农业发展的关键（郜亮亮，2023）。2014 年中央一号文件明确指出，农户可以通过抵押土地经营权来获取融资，这能够进一步释放农业经营的活力，有利于获得资金支持，解决新型农业经营主体发展资金短缺的短板，使新型农业经营主体的发展获得资金支持和劳动力保障。一方面，灵活的土地经营权赋予农民更多的财产权，农户可以对自己的土地进行高效的流转，拓宽农户增加收益的渠道，进而促进农户收入增长。另一方面，放活土地的经营权有利于土地向新型农业经营主体流转，促进土地经营的规模化和高效化，为培育和发展新型农业经营主体提供制度依据。

由于传统的封建思想根深蒂固，农民们宁愿将土地抛荒，也不愿意将土地流转出去。因此，在这样的大背景之下，我们必须加强鼓励引导，加快推进农村土地流转：一是鼓励各类主体参与多形式土地流转。鼓励农民以土地承包经营权入股，采取转包转让、长期租赁、地权互换或三方委托等方式参与土地流转。二是提升土地流转管理和服务效能。厘清土地流转的范围和政策边界，加强土地用途监测监督，避免耕地“非农化”。同时，进一步完善农村土地承包流转纠纷调解仲裁组织，化解土地流转供需方矛盾。三是完善土地流转利益分配机制。加大土地流转工作奖励力度，充分调动基层干部积极性；调整原有扶持政策，补助对象从“需求方”重点转向“供给方”。完善转出和转入土地双方利益分配机制，在各地积极探索推广实物计租货币结算、租金动态调整、土地入股保底分红等利益分配办法。四是提高土地亩产率。把田间地头作为工业化生产第一车间，推进标准化、集约化、品牌化生产，全面提升现代农业“两区”和农产品深加工园区项目建设质效。

四、创新新型农业经营主体发展方式

虽然近年来我国电子商务发展迅猛，但农产品电商起步相对较晚。相比普通农户，新型农业经营主体在发展农产品电子商务上具有天然优势。首先，我们要突出重点建设规划。让新型农民加入电商行列，并鼓励高素质人才接入电商平台。国家和政府应出台相应的政策，而执行机构要全方位执行，制定关于电子商务新型农民的条例和细则。其次，我们要强调特色，优化平台使用。充分利用现有平台资源，合理规划利用相关平台，吸引相关投资商，为特色平台的建设提供资金以及物资支持。最后，我们要统筹力量搞联合。积极统筹第三方力量参与其中，包括相关的农业科研院校、慈善机构，促进其介入投资，将家庭农场、专业合作社和龙头企业与学校等结合起来，共助电商平台的全面发展。

第四节　乡村生产经营型人才队伍建设对策

为真正实现城乡融合、改变农村居民向城市流动的状况，必须从组织保障、政策支持以及分类引育等多个角度着手，以促进乡村产业的蓬勃发展。

一、推进乡村生产经营型人才开发

（一）多措并举，集聚乡村人才智慧

目前，虽然农村生产经营依然主要采用家庭承包经营的模式，但农业生产已经逐渐从个体户独立经营逐渐转向规模化经营，这一转变需要专业化的管理和技术支持。在如今的农村，具有专业化知识的农民人数不足百分之十。因此，迫切需要培养大量具备专业技能的核心人才。借鉴山东等地的成功经验，可以通过与相关高等教育机构紧密合作，根据当地需求设立特色专业，有针对性地培养一批满足农业生产经营需求的专业人才，以充实乡村振兴的前线力量，使其成为乡村振兴的有力支持。各部门要按照乡村振兴战略的总体要求，各司其职，协同作业，确保人才得到有效培养和深造。

在新时代农业现代化进程当中，农业的智能化、信息化、电商化逐步繁荣，农业与第二产业和第三产业的融合已经成为发展现代农业的一个显著特征。在此背景下，我们特别需要培养一批复合型人才，为乡村振兴提供强大的智力支持。我们也可以借鉴第二产业和第三产业发展方式，以市场需求为导向，培养全能型复合人才。

我们所讨论的乡村振兴战略正处于一个全新的时代，它是在国家经济发展政策的背景下孕育而生的。因此，国家应出台相关政策来实现乡村振兴的战略目标。此外，农村还可以加强与大学和研究机构的合作，建立科技特派员、校企合作等交流机制，为农村发展提供高质量的人才。同时，还需要完善企业员工下岗创业机制，解决那些拥有专业技能、愿意到农村发挥才华的专业技术人才的就业问题。此外，应积极开展科技下乡等宣传和培训工作，普及先进的农业科技，提升农业从业人员的科技创新能力，以确保现代化农业能够高质量发展。

（二）分类引育，提高乡村人才素质

虽然越来越多的农村居民选择外出务工，但在乡村振兴战略背景下，“回乡创业”被视为对乡村建设和发展做出贡献的重要方式。在陶佩君老师《农村发展概论》第三版中提到的关于农村富余劳动力转移模式，其中一种模式就是“回流模式”，即从城市再次转回农村，回乡创业。这不仅增加了回乡年轻人的时代使命感和责任感，而且对于从小生活在农村的年轻人来说，他们会更有志向，也更有能力将自己的乡村建设好、发展好。这样的方式更有助于建设一个富强、民主、文明、和谐、美丽的社会主义现代化强国。

在乡村振兴中，企业领袖和乡村振兴能人扮演着重要的角色，他们对高层次、高水平人才具有显著的吸引力和示范效应。因此，应该侧重发展现代都市

型农业，为农业企业、农民专业合作社、家庭农场等新型农业经营主体提供重点支持，包括采用全职引进、兼职聘用、技术攻关等多种方式。从国内外引进和培养人才，为其生产经营提供资金、人才等关键支持，以确保他们能够发挥产业引领和示范作用。

高素质农民和乡村技能人才是产业人才队伍的核心力量，是农村经济的主体。他们在家庭农场和种粮大户等新型农业经营主体中担任关键技术和管理职务。为了更有效地激励这些人才，可以建立一套分级评价标准，对他们进行评估，并根据评定结果给予奖励和补助。此外，还可以开展“乡村工匠”培养计划，将农村技术人才纳入技术比赛，并进行评定和表彰。同时，应根据各地的发展特点和规划，增强对农村科技特派员、返乡大学生、退休人员等人才的吸引力，通过特殊项目和人力资源开发机制的建立，积极引进和培养人才。

为实现乡村振兴，需要各个部门和各个企业的共同努力，建设多种协调配合机制，全面引进复合型人才，共同推动乡村振兴的早日实现。

二、推进乡村人才信息、培训、服务平台建设

（一）加快乡村人才信息平台建设

乡村振兴战略的成功实施关键在于充分发挥各类专业人才的作用。然而，由于信息不对称等因素，地方政府往往难以准确掌握乡村人才的数量和质量，导致人才资源配置效率低下，供需矛盾突出。在数字经济时代，大数据已成为经济增长的重要推动力，数据的有效管理对科学决策至关重要。因此，借助现代信息技术和大数据资源，建设乡村人才信息平台具有重要意义。该平台不仅可以帮助政府准确了解当地人才情况，还能实现人才的精准管理、培训、引进，并解决人才供需矛盾，提高人才资源配置效率，为乡村振兴提供可靠数据支持。

为了有效地实施乡村人才振兴政策，首先，各级政府应进行深入的乡村人才资源调研，对不同类型的乡村人才进行分类和定量分析，建立动态人才服务信息数据库，保持数据的实时性。其次，利用现代信息技术，构建人才信息网络，将各地的人才资源整合成人才库，建立不同类型的乡村人才信息档案，将乡村人才纳入科学的管理范畴，实现数据的规范化管理。最后，借助大数据平台，对乡村人才供需情况进行多层面的分析，将人才信息数据库与需求方联系起来，实现人才信息的智能化服务和高效管理，推动人才资源的合理流动。通过建设乡村人才信息平台，可以实现乡村人才的精准匹配，从而促进乡村振兴战略的顺利实施，提高人才资源的配置效率，并推动乡村经济的快速发展。

（二）加快乡村人才培训平台建设

完善乡村人才培训平台被认为是解决乡村人才短缺问题的重要途径。近年来，随着党和国家对乡村发展的高度关注，农村人才队伍建设取得了明显成效，农村人力资本水平有了显著提升。然而，尽管目前已有进展，农村人才的总量仍面临数量不足、素质偏低等一系列问题。在乡村振兴中，乡土人才扮演着关键角色，他们熟悉当地环境，能够更迅速地利用资源和发挥其才能，因此乡村振兴离不开这些土生土长的本地人才。为此，必须创新培养乡土人才的机制，培养具备技术、市场和农业知识等专业实用技能的人才，让他们在乡村振兴中发挥主力军的作用。

乡村人才培训平台的建设应坚持多元主体参与和分工配合的原则。政府、培训机构、企业等各方应发挥各自的优势，积极参与乡村人才的培养，以解决乡村人才振兴面临的种种问题，形成协同工作的合力。同时，培训平台要全面培养各类人才，根据不同类型的人才需求分类施策，以满足全面推进乡村振兴的需要，从而实现人才总量的扩大、素质的提高以及结构的优化。首先，为培育高素质农民，需要加快建设面向农村的教育平台。这可以包括增设涉农学科专业，并给予相关政策优惠和适当的农业补贴，鼓励农民参加正规教育。其次，还要扶持培养农业职业经理人、乡村工匠、文化能人、非遗传承人等各类专业人才，以满足不同领域的需求。再次，加强农村职业院校的基础能力建设是培养农村人才的重要举措。这包括支持职业院校加强涉农专业建设、开发技术研发平台，以及开设特色工艺班等措施。通过这些努力，可以培养出更多的农业生产经营人才、农村一二三产业发展人才、乡村公共服务人才、农业农村科技人才等专业技术人才，以满足多样化的乡村发展需求。最后，鼓励企业发展国内产学研合作平台，与高校共同建立乡村振兴研究院、农业商学院等合作平台，这可以促进高校专家人才、硕博研究生导师等开展电子商务、市场营销、现代管理等培训。通过各种培训措施，提升农村实用人才的素质和能力，为农村发展注入更多活力。

（三）加快乡村人才服务平台建设

乡村人才服务平台的建设是吸引和留住优秀人才的关键保障。为了实现乡村的可持续发展，不仅需要培养和引进人才，关键还在于留住这些人才。人才的成长和发展需要相应的平台和环境支持，这既包括软环境也包括硬环境。受历史和现实因素的影响，我国农村的发展水平相对较低，基础设施和公共服务相对滞后，这些基层的现实条件难以满足优秀人才在社会安全、文化教育、医疗卫生等方面的需求。此外，乡村人才管理体系和评价激励体制也存在一定的滞后。尽管政府已出台了一系列政策来为各类人才提供平台和发展机会，但仍然存在一些问题，如乡村人才的引进机制不规范、激励机制的不完善、晋升通道的不畅通等问题。

为建设乡村人才服务平台，必须坚决推进机制完善和保障。首先，应全面深化乡村人才培养、引进、管理、使用、流动、激励等制度的改革，以吸引人才到农村，并确保能够留住他们。建设乡村人才服务平台的关键措施主要包括：第一，地方政府职能部门作为主要推动力量，与省市区政府机关及相关部门紧密协作，为乡村人才提供全面的政策支持、行政审批、综合协调等服务。这有助于确保人才在乡村享受到充分的政策法律支持，为其提供一个安全的发展环境。第二，在增强政策吸引力和激励机制活力的同时，必须优化关键的人才发展环境，提升对高层次创新创业人才的服务质量和水平。按照中央深化人才发展体制机制改革的要求，完善高层次人才“一站式”服务平台的管理和运行机制。创建高层次人才创新创业平台，发挥政府的协调作用，支持用人主体自建或与高校、科研机构等合作建设人才平台。必须坚持以项目吸引人才、以人才带动项目的原则，重点发展高新技术产业，培育和孵化科技创新企业。依托国家和地方的重点人才工程，加大对高层次人才智力项目的支持力度。第三，为人才提供优质的生活环境，完善农村基础设施和公共服务设施建设，提高农村生活便利化水平，不断缩小城乡公共服务之间的差距。地方政府应积极制定各项政策，以满足各类人才在落户、住房、医疗、教育、政务服务等方面的需求，以吸引城乡人才留在农村。

实现乡村人才振兴，需要加速乡村人才信息、培训和服务平台的构建，以确保智力、技术和管理经验更加顺畅地流向乡村。在乡村人才振兴的进程中，需重点增强各类人才的培育力度，以培养更多本地人才，并为吸引外部杰出人才创造条件。借助这一过程，吸引各方人才，打造一支强大的人才队伍，为全面实现乡村振兴和农业农村现代化提供坚实的人才保障。

第四章
乡村创新创业型人才队伍建设

第一节　乡村“双创”发展的重要意义及主要特征

一、乡村“双创”发展的重要意义

推进大众创业、万众创新，是培育和催生经济社会发展新动力的必然选择，是扩大就业、实现富民之路的根本举措，是激发全社会创新潜能和创业活力的有效途径。与之前的农村创业潮相比，近年来农村“双创”活动呈现出和以往农村创业明显不同的发展特征与趋势。作为国家“双创”的重要组成部分，农村“双创”正逐渐成为我国农村经济社会转型升级发展的新引擎（孙月等，2020）。面对乡村振兴领域引领型人才匮乏和优秀人才的带动作用不够明显等问题，可考虑采取多种方式来引进高水平的人才。包括通过高校招聘、人才博览会等形式，吸引高层次人才加入乡村振兴工作；也可以采用兼职、咨询、讲座等引才方式，从各个高校、医院、企业等引进专业能手，以乡村振兴政策为引导，以激励机制为导向，以乡情为桥梁，鼓励和启用具有乡村背景的杰出人才回乡投身创新创业。这些举措将有助于充实乡村振兴的人才队伍，推动农村的发展与创新。

二、乡村“双创”发展呈现的主要特征

（一）多样化的参与主体

与以往的乡村创业活动相比，新一轮的乡村“双创”活动吸引了更多不同身份背景的参与者，构建了一个多样性的乡村创新创业团体。在早期乡村创业阶段，农村居民是主要的参与者，这一阶段通常被普遍称为“草根创业”。然而，当前的农村“双创”活动吸引了更广泛的社会创业者参与，包括本地农民、返乡农民工、城市精英、科技特派员和大学生村官，以及通过“互联网

十”手段进行现代农业生产和经营的“新农人”。这种多元的创业主体构成既促进了农村地区的就业，也吸引了优秀人才，为乡村振兴注入了新的活力。然而，这种多元性也同时意味着乡村产业结构和产业链对“双创”活动的影响还未完全明确。

（二）以“互联网＋”为主要方式

与过去的“双创”浪潮有所不同，现在的创业公司大多以“互联网＋”为核心，创新活动通常以网络为基础展开。这也反映了数字化和信息化技术在乡村发展中的重要作用，为乡村振兴提供了新的发展机遇。

（三）体现绿色生态特征

代表“新农人”的群体在其创业过程中高度关注生态和环境问题。与那些追求纯粹经济利益的传统投资者不同，“新农人”积极推动生态农业的发展，应用新技术改善土壤和水质，构建现代化的食品安全追溯系统，致力于为消费者提供安全可信赖的农产品。他们不仅关注农产品质量，还积极参与生态环境的保护，推动现代农业朝着可持续发展的方向前进。这种强调绿色导向的创业趋势，有助于提升农村的生态环境质量，并实现乡村经济的可持续发展。

第二节　乡村创新创业型人才的建设困境

一、乡村创业环境有待优化

创业环境的复杂性主要受融资环境、用地环境以及城乡之间的环境的显著差异所影响，这些差异成为制约企业发展的主要因素。

在融资环境方面，农村创业者绝大多数初始身份为农业劳动者，尽管这些创业者可能拥有一定的本地资本，但在创立企业时，他们通常需要大量的流动资金。然而，这一群体普遍面临着银行贷款手续复杂且要求严格的问题，从而难以获得初始阶段所需的资金。此外，尽管国家提供了创业基金，但其十分有限，不足以满足大量农村创业者的需求。

在用地环境方面，随着我国农业发展，城市建设用地日益紧张，这导致许多农村创业者难以找到合适的土地资源。中小企业在发展过程中的空间分布较为分散，难以形成有效的产业集群。2022 年，全国批复建设用地预审项目 14 893个，涉及用地总面积 28.7 万公顷，同比分别下降 3.4％和 5.0％（图 4－1）。其中，涉及占用耕地 8.7 万公顷，占总用地面积的 30.3％。分类型看，交通运输、水利设施、能源和其他项目用地分别占用地总面积的 58.5％、11.4％、12.3％和 17.8％。

全国农用地转用批准总面积 45.5 万公顷，同比增长 21.0％（图 4－2）。

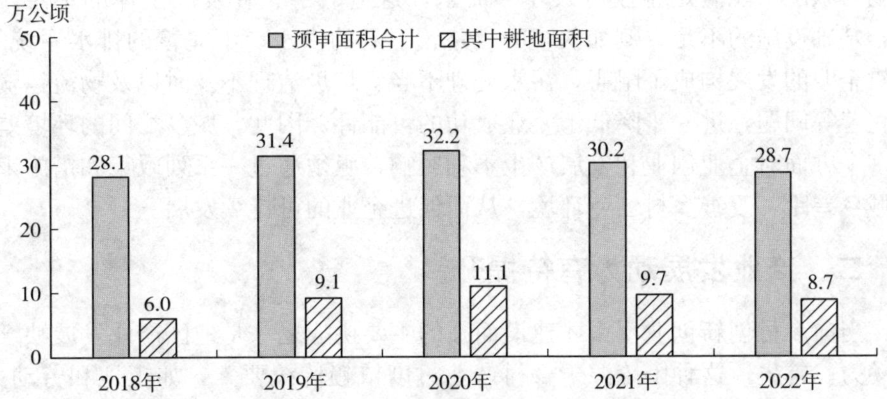

图 4－1　2018—2022 年全国建设用地预审情况

数据来源：2022 年中国自然资源统计公报。

其中，占用耕地 16.3 万公顷，占总面积的 35.8%。分类型看，批准单独选址建设用地面积 25.4 万公顷，同比增长 24.8%，占总面积的 55.8%；批准城镇村建设用地 20.1 万公顷，同比增长 16.9%，占总面积的 44.2%。

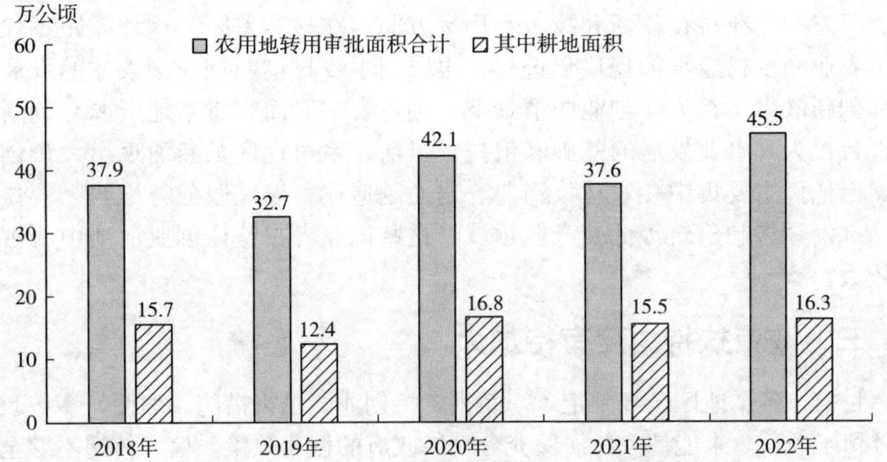

图 4－2　2018—2022 年全国农用地转用情况

数据来源：2022 年中国自然资源统计公报。

在城乡之间的环境方面，城乡环境差异也对企业的发展产生重要影响。城乡之间的经济不平衡发展导致了基础生活设施、公共服务、医疗和教育等领域存在差距，城市在这些领域的资源投入和发展水平远远超过乡村。这造成了大量的乡村青壮年劳动力流向城镇，留在乡村的多是妇女、儿童和老年人，或者是因老弱病残等原因无法流动的人口。而年轻人通常是企业的主力军，乡村的劳动力状况不能满足企业对人才的需求，这造成了企业发展主体的不足。此外，基础设施的不足，例如狭窄的道路、不足的供水、不完善的排水系统等，也对企业的发展构成了阻碍。污水处理不当、垃圾清理不及时以及物流运输链不完善等问题，进一步降低了企业成功的可能性。因此，城乡之间的环境差异在多个方面对企业创业和发展产生不利影响，亟须通过一系列政策和措施来缩小城乡差距，改善乡村创业环境，从而促进企业的可持续发展。

二、产业发展动力有待提升

当前乡村创新创业型人才建设面临的主要挑战之一是地区产业发展缺乏创新动力。首先，这种困境源于乡村产业过度依赖传统要素，如土地和劳动力，导致其集中度不高，进而影响了产业的集群效应和资源的有效配置。这种分散的产业结构不利于规模经济的形成，也限制了合作与协同创新的可能性，进而抑制了创新动力的发展。其次，乡村产业尤其是农业部门在科技创新方面的能力普遍较弱。这不仅体现在技术研发的落后，更在于科技成果转化效率的不足。农业科技的创新能力不足，导致新技术在农业生产中的应用受限，科技对于提升农业生产效率和产品质量的贡献相对有限。此外，第一产业与第二、第三产业在科技创新和技术利用率方面存在显著差距。这种差距不仅抑制了农业和乡村经济的现代化进程，也限制了乡村创新创业型人才的发展空间和创新潜力。在人才创业的情景下，创业者一般而言将本地资源与创新创业平台视为其事业发展的基础和依托。目前，乡村地区虽然涌现出大量创业者，但他们主要集中在农林牧渔业、普通制造业、居民服务与维修、餐饮住宿、批发零售和建筑等低端产业领域，这些创业者在整体创业活动中所占比例较大。

三、政策扶持力度有待加大

目前，各个地区已经制定了一系列支持创业的政策措施。然而，多数政策仅停留于表面，未能使乡村居民充分理解政府的创业政策，信息传递不够全面和透彻。同时，创业者们对政策的认知也有所不足，这导致许多创业者未能充分地享受政策内容所带来的服务。值得注意的是，一些创业支持基金的效用未能覆盖更多新兴创业者，创业奖励往往倾向于颁发给已经成功的企业经理人，对新兴创业者的支持较少。此外，政策发布后，传达和执行过程中常出现过于“口号化”的问题，导致政府难以将政策传递到乡村居民中。

在我国乡村地区，创业与创新人才的培养目前尚未能得到充分的重视，这反映在缺乏对乡村产业发展的宏观规划与管理方面。人才的科学规划和长期发展相对匮乏，同时在人才分配过程中，政府主导地位未得到充分体现，市场机制在人才分配中的作用尚未完全发挥。在农村地区，培养创新创业型人才需要一个漫长的成长过程。一家企业从创立到稳定发展通常需要5年的时间，然而政府领导层往往更加倾向于那些投入少、周期短、见效快、效益高的项目。这种不求创新、不求卓越、不求风险、期望短期成效的工作方式，导致了农村创新创业人才培养一直停滞不前，未能取得实质性的成果。

四、创业培训内容有待丰富

乡村创新创业人才的培养应该涉及组织、农业、人力资源社会保障、教育等多个部门的协同合作，然而，在当前乡村创新创业人才的培养工作中，各相关部门在人才培养、管理、培训等方面的分工较为分散，存在大量同质性和缺乏针对性等方面的问题，这给乡村创新创业人才的培养带来了重大挑战。在人才引进管理、职称评定、教育管理等方面，尚未建立完备的管理机制。此外，在基础管理工作中也存在一些薄弱环节，如缺乏可为农村创新创业人才提供服务的平台和载体。因此，建立一个完善的农村创新创业人才管理与服务体系显得尤为重要。它可以由特定政府部门领导，或者设立独立部门来负责。目前，一些社会机构在人才管理、服务、培训等方面尚未提供充足的支持，导致在目标要求、教学内容、教学方式、政策措施等方面存在不足。综合来看，就当前中国的实际情况而言，乡村企业家的经营和服务体系远未达到理想状态。

五、劳动力综合素质有待提高

在年龄构成方面，理论上青年人应是农村地区创业者的主力军。然而，由于乡村青年劳动力大量外出务工，这就导致乡村创业者中的大多数是中老年人。这些中老年人在教育程度上普遍较低，缺乏对现代信息技术的深度了解和应用能力，这在一定程度上限制了他们的创新创业的水平。

在职业结构方面，农村创业者主要从事批发零售、食品业和服务维修等传统行业，较少涉足与创新创业相关的行业，这些行业虽为农村经济的重要组成部分，却相对较少涉及与创新创业密切相关的领域。这一现象反映出农村创业者在现代产业中的参与度有限，从而在一定程度上限制了他们在新兴和技术驱动型产业中的竞争力。

在科技素质方面，农村劳动力中有相当一部分人从未或很少涉足创新创业领域，这些劳动力通常只能依赖有限的技能培训来解决技术难题，此情况使得这部分人在创新创业领域中面临较大挑战。在企业家群体方面，缺乏科技素质的问题也十分突出。许多返乡农民工在从事创业前，未曾涉足相关领域，因此其往往缺乏创业所需的科技知识和技能，这种科技素养的缺乏对创新创业的进程构成了障碍，限制了农村地区创业活动的效率和成效。

在管理经验方面，乡村创业者在企业的运营和管理方面缺乏经验，尤其是那些主要从事基本服务业的农民工。这限制了他们有效地管理和发展自己的产业，特别是在现代市场竞争激烈的大环境下。

在经济实力方面，虽然外来务工人员在城市工作，但受区域经济差异的影响，他们在创业时通常面临较高的资金需求。尽管政府提供了一定的金融贷款支持，但在实际操作中存在一些限制，导致乡村创业者在获得资金方面遭遇难题。因此，尽管存在政府的金融支持政策，乡村创业者在获取创业资金方面仍然面临显著挑战。

在信息渠道方面，由于乡村创业者获取信息的渠道过于单一，在现代市场经济大环境下，单一的信息搜集渠道无法应对纵横交错的市场环境，农村地区的信息闭塞以及信息技术的滞后非常容易使农村创业者在面临决策时作出错误的判断，增加了创业的风险。

总的来说，乡村创新创业面临多重难题，包括年龄结构欠佳、职业结构传统、科技素质不足、管理经验匮乏、经济实力有限以及信息渠道不畅等问题，这些因素制约了乡村创新创业的发展。

第三节　培育乡村创新创业带头人

乡村创新创业领军人物在乡村振兴战略的制定、推动、组织和实施中扮演着核心角色，其作用不可忽视。这些领军人物在创业过程中具备强大的主观能动性，能够灵活应对市场环境的不断变化，有效地配置和整合资源，创造新产品，培育新市场，推动新产业的发展。对于乡村创新创业的动机，可以分为内外两种驱动因素：外生驱动因素，其主要涉及拥有特定技术或资金背景的企业家，其中科技特派员在这一创业活动中扮演重要角色。这些企业家通过运用其专业技能和财力，引领了创新创业活动。这种创业模式是由外部要素推动的，如技术知识或资本的引入。内生驱动因素则以返乡农民工、回乡大学生、新农人等为代表，借助已有的资金和市场环境的改变，形成了一种自发的、自下而上的创业方式。这些创业者往往具备深厚的农村背景和资源，他们回归家乡，将个人经验和现有资源投入创新创业活动中。总之，乡村创新创业领军人物在乡村振兴中扮演着关键的角色，他们既可以依赖外部技术和资本驱动的方式，也可以通过内生动力，以不同的创业方式推动乡村经济的发展。这些不同的创业方式为乡村振兴提供了多样性和灵活性，有助于促进农村地区的可持续发展。

一、培育返乡创业农民工

农民工返乡创新创业被视为解决我国当前城乡发展差距和乡村问题的有效路径，同时也是推动大众创业和万众创新、推进城乡一体化协调发展的重要举措。

从创业者的角度来看，外出务工是返乡创业的前提条件，因为缺乏外出务工经验的个体在返乡创业时将会面临巨大挑战。在外打工积累的经验对返乡创业产生了深远影响，影响主要表现在积累的人力资本、工资收入、市场信息和营销渠道等方面。返乡创业者通过外出务工，积累了创业所必需的经济资本、人力资本和社会资本等资源要素。虽然这些资本在城市中可能难以得到充分利用，但在农村创业环境中成为有力的支持。

从企业家的利益角度来看，以返乡企业家为引领者的模式，有助于推动城市经济的发展及促进农村经济结构的升级和农村产业结构的改善。这也有助于推动农村从传统的单一农业模式向多元化的产业升级发展，促进农村产业合理化和农业集群发展，推动农村向非农化转型。尤其是外出务工人员在返乡创业过程中，通过迁移和整合，将外地需求的劳动密集型产业引入乡村，同时充分利用当地资源优势，发展具有独特竞争力的商品，推动传统工业升级。

返乡创业也有助于培养企业家精神，将其视为对返乡农民工的一种人力资本投入和高水平发展的追求。作为大众创业和万众创新的关键组成部分，返乡创业标志着我国乡村地区第二波创新创业热潮的到来，为我国农村经济和农村地区的现代化发展注入新的发展动力。

二、培育入乡创业大学生

大学生参与乡村创业活动主要集中在农业领域，尤其是在种植和养殖方面，而在农产品加工和制造业方面的参与相对有限。这一现象主要是由以下原因造成的：首先，大学生在四年的专业学习中积累了丰富的种植和养殖方面的专业知识，这使得他们更倾向于进入这些领域；其次，相对于其他产业领域，农业制造业具有投资成本低、风险较小、易于执行等特点，更适合大学毕业生进行创业。为使大学生更加积极参与乡村创业，政府应致力于城乡的协调发展，优化乡村公共资源供给体系，减小城乡发展差距，并通过各种政策手段吸引优秀的人才返回乡村。这可以包括改进农村基础设施、提供优惠政策和扶持措施，以及提供创新创业所需的资源和支持。例如，政府可以建立专门的资金支持制度，为大学毕业生返乡创业提供资金支持。同时政府应创造良好的文化氛围，包括举办创业大赛、提供培训和咨询服务，传播成功创业者的故事，激发更多人的创业热情。总之，政府在推动高校毕业生回乡创业方面可以采取多种措施，以创造有利的环境和条件，吸引更多的年轻人参与到乡村创新创业中，促进乡村振兴和农村经济发展。

三、培育乡村创业新农人

新农人作为乡村地区创新创业的新兴力量和独特社会群体，对于促进农村经济结构的优化和调整、实现一二三产业融合发展、提高农民收入具有重要战略意义。他们是“大众创业，万众创新”的主要推动者，代表了秉承新思维和新技术、开展特色生产经营活动、提升产品附加价值的生产者和经营者，对农业农村现代化的推动起到关键作用。

新农人在其创新创业过程中面临着一系列实际困难。农村的创新与创业是一个相互依存的系统，与农村社会的关系紧密相连。农村社会具有独特的地方特色，其运行机制体现为“熟人网络”的差序格局和“半工半农”的生产方式。新农人群体及其关系网络与传统农村社会相对独立，而农村社会通常建立在熟人关系基础之上，陌生人之间可能存在着相互不信任的情况。在家庭承包经营制度下，农户的社会分工通常表现为“男外女内、半工半农”的特点，年轻男性在闲暇时期外出打工，忙时参与农业生产，而家庭和田地的照料主要由女性或老年人负责。农村的富余劳动力通常以家庭为生产和生活的重心，有些还兼顾一些辅助工作，无法全身心地投入生产。新农人采用更加规范化和高效的经营方式，实行车间体制，使得生产空间和时间更加集中，但对村民而言，这可能被视为一种临时性工作。

这些情况表明，农村创新创业的环境与传统农村社会结构之间存在差异，因此需要在政策制定和社会支持方面采取措施，以满足新农人在创新创业过程中的需求，促进他们的发展和成功。他们的有效整合与发展需要在多个层面上进行内嵌：一是结构嵌入。新农人的创新创业活动应有效地融入农村社会网络，以强调他们在农村生产和生活中的关键作用。一方面，新农人应专注于创新创业的特定环节，提供社会化服务以支持现有农村产业，而非与之直接竞争。例如，在电商直播带货、文化传媒等领域，他们可以为已有的农村产业提供支持服务，这既能够加强与农村工业的联系，又可以降低农业生产经营成本，实现盈利。另一方面，新型农民需发挥战略适应能力，积极融入农村社会的熟人关系网络。在应对农村社会结构带来的限制时，如针对“钉子户”问题，可动员已签订合同的农民或具有影响力的乡村能人进行沟通协商。二是资本嵌入。新农人可以利用其自身的社会关系、资金和技术资源，积极融入农村的建设和发展。在乡村振兴政策下，新农人通常可以获得政策上的支持，他们应将企业的经济效益与农村的集体利益相结合，积极利用相关有利政策，加大基础设施投资，改善农村居住环境，从而促进自身融入乡村。在仓储物流、工业加工和新闻媒体等领域，新农人可以根据自身生产需求，增加对农村公共资源的投资，参与集体公共设施的建设。同时，政府也应提供相关创业政策，提升农民对企业的接受度。这一系列措施有助于促进新农人与农村社会的融合，从而推动创新创业的成功。三是文化嵌入。新农人的创新创业活动需要更深入地融入农村的文化背景和社会网络结构中。首先，他们应从理解和尊重农村传统文化和村民发展意愿的角度出发，实施“入乡随俗”的策略。这包括在雇佣农民时不简单地将其视为劳动力，而是充分理解他们的需求和顾虑，建立灵活的工作制度和管理标准，以适应他们在农业生产中的变化需求。进一步，新农人应尊重农村的传统习俗，在土地利用和管理上采取动态策略。这涉及土地租金和补偿的透明以及合理安排，确保与农村社会的和谐共处。同时，积极参与农村的社交和文化活动也是减少外来性、促进融合的重要策略。在农村社会中，“面子”文化对于维系社会关系和促进合作具有重要作用。因此，新农人在工作中应对村民进行适当的评价，建立奖励和惩罚机制，以提高工作效率和促进社会融合，这也是推动农村创新创业成功的关键因素。

四、优化创业环境与政策保障

（一）改善农村创新创业环境

人才的成长和效能的发挥在很大程度上取决于一个良好的环境。首先，要积极推动城乡融合进程，确保城乡要素之间的双向流动通畅。为此，建立有效的机制和渠道以吸引和引导大学生、中专毕业生、退役军人及科技专业人员等向乡村地区流动是必要的。这不仅涉及为这些乡村人才提供必要的指导和支持，还包括确保他们能够在乡村地区有效地发挥作用和贡献，从而充实乡村创新创业的人力资源。其次，建设专门的服务窗口、提供一站式服务、设立农村创新创业园区、建构农村创新创业孵化实训基地等措施，对于构建一个有利于创业者制定和实施创新创业计划的环境至关重要。这些措施旨在为创业者提供高质量的服务和平台，从而增强他们的创业决策和规划能力，推动创新思维的形成和创业活动的实施。

（二）加快扶持政策落实落细

政策的有效实施依赖于坚定的执行力和深入贯彻政策的思想。《关于深入实施农村创新创业带头人培育行动的意见》明确了一系列支持举措，涵盖了财政、金融、土地、人才等多个领域，为乡村振兴提供了明确的政策方向，同时也提出了相应的政策建议。而地方政府更应将这些政策措施有效地贯彻到实际操作中，以此切实推动农村创新创业人才的培育工作。通过这种方式，可以有效地促进农村创新创业人才的培养，改善农村地区的创新创业环境。政策的有效实施将有助于提升乡村地区的创新创业水平，扩大创新创业队伍的规模，并增强乡村产业发展的动力。

（三）加强针对性培育体系建设

由于乡村人口众多，具备不同的能力水平和特征，因此，在培养创新创业人才方面，不能采取一刀切的策略。考虑到不同群体，如农民工、大学生、致富带头人的教育背景和技能水平的差异，必须根据具体情况制定相应的培训和指导计划。例如，针对农民工这一群体，由于他们普遍具有较低的教育水平和创业技能的不足，培训应基于市场需求进行有针对性的设计，以减少因缺乏准备而带来的创业风险。对于返乡的农民工和大学生等，由于他们在运营和管理方面的经验不足，应加强这方面知识的培训。通过这种针对不同人群特点和需求的个性化培训方法，可以更有效地培养乡村创新创业人才。乡村振兴为培养和吸引优秀人才提供了一个广阔的平台。通过培养和加强农村地区的创新创业人才队伍，不仅使农业领域具备更广阔的发展前景，也使农村成为吸引人才发展的有利地方。这样的策略将有助于改变农村地区的面貌，使其成为吸引人居住和投资的理想之地，为乡村振兴战略的成功实施提供更加广阔的发展道路。

第四节　培育乡村创新创业团队

一个团体是由有组织和协作精神的个体组成，是共同达到特定目标的正式组织结构。在这个组织内，每个成员可以通过有效的沟通和合作，以保持一致的目标、方法和策略，从而充分发挥其主观能动性。这种协同作用有助于集体智慧的发挥，将团队的人力、物力和财力有针对性地集中用于特定方向，从而形成一个具有更强竞争力的工作群体，超越了单个成员的能力和资源。在乡村振兴的过程中，有效发挥返乡农民工、大学生和新农人等多样人才的潜力至关重要。更为关键的是，要以这些人才为核心，构建一个高素质的创业团队，为乡村产业振兴贡献更大的力量。这样的团队将在高度协作和协同的基础上，充分挖掘每位成员的潜力，通过有效的沟通和资源整合，推动乡村振兴战略的有效实施。这不仅有助于促进乡村地区的可持续发展和繁荣，也是实现社会和经济目标的重要途径。

一、乡村创新创业团队的功能建设

（一）团队的目标导向功能

企业团队文化的培养在促进企业内部形成团结一致的氛围方面具有重要意义，这对于激励员工共同追求既定目标至关重要。特别是在乡村创新创业的环境中，通常是以特定的农业相关企业为核心，这些企业不仅是当地产业发展的引领者，而且是创新和创业活动的关键推动力。在这样的环境中，团队合作和协作的重要性不言而喻。通过有效的团队合作，可以将多方面的资源和能力进行有效整合，从而树立统一的战略目标。

（二）团队的凝聚作用

乡村创新创业群体的发展观念和生产活动往往具有强烈的凝聚力。团队建设通过培养群体意识，借助员工在长期工作中形成的文化心理因素，如习惯、信仰、动机和兴趣，将团队成员的思维紧密联系在一起。这种团队建设策略的重要性在于，可以帮助每位团队成员形成使命感、归属感和认同感。这不仅增强了团队成员间的内部联系，还提升了他们对团队目标的共识。随着每位成员对团队日标和价值观的深入理解和认同，团队的凝聚力自然而然地得到加强。在乡村创新创业环境中，这种强化的团队凝聚力有助于团队在面临挑战和抓住机遇时表现出更高的协作效率和更强的创新能力。

（三）团队的激励功能

企业的集体意识建立在每位员工的积极参与和主动性之上，其核心在于鼓励员工向杰出的企业家和优秀的同事学习，以提升整个团队的效能和创新能力。这种激励机制不仅仅依赖于物质奖励，更重要的是建立团队内的认同感和成员间的相互尊重。此种激励机制更有助于团队成员在农村产业发展方面形成统一的观念，增强团队的凝聚力和提高团队的效率。

（四）团队的管理职能

团队精神对于约束和协调个体企业家的精神和行为至关重要。它通过在团队内部形成的共同观念和氛围，对员工个人行为进行规范和指导，实现管理职能。这种管理策略不依赖于自上而下的严格强制手段，而是基于一种更为细腻和内在的控制机制。这种内化控制方法从对员工行为的直接约束逐步转向对员工意识、价值观念、长期目标的深入影响和引导。这样的管理方式被认为更加持久和合理，也更易于被员工接受和融入。

二、乡村创新创业团队的培育路径

（一）确立清晰明确的乡村愿景和发展目标

心理学家马斯洛曾指出，卓越组织的一个主要特征是其成员间共享相同的愿望和目标。由于不同的需求、动机、价值观、社会地位以及观念多样性，人们对于公司的使命感和期望会呈现出多样性。因此，确保团队高效协同工作的关键在于确立共同的使命和前景。

在实际操作中，需要制定企业的经营目标，并明确组织的长期愿景。这不仅包括组织层面的目标，还涉及为组织成员设定个人的利益目标。这意味着每个成员都应清楚地理解“我们的共同目标是什么”以及“我个人将从中获得什么”。这个共同目标应当是客观条件下每个团队成员都愿意追求的目标，它不仅代表团队的核心理念和精神，还为每个成员提供了明确的方向。这种共同目标是推动团队协作和运作的主要动力。通过这种方式，可以有效地提升团队的整体凝聚力和工作效率。

（二）培养良好的团队工作氛围

在团队内部，建立一个良好且和谐的人际关系网络至关重要。这种关系网络有助于成员之间从相对陌生和戒备的状态转变为相互熟悉、开放、稳定、接纳和信任的关系，这将为长期的紧密合作奠定基础。在企业环境中，团队内部融洽的人际关系有助于减少内部冲突，提高工作效率，尤其是在建立和维护企业内部信任关系方面尤为重要，这是实现企业良性发展和绩效提升的关键。要实现团队的良性发展，企业高层领导必须保持一致，履行对团队的承诺，公正和公开地执行公司制度，以建立对企业领导和公司制度的信心。企业管理层应当在团队内部分配足够的权力，并提供所需的信息和机会，以促进成员之间的沟通和交往，着重关注提高员工的工作满意度和生活满意度。团队作为每个成员共同参与的平台，个人的尊重和满足不应脱离整个团队。为了营造积极的团队氛围，可以定期提倡感恩和关爱他人的价值观，同时要重视员工的自我价值，将团队价值与员工的个人价值有效结合。采用福利待遇改善、工作环境改善、职位调整等方法，让成员感受到工作的乐趣和挑战，从而提高整个团队的工作效率。

（三）建立健全有效管理制度和激励机制

建立健全的管理体系和激励体系对于维护和促进企业文化至关重要，它可以内部推动企业文化的稳定和发展。一个高效的组织需要建立合理的规定和准则，以便促使成员认可和遵守这些准则。这种理性的体制和机制表现在团队成员的纪律性、领导层对下属的适度授权以及有效的激励和约束机制三方面。遵守基本的团队规则是维持团队稳定性的核心，任何违反规则的行为都可能导致团队成员间的不满和动荡。因此，有效的激励措施不仅仅是物质奖励，更重要的是要能激发团队成员的内在动力，使整个团队能够在自主创新的环境中更加高效地运作。

（四）强化员工的系统学习和定期培训

在知识经济时代，具备快速学习能力的组织拥有持续竞争的优势。员工的培训和学习是其持续学习和创新的关键手段，对于实现组织目标至关重要。在小组中，建立一个求知好学的小组文化，创建良好的学习氛围，有助于员工接受培训和学习，以此增强他们不断自我提升的信心。企业应根据自身实际情况，为员工提供系统的教育和培训计划，促进组织成为学习型组织。这包括定期进行岗位培训、举办技术竞赛，甚至提供海外学习和进修的机会，从而提升员工的知识水平、技能和业务能力，以满足公司的发展需要。此外，加强员工的思想政治教育，培养良好的职业道德，营造和谐、友好、合作的工作环境，有助于培养团队协作精神、提高员工的综合素质和团队效率。

（五）提高创新创业团队的领导力

领导力是指乡村创业领军人物在不断变化的环境中，通过多种手段推动团队朝着共同的目标努力，构建一个协调高效的团队，并确立团队的标准和能力要求。优秀的团队领导者通常兼具教练和协调者的角色，他们能够在充满活力的背景下为团队提供指导和支持，激发成员的信心，帮助他们发挥潜力，并指引团队前进的方向。领导者的行为对于团队氛围的形成具有重要作用，因此，一个出色的领导者能够激发和提升整个团队的积极性，引导团队取得卓越的成就。在提升领导力方面，首先，领导者应具备有效管理、培养团队成员的能力。这包括了解如何管理人才、培养人才、充分发挥人才的潜能。其次，领导者应增强个人修养和能力，具备学习的心态，能够策划和研究乡村发展的趋势和策略。同时，领导者要注重自己的道德品质，懂得以德服人，具备开放和宽容的胸怀，注重信誉，倡导民主，勇于自我反思和接受他人建议，发扬民主管理风格，不断提升自己的领导能力。这些因素皆有助于领导者更有效地引领团队，实现团队的卓越成就。

第五章

乡村科技型人才队伍建设

第一节　乡村科技型人才的基本特征与类别

乡村科技型人才指的是在乡村地区从事科学技术工作的专业人员，他们具备特定的与农业农村发展相关的科学技术知识和技能（高琴桃等，2023）。这类人才通常包括乡村科技研究人才、乡村科技推广人才、乡村科技实用人才和乡村科技科普人才等。乡村科技型人才通过积极参与各类创造性劳动不断地进行实践探索和技术革新，为推动农业科技发展做出卓越贡献。

一、乡村科技型人才的基本特征

（一）扎实的专业基础知识和丰富的实践经验

乡村科技型人才在专业知识方面表现出深厚的理论基础和广泛的学科涵盖。他们通常具备农业科学、生物技术、环境科学、农村经济管理等领域的专业知识。此外，乡村科技型人才更有能力将这些理论知识有效地应用于实际农业生产和乡村发展中，从而在农业技术创新、技术推广、技术应用等多个方面发挥重要作用。

（二）强烈的自我实现需求

乡村科技型人才更追求在农业科技领域的个人职业成就和社会贡献，通过创新研发、技术推广和实践应用等方式，为乡村振兴和农业现代化做出显著贡献。他们倾向于通过解决实际农业问题、改善农村生活和提高农业生产效率，来实现个人价值和社会认可。这种自我实现的需求不仅促使他们不断更新和扩充专业知识，还激励他们在农业科技领域进行持续的创新和探索。

（三）较强的学习能力

随着农业科技的不断发展进步，乡村人才持续的农业理论学习和知识更新是必不可少的。乡村科技型人才通常表现出对新知识、新技术和新方法较强的适应能力，能够及时跟上科技发展的步伐，有效应对农业生产和乡村发展中的新挑战。乡村科技型人才的学习能力源于其内在的好奇心和对新事物的探索欲望，他们倾向于通过主动学习和自我提升来适应快速变化的外部环境。

（四）较高的理论联系实际能力

在现代农业科技领域，仅有理论知识而缺乏实践应用是不足以促进农业发展的。乡村科技型人才理论联系实际的能力表现在他们能够根据乡村的具体情况和需求，将科技创新应用于乡村振兴策略中。乡村科技型人才能够准确理解乡村发展的现状和挑战，结合农业科学的最新研究，提出切实可行的解决方案和发展策略，推动乡村经济和社会的全面发展。

（五）工作过程难以监督

鉴于乡村科技型人才的工作性质，其工作过程往往难以监督。农业科技工作的复杂性和不确定性使得工作过程难以用简单的量化指标或传统的管理模式来监督。农业科技研发往往涉及多个环节，包括研究设计、实验实施、数据分析等，每个环节都有其特定的复杂性。此外，他们的工作通常没有明确的程序和步骤，因此具备高度的自发性和主观性。这使得监督和管理农业科技人员的工作流程变得相当具有挑战性。

（六）个人工作成果不易直接测量和评价

在农业科技领域，许多研究和项目的成果往往是长期累积和逐步显现的，可能需要数年甚至更长的时间才能完全体现出其价值和效果。这意味着短期内很难用量化的方式来衡量这些工作的成果。此外，乡村科技型人才的工作成果不仅包括具体的科研产品或技术创新，还涉及对乡村社会经济发展的贡献，如提高农业生产效率、促进农村可持续发展等。这些贡献的效果往往是间接的、长期的，难以用简单的数据直接体现。

二、乡村科技型人才的类别

在乡村振兴进程中，创新扮演着至关重要的支持角色，而科技被视为主要的推动力。当前的工作重点是依靠科技创新农业，特别是培养农业科技人才，以服务乡村振兴。乡村科技型人才主要可以分为乡村科技研究人才、乡村科技推广人才、乡村科技实用人才和乡村科技科普人才四类。

（一）乡村科技研究人才

乡村科技研究人才主要指在农业和乡村发展领域进行科学研究和技术创新的专业人员。他们通常在高等教育机构、研究所、农业科技推广机构等工作，专注于解决农业生产和乡村发展中的关键科技问题。农业科技的强大代表着农业产业的强大，同时也意味着更广阔的发展空间。培养乡村科技研究人才是农业科技创新的关键。因此，建立一个具有合理阶梯结构、高水平科研人员素质以及能够独立开展科研工作的本地人才团队至关重要，这也有助于构建农业组织的后备人才队伍。

在农业科技的发展中，迫切需要农业科技领域的人才，以支持生物育种、动植物疫病防控、高效农业栽培与养殖综合管理，以及农产品加工与市场贸易等领域的技术创新和农业资源的开发与保护。目前，我国农业科技领域人才严重不足，尚不满足科研创新的需求。在人才引进、培养、激励等方面，相关政策仍有待完善，人才流失问题也亟须解决。此外，农业科技人员从事的相关产业分布不平衡，这些都需要政府采取措施以加强相关领域的科研人才队伍建设。政府应为农业科技人才提供资金支持，增加科研经费和人才薪酬，以提升人才的积极性和创新能力，进而提高科研水平和质量。针对引进和培养人才，应重视农业高水平人才的引进，加强引才工作，将国内外杰出人才分配到各个需要的领域。同时，加强对已有人员的培训，提高其专业素质，以确保技术供需平衡。针对我国农业领域的产业和地域分布失衡问题，需要进行相关领域的整体规划，对农业相关专业可探索实行“提前批次”招生，以解决我国农业科技人才短缺的问题。同时，鼓励人才在农村生根发芽，以人才带动农村经济发展、助推乡村振兴。

为促进科学研究的健康发展，需不断完善科学研究机构的运作体制，实现科研资金来源的多元化，积极引入和强化科研投入，以提升科学研究的经费供给。此外，赋予年轻人才在农业研究单位更大的自主权，使其晋升和选拔过程更多依赖于事业单位内部的评估与决策，而非仅依赖于上级领导机构的裁定，这将有助于激发青年人才的创造潜力。进行年轻人才的创造力评估，对表现卓越的年轻研究者，予以特殊支持，摒弃“资历排挤”等不利于创新的做法，使年轻学者能够平等地参与学术竞争。对于成长潜力处于一般水平的年轻研究者，可根据其弱项，加强相关的培训和学术交流帮助其发展潜力，以增强积极创新的科研氛围。另外，应减少科研机构的“行政化”，实现科研与行政职能的明确分离，减少行政机构对科学研究的干预，并减少年轻学者的政治介入，同时包容他们在研究过程中的错误。这样的改革有助于创造一个更加自由、包容和创新的科研环境，促进科学研究的健康发展。

（二）乡村科技推广人才

为实现经济利益与社会利益的结合，政府需为乡村人才提供更多科学研究和技术创新的参与机会，提升大众的科技素养，确保他们能够有效应对产业升级挑战，在这一过程中，科技成果的宣传和普及至关重要。在农业技术推广方面，需强调可持续发展观念及其与保护自然环境和人类永续生存的关系，避免盲目的技术推广对生态环境造成的破坏行为。

农村技术推广人员应通过短期拓展培训和科研课题研究等一系列措施来拓宽学术视野、提升专业素养，以增强自身职业满足感，提高推广实践质量。此外，还需建立完善的推广人员信息库，建立培训基地，将城市和农村的农业推广人员进行融合，创新农业技术推广的体制与机制，以建立一支稳定高效、技术转化能力强的农村技术推广人员队伍。

科技特派员作为向农村地区新型经营主体传递先进农业科技成果的重要纽带，在乡村振兴中具有关键作用。他们承上启下，为农村带来最新的科学知识和技术理念，为新型经营主体带来新思想和新技术。习近平总书记在担任浙江省委书记时曾倡导推动科技特派员制度，该制度以科技人员为主力，以科技成果为纽带，以创新驱动发展，以促进乡村振兴为目标，为农村科技推广树立了榜样，让科技信息流向农村，为乡村振兴注入新活力。科技特派员在乡村振兴的道路上，不忘初心，持之以恒，为实现经济社会可持续发展，创造更美好的乡村生活，贡献自己的力量。

（三）乡村科技实用人才

在乡村振兴战略的指导下，农村实用人才带头人担负着领导农村居民致富和建设现代农业的使命。为实现这一目标，必须充分利用科技来为农村生产提供更多支持，将农业科技成果转化为农民的经济收入，同时拓宽农民的增收渠道，这些都需要有能力的农村实用人才的参与。在教育培训方面，应整合党校、农办、农林、科技等各职能部门的培训资源，结合实际情况，建立乡村振兴学院和教育实践基地。习近平总书记在 2013 年 11 月考察山东省农科院时，强调要及时调整农业技术发展的方向，大力发展农业技术，加强对高素质农民的培育。因此，政府应遵循资源共享与统一调度的原则，统筹规划并分类实施各类农村实用人才的系统培训，以农村主导产业和实用人才需求为根本，重点解决培训分散和无序等问题，提高培训的实效性和针对性。同时，应不断拓宽培训对象范围，通过政府采购服务和培训奖励等方式，鼓励社会培训机构、高校、新型农业经营主体等积极参与农村实用人才的培养，以提升农民素质和培养高素质农民。

（四）乡村科技科普人才

通过科学技术的普及工作可以提升农民的科学文化素养，促进农村经济发展，推动社会进步，对实施科教兴国战略和乡村振兴战略也发挥着重要作用。科普工作的核心对象是农民群众，与乡村实际情况紧密相关。科普人员应根据当地实际情况，采用易于被农民接受和理解的方式方法传播科学思想，开展科学活动。

在中国，科技与文化的结合并不紧密，科技与新媒体的融合也尚待加强，科技工作者的数量相对不足。因此，从顶层设计的角度来看，科技工作者应该以实验室为科技教育的场所，积极参与科技传播。科普人员可以通过组织科技周、科技月等活动，向广大农民展示科技成果。此外，鉴于当前文化环境，企业员工也可以参与科普工作，以扩大农业科技普及的范围。科学技术协会在国内科普工作中扮演重要角色，应积极举办社会性、群众性的科普活动，支持企事业单位和科技团体的科普工作。特别是针对青少年的课外科普活动，科普教育和科技传播应保持紧密联系，跨越部门间的壁垒，实现协同合作。

乡村振兴战略核心在于以人为本，即农民振兴。农民既是战略实施的关键主体，也是最终受益者。首先，必须充分发挥农民的主体作用和创造力，调动他们的积极性、主动性和创造性，并通过总结基层实践中的创新经验，不断完善政策和实施方案。其次，为培育高素质农民，应实施一系列计划并确保这些计划得以落地，包括高素质农民培育工程、农业经营主体领军人物轮训计划、现代青年农场主培养计划以及农村实用人才领军人物培训计划等。此外，应大力推进农村基础教育和农村职业教育工程，提高农民的文化水平。最后，鼓励农民教育培训基地开展专项技术培训，以优质技术培训服务助力农民增收。

农村技术人员应深入基层开展服务，培养适应现代农业发展需要的高素质农民，这些农民应具备丰富的技术知识、管理技巧和经营能力，确保其与传统农民相比有较大提升，以满足新时代的需求，实现乡村振兴战略的发展目标。

第二节　乡村科技型人才的社会责任与作用表现

党的二十大报告强调了要全面推进乡村振兴，着力构建农业强国，坚定推进乡村在产业、人才、文化、生态和组织方面的全面发展。乡村振兴战略的实施，始终将人才发展作为关键先导。农村科技工作者作为乡村振兴人才的重要力量，肩负着推动乡村全面振兴和加速农业农村现代化进程的重任。

一、乡村科技型人才的社会责任

提升科学技术知识水平是科学研究工作者的主要追求，然而，科学家不应局限于纯粹地追求知识，他们更应将目标放在更广泛地服务于人类价值观和社会进步。科学研究的过程不应仅限于个人的知识追求，而更应关注其对社会价值的贡献。科学家在研究时应避免默认接受现有不合理的秩序，需要保持对人文精神和批判性思维的尊重与发展。此外，科技人才有责任推动科技与教育事业的协同进步，并致力于维护社会发展。这要求科技人才在追求科学突破的同时，也应关注科技成果对社会的影响和价值，从而促进科技与社会的和谐发展。对科技工作者的价值观和行为进行研究时，必须全面考虑社会文化以及各方社会力量对科学家的影响，除此以外还需深入探讨各类激励机制对科学家的激励作用。

（一）乡村科技人才的社会角色

1834 年，英国哲学家威廉·惠威尔（William Whewell）在英国科学进步学会（Council of Science）提出了“scientist”这一术语，并于 1840 年正式确立其为官方名称，随后在《归纳科学的哲学》（*Philosophy of the Inductive Sciences*）中得到广泛认可。现代科学的崛起催生了科学家这一社会角色的形成，这一过程既漫长又复杂。由于科学家具备创新精神、无私奉献精神以及较高的价值理性，他们逐渐获得社会的认可，社会地位也不断提升。

科学家在社会中的作用可以通过分析其行为动机、行为准则以及潜在的行为偏差来更深入理解。首先，科学家的行为动机通常源于对社会的无私贡献、对科学研究的期望，以及对知识探索的好奇心和科研成果所带来的满足感。其次，科学家的行为准则，作为其价值观的外在表现，逐渐成为规范其行为的标准，这些准则具有普遍性和公共性。然而，也有学者指出，当代科学家也面临着薪酬工作者的普遍问题，其道德行为需适度规范，确保其行为的完整性和社会责任感。同时，科学家也是普通人，面临法律和道德约束，社会需要提供合理的机制来解决可能出现的问题，保护他们的权益，防止其行为对社会造成不利影响。科学家可能会遭受挫折和压力，这可能导致行为上的偏差，因此社会应采取措施减轻这些压力，防止其产生负面影响。

农业科技，作为人类文明发展与农业领域进步的重要成果，在生命科学和信息技术的现代发展浪潮中，已成为推动农业进步的关键力量。在乡村振兴的大环境下，高科技在推动农业农村发展方面变得日益重要。当前，随着生物信息学大数据时代的到来，诸如基因编辑和生物合成等学科的知识不断推动着农业生物技术的飞速发展。这些进步无疑为农业和农村的发展带来了益处，尤其是在增加农民收入方面。然而，现代科学技术的发展并非总是一帆风顺，它也可能带来风险和挑战。拥有丰富农业科技知识的专业人员在预见和应对这些风险方面具有先天优势。他们在处理诸如转基因作物的生物安全问题、界定农业科学的禁区、制定伦理原则和预防措施等方面，发挥着至关重要的作用。此外，这些专业人士在政策的制定与实施过程中也发挥着关键作用，对于乡村振兴战略的实施产生着深远影响。因此，需要特别关注农业科技人才在乡村振兴战略实施中所扮演的社会角色。

在当代科技哲学的视角下，农业发展呈现出人与自然相互作用、相互影响的特性。这种发展既是基于互惠互制的原则，也呈现出农业发展的哲学特征，涉及社会、农业及环境伦理等方面。首先，基于人类的基本素养，农业科技工作者应承担起保护自然环境的重要职责。其次，作为专业人员，他们负有推动农业进步的责任。农业科技的根本目标是为“三农”谋福利，因此在科技应用时，必须谨防科技滥用可能带来的负面影响。在启动任何农业工程之前，对工程的全过程进行全面评估和预期分析是至关重要的。这些评估和分析不仅有助于维护农业可持续性，还有助于推动乡村振兴战略的成功实施。

（二）乡村科技人才的权利与义务

1946 年 7 月，中国等 14 个国家的科学界代表共同成立了世界科学工作者协会，该协会的宗旨是利用科学促进世界和平与人类福祉，并特别强调科学应用于解决当前紧迫问题的重要性。在当今世界，农业科技人才作为农业科学的主要贡献者和真理的追求者，被赋予了更高的社会责任。在此情况下，其首要责任是保持独立自由的研究精神，追求思想的纯粹性，他们的理论思辨应与日常实践活动相区分。尽管他们在精神认知方面可能会成为影响全球文明进程的客观存在，但他们不会以任何形式介入知识对象的存在。这也意味着他们必须进行自我约束，将公共福祉和人类事业作为核心的道德关切，并主动承担外在的相关责任。从哲学角度看，责任与因果关系息息相关，因果力是最根本的前提。换句话说，农业科技从业人员的思想和行动会对外界产生影响，他们的行动由行动者支配。在某种程度上，农业科技从业人员能够预测科技带来的后果，因此，他们需要对自己的行为负起外在责任，确保其行动对社会产生积极影响。

当前，我国科技从业人员的社会责任正面临新的考验，其中包括科学独立性的威胁、学术自由的侵害以及科学精神的衰退等问题。这些挑战的根本原因涉及技术人员自身的职业道德、政府资金支持的干预以及市场需求的影响等多重因素，因此需要认真加以分辨和探讨。

随着乡村振兴战略和人才强国战略的深入实施，农业科技从业人员在社会中获得了更多的尊重和信任，他们的社会地位和声望也在不断提升，对政府和社会的影响力日益增强。以食品安全为例，其风险的存在突显了风险情境下科学与政治之间的紧张关系。这种关系的紧张体现在食品安全风险管理中，政府需要在专家意见和公众关切之间找到平衡。因此，政府在处理食品安全风险时，其规制决策模式正在发生转变，从依赖于专家的知识和指导转向更加重视民主沟通与公众参与的治理方式。

在这样的背景下，农业科技从业人员应更加深刻地认识到自己的社会职责和崇高使命。他们不仅承担着传播农业科学知识的任务，还要正确理解和弘扬科技价值观和农业科学精神。农业科技从业人员应发挥自己的专业特长，引领乡村建设和乡村振兴。在思想道德方面，他们应与党中央保持一致，要求自己在道德修养和行为言行上保持高标准，不仅依赖法律的制约，还要追求自律，以满足国家和人民的期望。

（三）乡村科技人才的素质及品格

科技人才的素质提升已经引发了公众对其社会责任感的关注。为培养出杰出的农业科学家，需要着重塑造农业科技人才的价值观和道德观，这对确保我国农业科技事业不断前进至关重要。同时，必须加强对农业科技人才的精神文明建设，以培养出具备卓越农业科学素养和独特个性的科技从业人员，积极发挥农业科技人员对实现农业现代化的助推作用。

在提升科学素养方面，农业科学家必须掌握科学方法、科学思维、科学精神等方面的科技知识。科技知识与科学素养之间存在正相关关系，但在特定条件下也可能发生扭曲。例如，长期未能取得研究突破的科技人员可能受挫，试图剽窃他人成果；或者受到功名和利益的诱惑，而做出违法违规行为；还有可能因为缺乏科技知识，产生轻视科学的想法，导致自我堕落。农业科研工作者应始终怀揣为国家和农民服务的初心，坚守为农民谋福祉的信仰，坚定面对挑战。此外，农业科学家应积极与民众交流，参与公共政策的制定，提高科技决策的合法性，并提高科技政策的透明度，有效防范科技发展中可能存在的风险。在信息传播过程中，应根据不同群体的需求选择适当的传播方法，充分利用研究中心、高质量的科技媒体和专业科技知识，以更好地传递科技信息。

大多数情况下，农业科技人才既是先进农业生产力的开拓者，也是现代农业科技知识的传播者。因此，他们的个人素质、品格、道德价值观，以及承担的社会责任都不容忽视。为更好地在乡村振兴战略中发挥作用，农业科技人才需要强化自身道德文化修养，深化自身的农业科技知识，树立正确的农业科学价值观，实现自我约束与自律，保持廉洁操守。通过借鉴先进文化，引领新时代中国特色社会主义农村建设，推动农业科学朝着更有利于农业可持续的方向发展。最后，身为农业领域的领军人物，农业科技人才应高度警惕社会上传播的流言和伪科学，积极开展科学教育，致力于“弘扬科学精神、传播科学思想、倡导科学方法、普及科学知识”。

在当今不断发展进步的现代农业科技背景下，农业科技已经融入了人们的日常生活和工作，成为不可或缺的一部分。与此同时，作为农业技术的主要推动者，农业科研人员肩负着技术风险管理和控制的重要使命。因此，从哲学的角度来看，农业技术的应用主要表现在以下两方面：一是农业技术的应用需要考虑不同农村地区和农户的土地特性，因为这些特性导致农民在文化程度和对农业科学认知方面存在差异。此外，农业科技所带来的经济利益存在不确定性。这一现象的根本原因在于科技发展的复杂性和科技本身的不确定性。农业科技人员作为主要参与者，其对技术的认知偏差或错误操作可能对国家经济和环境造成巨大损失。二是现代农业科技作为社会进步和农业发展的必然产物，受到生物技术和农业信息技术的强力推动。随着乡村振兴战略的实施，人们对农业科技的依赖日益增加，农业科技步入生物组学的“大数据”时代。各种基因编辑和生物合成等学科的研究成果为农业生物技术的快速发展奠定了基础。然而，尽管这些技术带来了农民收入的增加和农村的快速发展，但也存在潜在风险，如农业转基因工程作物的生物安全问题和农业科技领域的伦理限制。因此，农业科技创新必须综合考虑社会的整体利益，确保创新方向对农业有益，同时也符合社会整体的利益。

因此，对农业科技人才提出了以下要求：第一，部分农业科技人才可能会参与政策的制定和执行过程，因此需要特别重视他们在各种战略实施中的社会角色和影响。在农业科技发展的早期阶段，他们应积极与各类创新主体进行深入的协商和交流，建立互相反馈的机制。在此基础上，需要综合考虑农户对技术的接受程度、技术发展的可持续性，以及社会对技术创新的整体需求，以实现平衡。第二，相较于普通农民，拥有丰富农业技术知识的农业科技人员更具备及时、准确预测技术结果的能力。因此，他们必须对农业技术进行全面评估，深刻理解其中各种潜在影响因素，以便及早制定相应对策和介入措施。同时，应将农业技术的研发、推广、应用和传播作为他们的主要任务，以推动农业技术的不断进步。在此背景下，应对技术创新过程中可能产生的产品、目标产品以及社会道德问题进行深入研究，以有效规避技术创新可能带来的生态风险。这些措施有助于确保农业科技人才在农业科技领域的发展与社会需求之间取得平衡，并为乡村振兴战略的实施提供有益的支持。

二、乡村科技型人才的作用表现

（一）乡村科技型人才是乡村绿色发展的依靠

科技对农业发展具有双面性：一方面为农民带来增收希望，另一方面可能引入风险。要保障农业的长远发展，必须以绿色可持续为前提，这主要依赖于科技的力量。目前，我国已进入一个新的转型阶段，这一阶段的特点是依靠农业科技进步来推动地方经济的发展，而农业科技人才则是这一进程的关键推动者。这些人才必须深刻理解农业科技和现代农业发展的规律，这包括对工业化农业和科技化农业的认识。根据中国科协创新策略研究院的研究，绿色发展中的科技创新型人才应具备高质量、高水平的技术能力，能够精准识别和把握绿色发展的关键要素，并在绿色生态、生产和生活等领域展开创新工作，以实现人类与环境的和谐可持续发展。为了推动农业科技与自然环境的互利共生，引领未来农业向机械化和绿色化方向发展，农业科技人才发挥着不可或缺的作用（蒯洋，2023）。这些人才不仅推动了农业科学技术的发展，而且能有效协调农业技术研发与推广之间的关系，是农业可持续科学发展的核心支撑。因此，国家高度重视这些科技人才在农业可持续发展中的关键作用，并制定了一系列激励和保障政策来支持他们的工作。这与新发展理念相符，农业科技人才掌握着核心技术、工具和能力，应充分发挥其引领作用，提升我国农业绿色发展的效率和质量。

（二）乡村科技型人才是科技创新的转化力量

习近平总书记曾强调，科技创新不应仅限于实验室，而应转化为促进经济和社会发展的实际力量。科技成果转化涵盖了科学知识的创造和科技产品的开发。在这一过程中，政府和金融机构扮演着桥梁角色，连接知识创造与应用，协助形成各类资本，以促进科技成果的应用和实现。实施乡村振兴战略时，发挥农业科技人才的作用至关重要。他们在推进农业和农村现代化中扮演着重要角色。科技创新的成果转化，以及农产品质量和数量的提升，是实现消费结构升级的关键。农业科技人才在制定重点规划、引领科技创新方向等方面起着核心作用。他们秉持"把论文写在祖国大地上"的理念，推动科技创新促进农业供给侧结构性改革。通过针对农村实际情况规划特色产业，满足农民需求，确保高质量农产品的有效供应，推动农村绿色发展。同时，也能紧密围绕国家农业科技创新需求，努力实现农产品增产和农民增收。

农业科技人才在不断推动农业领域的科技创新和成果转化方面发挥着重要的作用，致力于提高农村地区的发展水平（高丽丽，2023）。他们与其他农业科技机构合作，推动农业科技力量的整合和资源共享，这也是强化农业科技创新与农业产业经济密切结合的关键步骤和实施创新驱动发展战略的重要工作之一。科技人才集合了创新精神、工匠精神和企业家精神，不仅能够解决科技创新中的初期问题，也能够应对最终的推广和应用问题，真正将科技成果转化为农民的生产力。

从哲学的角度来看，有几个方面值得关注。首先，需要全面分析科技创新的过程和成果对社会和道德的影响，特别是要关注其对生态风险和负面效应的影响，如生态环境危机。其次，及早进行科技创新成果的评估，以更好地理解科学研究和创新的进展。最后，要强化广泛的主体参与，促进有关技术创新问题的讨论和协商，确保多方面的意见和利益得到充分考虑。这些措施将有助于确保科技创新与农村经济社会的可持续发展相互促进，从而为我国农村经济的快速发展奠定坚实基础。

（三）乡村科技型人才是科技兴农的重要支撑

西奥多·W. 舒尔茨[①]的观点强调了改造传统农业的重要性，他认为引入现代农业的生产要素是至关重要的。这些现代农业的生产要素不仅包括杂交种子和先进的农业机器等，更重要的是需要具备相应科学知识和技能的人才，以有效地运用这些现代农业生产要素。此观点彰显了科技与知识在农业中的核心作用。杰文森与罗基斯的研究结果表明，在农业投资不变的情况下，家庭决策者每增加一年教育水平，可提高农业产出约百分之二[②]。这揭示了教育与人才培养在乡村振兴中的重要性。因此，实施乡村振兴战略必须伴随着切实有效的人才培养和发展战略，以提高农村人才的科学知识和技能水平，从而促进农业产出和经济发展的增长。这一战略将有助于推动农村地区的现代化和可持续发展。

在农村发展中，人才是关键动力。拥有人才，乡村方能实现可持续发展，特别是农村科学技术人员，他们被认为是农村发展的根本推动力量。只有在农村积累大量人力资源和充足的劳动力时，才能够更好地推动农村地区的发展，促使农村走向富裕（唐剑等，2021）。强调人才的重要性是因为有了人才，才能够培育出强大的科技力量，进而推动产业和经济的发展，最终实现国家的繁荣。农业科技人才在建设科技强国过程中具有至关重要的地位。目前，我国农业现代化已步入新时代，其主要特点之一是依托现代科技推动农业发展，并采纳现代的经营管理理念来引导农业。这要求我们必须培养一批既具备科技知识又精通管理的专业人才。最近几年的农业发展已经证实了这一点。以杂交水稻的创始人袁隆平为例，他与武冈市的“天佑”农场合作，展示了科技人才如何推动农业园区的核心发展。他们通过引入专家团队，建立新品种示范基地、杂交水稻机械化示范基地等，显著提升了农业的社会经济效益。此外，院士团队对企业发展产生了重大影响，推动了现代农业生产体系建设，深化了乡村振兴战略。

农业科技人才的重要性不言而喻，它们被视为促进农民持续增收的关键要素。当前，我国正处于高速发展的阶段，这对农业技术人员的素质提出了更高的要求，以满足我国不断增长的经济发展需求。农业科技人才是乡村振兴的基石，它们能够调动农村从业人员的积极性和创造力，促进农业科技研究项目的科研成果转化，加速农村从业人员的培训，最终实现农业和农村地区的现代化。这一时机既是一次挑战，也是一次机遇，吸引了优秀的人才投身乡村事

---

① 西奥多·W. 舒尔茨，1962. 改造传统农业［M］. 北京：商务印书馆.

② 洪银兴，林金锭，1990. 发展经济学通论［M］. 南京：江苏人民出版社.

业，培养了致富的能手，推动了农业现代化和乡村振兴。这同时也带来了农村治理模式的质变，将农业科技创新精神融入各项工作之中，有助于实现乡村民主治理的质的提升。

（四）乡村科技型人才是解决“三农”问题的攻坚动能

在乡村振兴的新形势下，实现农业现代化必然需要大量的农业科技人才（施玖玖，2023）。为推动农村地区的创新发展，激发欠发达地区的创新活力，必须对人才培养与引进机制进行深刻改革，提高人才的使用效率。通过建立完善的农业科技人才支撑体系，可提升农民的素质水平，促进乡村地区实现高质量发展。《2020年农业农村科教环能工作要点》提出，应加强对农民的技术支持，提高农业机械化的服务效率，并进行有针对性的培训。然而，一些农村地区仍存在着农业科技人才供给结构不平衡、人才流失严重以及专业水平和素质较为低下的问题。因此，要解决教育和科技资源匮乏的问题，加速地区经济发展，实现增收，需要充分关注农业技术人才在乡村振兴工作中的重要作用。

首先，应充分利用各类教育和培训机构的人力资源，将农业科技人才引入低收入地区。这需要根据地区的具体情况采取多种渠道和形式，广泛宣传科技成果和服务，以更广泛的方式为低收入群众提供农业技术支持。其次，确保有技能需求但缺乏专业技能的低收入人口能够参加培训班，根据他们的文化水平提供专门培训，以确保他们能够熟练地掌握所学的技能。对于本地农业技术人员，应通过高校进修和专家指导不断提升其业务水平，使其成为技术骨干。再次，要提高对农业技术人员的吸引力，包括改善发展环境、建立长期发展体系、完善奖励制度等方面的措施，以确保他们愿意留在当地，促进农业和农村地区的发展。最后，开展“农业行业领军人才培养工程”，直接面向低收入地区，提升其带动广大农户增收致富的能力，推动乡村振兴。

从哲学的认知逻辑出发，农业科技人才培养被视为一种深刻的认知过程，其旨在培育具备符合社会和经济发展需求的一定组织标准的农业科技人才。这一过程不仅涉及培养者对人才的全面理解，还关乎他们的行为价值观和科学素质，这些都应与国民的需求相一致，以满足农村发展的需要。人才培养的成果，一方面可以以数量形式来衡量，另一方面也应从人的全面发展的非量化视角进行衡量，从而加强农业科技人才在推动乡村振兴方面的支撑作用。

正如马克思所言，“每个人的自由发展是一切人的自由发展的条件”。实现农业科技人才的全面发展，需要从满足其需求、提高其素质、发展其能力以及促进其个性创新四个角度进行思考。探讨农业技术人员培养的支持性方法，实际上是通过科学的手段全面了解这类人才的过程。通过人才培养机制，国家、政府、涉农高校和企业能够系统详细地了解培育农业科技人才的全过程，从一开始就能够识别问题的根源并进行问题分析。这有助于把握问题的关键环节，并在此基础上制定培育对策和保障机制，以实现问题的及时和合理解决。这一过程不仅有助于推动人才的自身价值实现，还能够促进农业科技人才的整体发展。

农业科技人才培养过程中，具有引导、激发、促进和创新等重要功能。在评价人才培养成效时，清晰地定义了人才评价标准并明确了人才的发展路径。在这种引导作用下，农业科技人才将不断将其作为自身的指导原则，积极修正个体行为方式和思维素养，朝着社会期望的目标不断前进。通过培养农业技术人员，可以促使其提高个人素质和创新能力，制定切实有效的培养措施并构建健全的社会保障体系，从而最大限度地提高他们的工作积极性，释放他们的工作激情，进而促进农业经济的发展，促使其全面自由发展。

培育策略的发展最终将在两个方面得以体现：一是农业经济的发展，二是农业人才的发展。农业经济发展和农业人才发展是辩证统一的，农业科技人才推动了农业经济的发展，而农业经济的发展反过来也促进了人才能力的提高。相较于农业经济的发展，农业科技人才的发展更为根本，因为它是农业发展的终极目标。因此，在培育策略评估中，将人的自由和全面发展作为一个重要的衡量标准是至关重要的。

第三节　乡村科技型人才的建设困境

一、乡村科技人才的培养困境

第一，乡村发展中的制度性问题亟待解决。其核心问题在于各部门间缺乏有效的协调与合作，这种缺陷导致了多方面的矛盾和问题。这主要体现在几个方面：一是基层党组织的团结性不够强，二是地方政府在提供服务方面的能力有限，三是一些村民自治组织未能充分发挥其应有的作用。此外，农民群体缺乏一个强有力的组织来引领和协调他们的活动。

第二，乡村教育体系的结构性问题正面临挑战。城乡发展的不平衡导致了乡村教育的发展落后。尽管国家已经制定了一系列针对农村教育的优惠政策，但在县级和乡级政府部门的具体实施过程中，这些政策可能遭遇障碍，且容易受到个体主观因素的影响。与城市学生相比，乡村儿童更多地参与农业劳动，加上乡村地区教师资源的匮乏，导致了诸如大班授课等问题的持续存在。这不仅剥夺了乡村儿童的学习机会，也导致了农村地区教育资源在质量和水平上的严重不足。值得关注的是，政府对城市教育资源的投入远高于乡村。因此，确保教育经费的有效利用，增强对农村教育的支持，构建一个城乡平等、区域均衡的国家义务教育体系，以及完善乡村教育体制，避免教育体系中的断层，是一项迫切的任务。

第三，目前培训和激励体系缺乏激发挑战性的奖励机制，这在农业科技人才培养中尤为明显。培育一名优秀的农业科技专家不仅需要个人的努力，也需要政府的支持。农业领域通常需要进行大量的基础工作，并且常常面对艰苦的工作环境。这不仅需要投入大量的时间和精力，还需要充分的资源支持。尽管目前已经存在相关的人才培养机制，但由于多方面问题的存在，许多潜在人才未能得到充分发展。因此，重视乡村科技人才价值、提升其工作福利待遇，确保他们能够安心工作是至关重要的，这将促进乡村科技人才更加投入并最大限度地发挥其潜力（刘佳等，2023）。同时，在高校中，构建和培育高水平教师队伍已成为一个迫切的问题。这需要建立公正的激励机制，以保证高校教师得到全面发展和公正待遇。

二、乡村科技人才的发展困境

第一，当前我国农业科研领域面临的挑战包括农业科技人才选拔周期过长和年龄结构失衡的问题。这主要是高学历农业科技人员的比例偏低且培养周期较长所导致的。这些因素导致了整个农业科技人才队伍的平均年龄偏高，其中50岁以上的人才占据了绝大多数。农业从业人员年龄结构的失衡是结构性不平等现象的一个显著例证。如图5-1所示，2020年我国农业从业人员，60岁及以上的老年人占比最高，为44.5%；其次是40～59岁的中年人，占比为29.7%；18～39岁的青年人占比最低，为25.8%。同时，不少接受过高等农业教育的学生最终选择了其他行业，进一步加剧了农业科技人才年龄结构的失衡。数据显示，高学历的优秀农业工作者仅占全体务农人口的3%，农村地区在农业知识和新技术应用方面普遍滞后。新旧农业理念之间的冲突常常体现在引入先进农业设备时。技术层面上，大多数农村技术人员的技术水平处于中级以下。例如，在农村地区，仅25%的农民具备较高的技术水平，20%的农民年龄在35岁以下，而30%的农民年龄超过50岁。这些农村技术工作者普遍缺乏高水平技术能力，通常需要数年的实践经验才能成长和提升。此外，近年来，不少农技人员已退休或即将退休，导致基层农业部门面临引进新人才的挑战，出现了招聘和留住人才的难题，加剧了年龄结构不平衡的问题。同时，新一代农民对传统农业技术的了解和掌握程度普遍较低，增加了农业技术传承的难度。因此，采取有效措施解决这些问题，促进农业科技人才的培养和更新显得尤为迫切。

第二，乡村社会在公共服务领域存在明显的不足。与其他高技术领域相

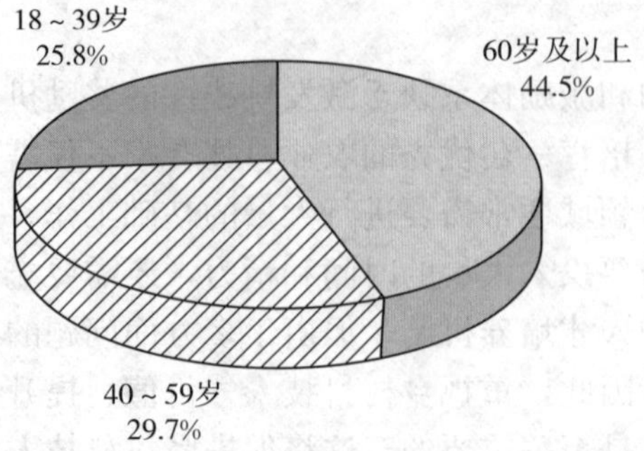

图 5－1　2020 年我国农业从业人员年龄结构

数据来源：国家统计局。

比，农业科技人才，尤其是顶尖人才，在乡村地区相对稀缺。这一现象主要源于乡村地区基础设施的滞后发展，缺乏工业基础，无法提供与大城市相媲美的生活条件、职业机会、薪酬待遇及职业发展前景。因此，许多一、二线城市的年轻人，尽管依赖父母供养，仍拒绝选择回乡从事农业科技工作，这导致了“以村补城”的现象逐渐增多。乡村地区的公共服务与广大农民对美好生活的期望之间存在明显的差距。同时，随着城市化的迅速推进，大量农村居民持续涌入城镇，导致乡村地区逐渐出现“空心化”趋势。图 5－2 数据显示，2015 年 65 岁及以上的老年人口达到 14 386 万人，占总人口的 10.5%；2020 年 65 岁及以上的老年人口达到19 064万人，占总人口的比例上升到 13.5%；预计到 2025 年，65 岁及以上的老年人口将达到 30 000 万人，届时中国将提前进入超老龄化社会。因此，面对乡村地区的“空心化”和人口老龄化等问题，需要进行综合规划，以促进生产、生活、生态和社会等领域基础设施的均衡发展。

图 5－2　2011—2021 年中国 65 岁及以上人口数量以及其占总人口的比例

数据来源：国家统计局。

第三，目前农业人才选拔方面存在一定的局限性。虽然许多学生获得了进入农业大学的机会，但农业教育普遍面临着理论与实践脱节的问题。农业大学的毕业要求相对宽松，缺乏严格的规定，同时多数用人单位不愿接纳实习生，这导致学生的实际操作能力难以得到有效提升。此外，绝大多数农业大学毕业生倾向于选择非农业领域的工作，而不是从事农业相关职业或在农村工作。仅约60%的毕业生从事农业相关领域的工作，其中仅有20%选择在农村基层工作，导致农业专业毕业生流失问题日益严重。这一现象导致了大量人才资源的浪费，使得农业人才培养与就业发展出现错位，同时也影响了涉农公司对农科毕业生农业知识的认可。因此，各农业高校应高度重视这一问题。

第四，农村基层农技员面临着低收入和工作不稳定的问题。这些农技员在农村基层工作，通过传授先进农业技术和解决实际问题，将科研成果转化为实际生产实践，对农村经济发展做出了重要贡献。然而，由于乡村地区发展的限制，他们的工作环境并不理想，薪酬水平也低于同等级别公务员的平均水平。此外，乡镇农技推广机构的工作经费缺乏保障，影响了农技工作的正常运行。绩效工资的不及时发放也负面影响了农技人员的收入。乡村地区的经济资源分配不合理，农民的总体收入水平有待提高，他们的合法权益得不到充分保障，从而削弱了农民的创新动力和工作积极性。因此，需要采取措施改善基层农技员的待遇，提升农民的生活水平，增强他们的工作积极性，以推动农村经济的发展。

第四节　乡村科技型人才队伍建设对策

在乡村振兴的过程中，农业科技人才扮演着至关重要的角色。他们的缺失或流动可能导致一系列问题，比如区域间教育资源和人力资本积累的不足，以及发展的不均衡。因此，必须采取措施培养和留住农业科技人才，并在必要时对高层次农业科技人才的流动施加合理限制（吴佳彦，2023）。恩格斯的历史动力理论强调经济基础在社会历史发展中的核心作用，尤其是农业经济在推动整体社会经济发展中的重要性。该理论认为，人才在农业经济中起着决定性作用，他们对经济发展具有显著的推动效果。此外，政治政策、社会文化氛围和大众意识形态等上层建筑因素也对经济产生影响。这些因素的相互作用和协同，不仅推动了中国农村的发展，还为农业经济的发展提供了科学指导和理论支持。从这一综合视角出发，我们可以更深刻地理解乡村振兴与农业科技人才培养之间的关系，以及其对中国社会经济发展的影响。

一、完善农业科技型人才成长的教育体系

在每个国家的发展和繁荣中，教育发挥着至关重要的作用。教育不仅有助于塑造个人的个性和智力，还能激发他们的潜能。目前，我国面临的一项紧迫任务是加强乡村基础教育的发展，以此来缩小乡村基础教育与乡村经济发展之间的差距。乡村教育能够培养出具有高素质的乡村技术服务人才，从而提升乡村居民的整体素质，因此需要不断完善农业科技型人才成长的教育体系，推动农村地区的发展，进而实现乡村全面振兴的目标。

（一）改善乡村办学条件

在加大对农村教育投入方面，优先任务应是提升学校的教育质量和改善学校的办学条件。图 5－3 数据显示，2021 年全国教育经费总投入达到 57 873.669 亿元，比 2015 年增长了 60.19%。自改革开放以来，我国在义务教育阶段的资源配置和基础设施条件得到了显著改善，适应了新时代教育的需求。然而，为了更好地满足农业科技人才发展的要求，除了保障基础设施建设和补齐短板外，还需要进一步强化办学条件的改善。这就要求我们在建设人才强国的进程中，追求教育的均衡化和优质化，从而为这一目标奠定坚实的基础。首先，应推进学校标准化建设，促进城乡教育均衡发展。对于国家重点工程所涉及的区域，由于这些地区的地理特征和自然环境差异显著，尤其是那些气候极端和经济较为滞后的地区，不能简单应用一种统一的政策模式。相反，应当根据每个地区的独特环境、学校的实际情况和学生的具体需求，采取多维度的、针对性的“查漏补缺”策略。综合性的扶持措施将有助于满足这些区域在教育

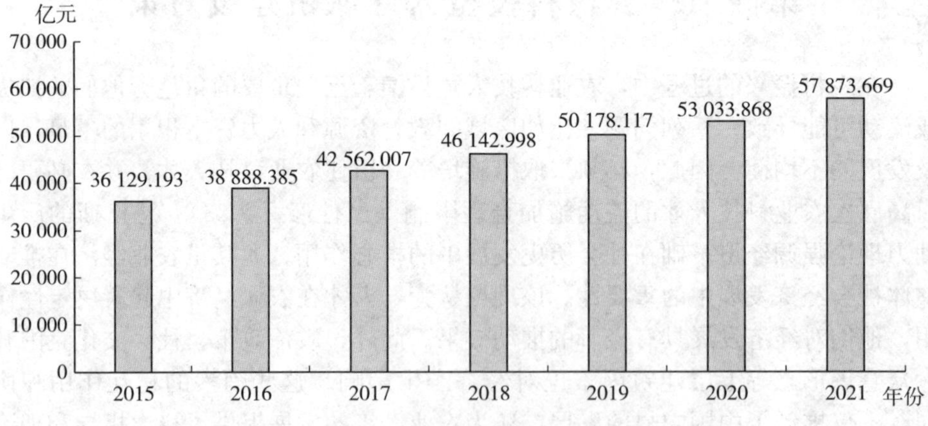

图 5－3　2015—2021 年全国教育经费总投入情况

数据来源：国家统计局。

领域的特定需求，从而促进教育事业的发展。其次，合理利用农村教育资源，大力提高义务教育质量。针对乡村地区的闲置学校，应进行彻底的审查和整顿。在确保这些学校保留其基本的教育功能的同时，还需加强与文化、卫生等其他领域的协作。此外，对资源进行优化配置，以充分发挥这些学校的潜在效益至关重要。最后，为了增强乡村教育的活力，可以考虑引进杰出教育家和优秀教育人才，从而提高教师队伍的质量和专业水平。这样做将有助于提升乡村教育的整体效果，并可能减少农村劳动力的流失。同时，改善教师的工作和生活条件，提高他们的薪酬和待遇，也是提高教师的职业满意度和忠诚度的重要措施。

（二）大力发展面向乡村的职业教育

乡村职业教育即依托于地方政府在县级以下地区设立的培训学校和机构，旨在提高农村人才的农业知识和技能。在乡村振兴战略的大背景下，乡村职业教育发挥着至关重要的作用。习近平总书记在考察张掖市山丹培黎中学时强调，尽管不同地区存在发展差异，但机遇应当平等。因此，教育的发展，特别是职业教育的发展，对于解决这些差异非常重要。然而，在相当长的时间里，由于农村地区教育资源的限制，职业教育的地域特色和职业特性逐渐减弱。为解决这一问题，需要采取多项措施以推动乡村教育的发展。首先，要实现教育资源的普惠性和共享性，大力发展乡村教育，加快构建城市与乡村互动、实现城乡一体化、促进教育均衡发展的体系。这将确保每个乡村儿童都能获得平等且高质量的教育。其次，还应统筹城乡教师资源并提高其待遇，以增强其吸引力和荣誉感。此外，充分利用互联网和信息技术发展远程教育，促进城乡间高质量教育资源的共享。最后，为培养基层科技人才，应提供优良的培养环境，强调服务农村的理念，加强对基层科技人才的培养和投入，以提升他们对农村科技发展的贡献。特别是在低收入地区，乡村职业教育不仅涉及农民的教育，还与农民的就业紧密相关，能够帮助个体乃至整个家庭增收。因此，各级职业教育机构应根据学生的特点进行个性化培训，以精准地培养农村人才。综上所述，乡村职业教育的发展对于农业科技人才的就业和创业极为关键，它将在乡村振兴战略的实施过程中发挥重要作用。

（三）推进高校农业科技人才培育提质升级

为全面提升大学农业科技人才的综合素质和创新能力，使其在基层服务于“三农”，按照党的十九大报告提出的要求，需要采取以下措施：第一，高校应成为科学研究的中心，积极承担重大科研项目，成为乡村振兴战略理论的高端研究基地（林潇潇，2023）。鼓励高校与政府、企业合作，加强产学研协同，建立持续发展的乡村振兴服务平台，为高校学生提供实践的机会和平台，以助力农业全产业链的改革升级，提升农业产业的生产效率和质量。第二，通过多种途径培养专业人才，不仅将高校毕业生输送到乡村工作，还要根据农村的实际需求，为当地创业者、技术骨干和职业农民等提供教育和培训，提高他们的技能和综合素质。第三，积极宣传和推广科技创新成果。农业科技的价值在于其能够有效推动农业产业发展。通过校地企业合作建立示范基地，鼓励科研人员将科技成果转化为经济效益，激发农业科技人才的创新积极性，推动农业现代化和绿色农业生态的建立。第四，加强国际合作。促进与国际科研机构的交流与合作，获取国际先进的农业科技资源，缩小与发达国家的差距，培养具有国际视野和水平的顶尖农业科技人才（周海川，2022）。第五，政府应加强对科技创新项目、人才培养和科技成果转化的支持，以确保科技人才能够充分发挥其潜能。各级政府需协调科技创新项目，培养和激励科技人才，促进科技成果的转化。这些措施将有助于大学农业科技人才在乡村振兴中更好地发挥作用，在推动农业科技创新、人才培养、技术供给和产业升级等方面发挥积极作用。

（四）推进涉农院校与企业合作

通过推行“校企合作”这一策略有效地利用了社会、学校和企业之间的互补性优势，实现了资源的有效整合与利用。通过“校企合作”的实践，特别是对实习环节的深度挖掘，企业的潜能得到了充分发挥，并为高校提供了强有力的支持与服务。学生通过在企业的实习经历不仅拓宽了视野，培养了专业技能，还提升了自身的综合素质。此外，该合作模式还为高校毕业生提供了就业指导，有助于提升他们的就业能力和市场竞争力。值得注意的是，中国高校在研究开发方面的投入比例在 2015 年达到了 30.19%，远高于美国的 5.44%、日本的 2.44%和德国的 13.87%。这一数据显示了企业在中国高校研发活动中的重要地位，同时也反映出企业自身的研发能力相对不足。未来，随着企业研发实力的逐步提升，其对高校研发的依赖可能会减少，导致上述比例下降。因此，国家应考虑增加对高校研发的资金投入，以确保研发活动能持续有效地进行。“校企合作”将高校、企业等市场主体与人才培养有机融合，形成了一种开放的实习教育体系。这一体系由学校、企业和社会各界共同参与，旨在实现高校、企业和社会之间的资源互补与共享。这种合作模式对于高等教育的发展具有重要的意义。

在政府引导下形成的协同创新模式是指基于政府针对经济社会发展需求制定的技术创新计划，涵盖众多科学项目和学科，政府对这些项目进行组织和指导，以实现公司、大学和科研机构的共同参与和协同创新。此模式旨在将目标导向的研究与自由探索相结合，实现优势互补，进而构建一种新的教学和研究互动、共同人才培养机制，以此巩固我国科技创新的科研和人才基础。随着农业生产的不断发展，政府的关注焦点主要在高风险、高投入、高产出和基础研究领域的农业通用技术上。为促进企业、高校和科研机构之间的合作，政府常采取构建协同创新项目的方式。这种方法通常包括设立科技专项基金，以吸引企业、高校和科研机构的积极参与。该协同创新模式可视为一个包含政府、生产企业、高校、科研机构及技术推广等五个主要方面的合作体系，通过双向选择和科技资源的整合，实现社会资源的最优配置，包括人才和设备，以提高产出效率。

二、依托各类创新平台培育乡村科技型人才

依托各类创新平台培育乡村科技型人才，主要包括农业科技园区、农业科技创新联盟、乡村振兴科技引领示范村（镇）和农业科技资源开放共享与服务平台四种方式。

（一）依托农业科技园区培育人才

农业科技园区作为农业科技领域前沿的代表，其主要目标是展示现代农业技术，并与乡村振兴战略紧密结合。作为农业科技研发、创新、成果转化、集成组装、推广和示范等领域的重要平台，农业科技园区在培养高素质农民和农业科技人才培训方面发挥着关键作用，扩大了农业科技人才培训的范围，有效地提升了其活力。实施“三区”战略旨在培养地方农林科技人才，提高地区的科技服务能力，促进农民的全面发展，提升其素质，使其更好地履行社会责任。在国家人才强国战略的框架下，通过创新引进、培养、留用和激励人才的机制，集聚农业科技领军人才、青年科技人才、高素质农民、紧缺科技人才等创新科技团队，促进人才之间的智力共享，建立一支知识水平高、科技资源配置合理的农业科技人才队伍，为乡村振兴战略提供了强大的智力支持。引入高质量的科技人才并与地方人才相结合，使他们更加注重科技的应用，避免回归传统的农业模式，探索适合科技园区发展的创新之路。在适宜条件下，设立创业服务中心和科技孵化器来管理和促进人才的创新，提高企业农业科技人才的创新能力，培养更多的农业科技企业。

（二）建立农业科技创新联盟培育人才

农业科技资源的有效分配与农业科技创新联盟紧密相连。在 2015 年的中央一号文件中，首次提及了以国家农业科技园区为基础，构建农业科技融资、信息、品牌服务平台的举措。此举旨在汇聚全国范围内的卓越农业科技资源，进一步深化农业科技体系的发展，巧妙地将创新驱动发展战略与乡村振兴战略相融合，有效地激发了国家级、省级和地市级的农业科研机构、社会组织以及

农业企业积极参与农业科技创新项目的热情。此外，该政策还协调了联盟成员之间的任务分工，为农业科技人才的培养和成长提供了一个关键平台。

国家级农业科研机构主要承担了全国性、共性的重要技术研究任务以及国家农业科技基础工作，主要为国家培养和输送一批拥有国际先进水平的杰出农业科技人才。省级农业科研机构则专注于本行政区域内关键共性农业科技领域的研究，注重集成创新和农业科技成果的转化，培育了众多农业基础研究和高水平科技领域的专业人才。地级农业科研单位的主要任务包括中试、集成、示范与转化中的中间技术和产品，以及技术推广和培训服务，这些工作有效培养了农业科技推广、实践应用和科技普及领域的专业人才。随着农业科技创新联盟在国内影响力的逐渐扩大，可以以联盟的名义呼吁更多农业科技专业人士的加入，加强对农业科技人才的培养。通过不断扩大联盟成员的规模，积极吸纳来自农业科研机构、农业科技企业以及农业技术推广部门的人才，各级联盟之间相互协作，建立人才团队，充分发挥人才资源的优势，相互支持，构建各具特色的农业科技体系。

（三）打造乡村振兴科技引领示范村（镇）培育人才

科技引领示范村（乡镇）是一种以科技为引导，以高质量的农业科技项目为基础，以示范村（乡镇）作为平台，以科技示范和农业科技人员作为推广渠道，以科技示范户为核心，以促进新农村建设和实现乡村振兴为主要目标的综合发展模式。2018 年《乡村振兴科技支撑行动实施方案》提出要建立 1 000 个以科技为引领的乡村振兴示范村（乡镇），其核心目标在于加强农业科技成果的转化和应用，优化农业科技资源的分配，以推动农业领域的重要工程进展。

创建农村工业发展示范村。例如杨凌现代农业示范园，其作为全国首个国家级农业高技术产业化示范区，是农业科技创新和推广的核心枢纽，具有现代农业发展的特色区域功能。这些示范村在乡村振兴战略的实施中，发挥着重要的示范和引领作用。

建立绿色农业发展示范村。作为农业可持续发展的前沿倡导者和关键平台，其秉持着“绿水青山就是金山银山”的绿色发展理念，推广绿色生产与生活方式，制定和实施相关绿色生态政策，实现了生产、生活、生态的协调发展。

创建村庄产业振兴示范村，强调产业振兴在乡村振兴战略中的重要性。以发展特色优势农业为主，促进地区一二三产业融合，引导产业由规模扩张向品质提升转变，培育一系列具有明显产业特色、先进技术设备、绿色生产方式、显著经济效益、强大辐射带动力的现代农业科技示范村（乡镇）。

在此基础上，创建具有竞争力和质量影响力的示范村，培育涵盖地方特色产业及未来发展趋势的科技推动型示范村（乡镇），推动其可持续发展，最终形成一系列综合竞争力强、质量效益提升、生态环境优美、产业功能多样、文化内涵丰富、农民收入明显提高、科技支持有力的新型科技引领型社区。

（四）建设农业科技资源开放共享与服务平台培育人才

进一步强调对重要公共科技资源的优化整合和重视科研人员相关科研成果的开放共享服务至关重要。现代化农业技术服务平台应具备整合各类农业资源和专业人才的能力，将新型农业生产和广大农户的经营需求置于核心位置，以促进现代农业产业体系的健全发展、农业科技和人才支持的强化以及农业基础设施和装备条件的改善为目标。

中国现代农业技术转让与服务平台应被视为一个综合多个部门和领域农业技术与相关组织资源的平台，包括但不限于农业农村部、自然资源部、生态环境部、水利部、农科院、水科院、中国农业大学、中国农科院等多个单位。这一平台不仅涉及农业可持续发展、农业循环经济及其他相关领域的项目，还需整合各类农业技术和专业人才资源。值得注意的是，高素质农民自身就是农业技术服务的重要主体，他们在播种、移栽、劳动管理、水肥管理、病虫害预防、收割、温度湿度控制、包装和销售等方面提供专业技术服务。在未来，现代物流、冷链物流、批发市场、保险、电子商务等相关领域的人才也将成为促进乡村振兴的重要力量。

第六章

乡村治理型人才队伍建设

第一节　乡村治理型人才与乡村治理体系

一、乡村治理型人才内涵

新农村的发展既需要能够引领一方的农业生产经营人才、敢于创新的乡村科技人才，也需要善于管理的乡村治理人才。乡村治理人才队伍是农村基层治理的骨干力量，是带领农村经济、文化等多领域发展的引路人，同时也是党与基层民众之间联系的重要桥梁和纽带，为持续推动乡村全面振兴，形成农村发展与治理兼顾的良性循环提供了坚实保障（张春，2023）。因此，培养一支懂农业、爱农村、善管理的乡村治理人才队伍，对于全面推动乡村振兴具有深刻的现实意义。

乡村治理人才的概念是中国在实施乡村振兴和新农村建设过程中提出的具有中国化的新时代理念。乡村治理人才是农村人才资源中一支特殊的力量，也是一个比较新颖的概念，目前理论界无统一界定标准。因此，明确乡村治理人才的内涵，并精确地对其进行分类和标准化定义，对于政府机关有效开展人才队伍建设具有指导意义，同时对推动乡村振兴战略也具有重要意义。

2019 年，中共中央办公厅、国务院办公厅印发的《关于加强和改进乡村治理的指导意见》明确提出采取多项措施以夯实和加强乡村治理工作，如：加强农村基层治理人才队伍建设；定期开展村级组织领导干部综合素质提升活动，强化县乡党委在乡村基层治理工作中的主体责任；发挥党员干部在乡村基层治理中的“领头羊”作用，引领广大村民积极参与其中；规范农村基层行政执法程序，培养一批“法治带头人”，特别是村干部和人民调解员；鼓励多元主体加入乡村基层组织，拓宽人才招纳渠道，优化乡村治理专业化人才队伍；注重对驻村干部、驻村第一书记等人员的吸收，同时也要注重组织和引进农村致富能手、外出务工经商人员、高校毕业生、退役军人等，以有效参与农村社会管理工作。

2021年，中共中央办公厅、国务院办公厅印发的《关于加快推进乡村人才振兴的意见》中，同样提出了要注重乡村治理人才队伍建设工作，打造一支强健的乡村人才队伍，以人才之力助推乡村振兴工作。健全基层党组织以及党组织领导班子的选拔机制，加强乡村基层人才队伍建设；优化和提升村党组织领导队伍综合素质，特别是从本村的致富能手、本地毕业的大学生、外出务工或返乡创业的人员和退役军人的党员中选拔村党组织书记；通过“一村一员”的选拔机制在回乡大学生中进行选拔，为基层乡村治理引进新鲜血液，拓宽“三支一扶”选拔渠道，扩大人才招聘规模；加强乡村法制队伍建设，提高乡村综合执法能力，使乡村管理人员在管理本村事务的时候规范化，提高农村法制水平。

综上所述，我们可以将乡村治理人才定义为：在农村建设过程中具备一定专业知识和管理能力的个体，能够有效地利用个人社交关系、信息资源以及其他有利资源，在农村发展、运营、管理、法治建设以及社会工作等多个领域中发挥主要作用，从而有效提升农村治理质量和效率水平的基层管理人员。这一类人才主要可以划分为以下几个子类别：乡镇党政工作人才、村党组织带头人、涵盖政策性基层人才类别的大学生村官、农村法治人才、农村社会工作人才以及农村经营管理人才。

二、“三治结合”的乡村治理体系

2017年，党的十九大报告正式确立了构建“自治、法治、德治相结合的农村治理体系”，以此作为我国农村治理以及城乡基层治理的主要方向和基本原则。自那时起，这一“三治结合”农村社会管理体制的议题被正式引入农村社会治理与国家治理体系的研究领域。

古往今来，自治、法治和德治一直是人们对国家进行有效管理的基本方式。举例而言，在古希腊时代，城市自治权源于对制定法律和执行法律的个体都具有某种道德依据；美国的乡镇治理更强调将“乡镇精神”与“民情”相结合，实现公民自治与乡镇法律制度的有效融合。因此，不论是在一个民族还是跨越不同民族，德治和法治一直都是不可或缺的元素，关系到社会秩序和治理的成功。

随着我国农村社会治理体系这一制度的产生和演进，可以看出自治、法治、德治“三治结合”的必要性。改革开放以后，市场经济的快速发展淡化了农村社会的人口流动和文化传统，传统农村社会以文化和社区为基础的社会融合方式变得不再有效。特别是在2006年废除农业税后，政府与基层社会之间的联系中断，引发了一系列问题，包括农民参与不足、基层党组织削弱、村委会官僚化以及项目制度下的村民自治异化等。为了解决这些问题，政府积极推进农村民主自治建设、农村法治建设，并将促进农村家庭文明建设作为重要方向。直到 2013 年，随着中国特色社会主义进入新时代，社会矛盾的性质发生变化，沿海地区在经济社会发展方面拥有更大的主动性和自主性，浙江省桐乡市从过去片面重视自我管理的模式向更加全面的自我管理模式转型，实现了深度融合，开创了基层社会管理创新之路，具有广泛适用性和示范性。

随着"三治结合"理念的确立，以党领导下的自治、法治、德治为核心的农村社会管理体制成为实现新时期国家治理和社会治理体制现代化的必然选择。"三治结合"的乡村治理体系旨在新的历史背景下将传统的乡村自治与现代的乡村法治和乡村文化的德治有机融合，以激发乡村治理活力，推动乡村组织振兴，促进乡村社会协调和有序发展。这一体系有助于整合乡村治理的体系、结构、机制和观念，是中国在民族伟大复兴进程中建设现代化、健全乡村治理体系的有效路径。

第二节　乡村治理型人才的建设困境

一、乡村治理型人才队伍结构有待优化

一是农村基层治理队伍中的性别与年龄比例结构出现明显失调。以村"两委"为代表，性别构成上男性占比远远高于女性，妇女在村级管理中的代表比例相对较低，这导致在农村基层管理队伍中不能充分发挥女性耐心和细心等独特的品质。在年龄构成方面，留人机制不成熟以及保障机制缺失等问题，导致农村青年人才流失严重，大部分地区的村干部年龄普遍偏高，年龄段主要集中在 45 岁以上，青年干部的比重较小，乡村治理队伍思维传统，缺乏年轻一代的活力与创新思维。尽管最近几年我国政府不断加强对年轻干部的引进与培养，但由于城乡二元矛盾的不断加剧和农村治理各方面保障措施不到位，本地优秀中青年才俊不愿意留守乡村，导致农村管理干部的后备力量严重匮乏（夏小华等，2023）。

二是农村基层治理队伍的知识结构需要进一步优化和提升。就文化程度而言，目前农村基层管理干部主要来源于本地农民，他们的文化程度普遍较低，大多数仅具备大专及以下学历。就年龄和学历两方面而言，农村基层干部的文化程度与年龄成反比，即年龄越大，文化程度越低，这与当前乡村发展需求明显不相符。虽然本土干部对当地环境较为熟悉，但其教育背景限制了他们对先进知识的掌握程度，并且其学习能力和理解能力相对于青年干部来说存在不

足，遏制了他们看待乡村发展等问题的视野和思维深度。因此，基于当前农村基层组织中管理干部整体文化程度偏低的情况，急需引进一批有见识、思路清晰的年轻人，为乡村治理注入一股新鲜血液。农村管理人员的性别和年龄以及知识结构方面存在一系列问题，需要通过有针对性的政策和培训来加以改进，以更好地满足农村管理的需要和乡村发展的要求。

二、乡村治理型人才队伍综合素质不高

随着农业现代化进程的推进，当前农村社会治理方式急需转变，其中自治、德治、法治相结合的“三治”模式逐渐成为乡村社会治理的主导范式。然而，尽管农村社会对治理主体的素质提出了不同的要求，但治理主体的素质与制度之间的协调融合仍然存在不足，导致农村社会治理主体的整体素质普遍偏低。

就自治而言，尽管农民是农村自治的主体，但如何引导农民主动、高效地参与农村自治仍然是一个挑战。乡村治理工作需要一批懂农村、爱农民、爱农业的“三农”领导班子提供具体指导，但目前情况下，农村民主管理工作的成效相对有限。

就德治而言，要求基层干部具备高尚的品德。然而，一些基层干部的品德修养不够，缺乏正确的引导和示范，这严重制约了基层党组织的道德建设。

就法治而言，农村行政机关必须具备依法行政的能力和基础的法律知识。然而，目前一些行政机关中的执法人员缺乏素养，其法治意识尚不深入，导致农村行政执法工作不够严格，弱化了农民对法治管理的认同。此外，一些农村管理人员的政治意识和群众意识存在不足，理论学习形式化，质量和水平有待提高，削弱了村党组织的战斗堡垒作用。乡村社会治理主体的素质需要进一步提高，并与相应制度更紧密融合，以满足乡村治理和发展的需求。

三、乡村治理型人才承担较重的角色压力

乡村振兴工作囊括多领域，具有一定的复杂性，加快推动乡村振兴需要各个利益相关者协同合作。在这个过程中，政府扮演着领导者的角色，为乡村各项工作的成功实施提供重要的制度保障支持，社会组织和村民在其中担任协同合作的角色，构成了主要推动力量，乡村治理人才则充当执行者和决策者的关键角色。这一多元合作体系中，政府、社会组织、村民和乡村治理人才之间相互协作，有助于实现乡村振兴的综合目标。其中政府承担指导和支持的角色；社会组织和村民作为协同者和积极参与者，为振兴工作提供动力；乡村治理人才则在实际执行中发挥关键作用，通过了解当地情况制定合适的乡村发展战

略，确保了决策的有效制定与实施。乡村治理人才队伍在推动乡村全面振兴的工作中发挥着重要作用，但同时也面临着较重的角色压力。

一是乡村治理人才面临着带头人的压力。乡村治理人才是农村发展的主力军，既要有高素质、无私奉献的品质，具备高水平的经营管理能力，同时又承担着农村基层干部的主体责任。在落实国家下达的政策方针时，乡村治理人才需要传达村民的意愿，又要妥善协调双方关系，在此过程中他们可能会对自身角色定位产生偏差，忽视村民的主体作用，独自承担村庄建设的重担，从而在乡村治理工作中力不从心，陷入自我怀疑，由此极易产生人才流失问题（牟月，2023）。乡村是由乡村管理者和村民共同组成的一个整体，仅依赖某一方力量难以实现迅速发展，乡村治理人才应当明晰自身定位，发挥全体村民的主体作用共同参与到乡村建设中。

二是农民的主体意识弱化，农村治理基层人员负担沉重。农民是农业农村发展的主体，但由于大多数村民缺乏主体意识，易把农业农村作为振兴乡村的主体，而把自身作为客体，致使其弱化了对乡村事务的关注度，也使其在乡村治理中的责任和义务变得模糊不清（孙小省，2022）。目前，大量农村人口涌入城市，根据第七次人口普查数据，截至 2021 年，全国农村人口相较于 10 年前下降了约 24.4%，城市化率从 49.68%上升至 63.89%。留守农村的大部分是不宜迁居城市的中老年人，他们观念相对保守，视野较短浅，对乡村振兴的重要性缺乏认识，因此对于家乡建设缺乏积极性，这也导致了村民自治难以实现。然而，要在农村实现有效治理，必须通过多方面合作才能取得成功，若村民未能充分发挥其在农村的主体地位的作用，将所有乡村治理的责任托付于乡村管理者，不仅会加大农村治理工作难度，制约乡村振兴的进展，还给乡村治理人才带来更大的工作压力。这凸显了农村治理的多元合作在实现乡村振兴中的必要性。

第三节 乡村治理型人才队伍建设对策

一、提高乡村工作岗位吸引力

近年来，国家大力支持大学毕业生积极投身于乡村基层事业，鼓励其将所学技能和知识运用到乡村建设中去，以充分发挥他们的职业技能和创造力。然而，由于农村地区的基础设施相对薄弱，居住环境较为恶劣，后备保障不足，青年人才难以留驻乡村。因此，需要采取一系列措施提高乡村工作岗位吸引力，促进青年人才回流。

一是要严格乡村治理人才的选拔机制，确保选贤用人的公平性和开放性。

在社会公开选拔具有潜力的人才的同时，应鼓励本地社会精英回乡参与农村治理工作，以丰富乡村治理人才队伍，优化其结构。通过这种多元选拔机制，吸引各领域人才回流，这样既能吸引外来人才，也能发挥本地潜力，为农村治理队伍做好人才储备。

二是要鼓励大学生村官扎根基层，为乡村治理工作提供人才保障。新时代的乡村建设离不开更多新鲜血液。大学生村官工作是向农村输血的重要途径。在实际工作中，大学生村官在广大农村发挥着积极的作用（陈丽娟，2022）。要让大学生村官成为基层党组织的带头人，为乡村振兴提供组织保证。注重建立引导和鼓励高校毕业生到基层工作“下得去、留得住、干得好、流得动”的长效机制，让大学生“愿下来，又留得住”，扩大乡村治理型人才队伍。

三是要做好人才的审核和监督工作，并提供有针对性的培训，制定个性化的职业计划，并制订长期政策，以坚定回乡服务人才扎根基层的信念。此外，要重视年轻人才的多岗培训，明确其岗位责任，不断增强其在乡村治理工作中的综合管理能力和协调利益关系的能力。完善农村基层治理队伍的引入机制，以为其提供更为清晰的职业发展规划，这有助于让青年人才在农村工作中具备明确目标、承受适度压力、拥有内生动力，从而增强他们回乡就业的自信和决心。这一系列措施旨在激发年轻人的潜力，促使他们积极参与乡村治理工作，实现人才与农村的有机融合。

二、完善乡村治理人员待遇保障

乡村治理人员在为农民群众服务以及推动乡村发展方面倾注自己的心血，奉献自己的青春，为此，应给予他们更优厚的待遇和更全面的保障。

一是完善内部关怀机制。广大乡村治理人才受到发展环境的制约，乡村事业发展难有所为，并且承受着工作繁忙、收入不高、社会认可度降低等压力。对此，他们感情上最需要的就是感受到组织给予的关心与帮助，获取广大群众的支持与理解，以此提升他们的认同感和归属感（汪子豪，2023）。定期组织与乡村治理人才之间的沟通交流，采用政治关心、心理疏导、感情慰藉等关怀方式，让乡村治理人才充分感受到组织用关心和理解传递给他们的温暖。

二是构建物质奖励制度。对于做出重要贡献的乡村治理人才不仅要给予口头表扬，也要发放物质奖励。同时，物质奖励也要注意有层级之分，奖励的程度划分可以根据个人贡献、业绩指标进行，避免激励效果不明显。定期对农村经济发展工作中做出贡献的不同层次、不同职业的乡村治理人才进行奖励，统筹管理专项奖励资金，以奖代补的形式激励优秀村治人才。

三是给予精神激励。部分乡村治理人才是土生土长的本土人才，他们不仅在意物质待遇方面的激励，还会关注自己在本地群众之间的声誉。针对新农村建设中优秀的乡村治理人才进行公开表彰表扬，授予“优秀村干部”等荣誉称号，这对于乡村治理人才精神激励的作用不可估量。同时，利用“五一”“十一”等重要节假日，组织各类形式的人才评比活动，利用网络、媒体、报刊等多种渠道进行宣传报道，激发乡村治理人才善于作为、敢于担当、干事负责的工作劲头。

三、加强乡村治理人才培训教育

一是要充实培训内容，满足“三治”理念对乡村治理人员的要求。首先，制定有针对性的培训计划，将思想政治学习贯彻到基层干部的日常生活中，为乡村管理人员营造良好的学习氛围，及时了解党内最新理论和实践，夯实乡村治理人才的“为民”观念。其次，加强法制教育，通过专题培训如法院调解等方式提升法治素养，以有效保护村民权益，预防侵权事件发生。再次，推广信息技术培训，提升农村管理人员的信息技术应用能力，提高工作效率。最后，强化团队协作和交流，通过学习和分工合作提高整体凝聚力，提升综合能力。

二是要建立专业化的培训体系，组织开展乡村治理人才培训工作，对培训时间、课程设置、教学方式等方面制定完整的人才培训规划。采取多部门协调的方式，整合多渠道的培训资源，如开设“农村基层工作组织办法”这种与农村发展相关的专业培训课程。采用网络教学、现场实践、课堂教学等教学形式，探索菜单式与互动式的人才培训，全方面地搞好乡村治理人才培训工作。

三是要加强对基层党组织带头人的培训工作。“群众富不富，关键在支部”“支部强不强，要看领头羊”，村党组织带头人有觉悟、有干劲、有能力、有群众基础和奉献精神，作风正派、办事公道，才能搞好乡村治理，发展好村级经济。加强乡村治理体系和治理能力现代化建设，特别要结合村“两委”换届，深入实施优秀农民工回引培养工程，把更多优秀返乡农民工发展成党员、培养为村党组织带头人。

四、提升乡村村民自治水平

一是要加强乡村经济建设，激发村民自治积极性。生活富裕是乡村振兴战略的出发点和落脚点，当乡村经济水平提高后，农业发展变得更有吸引力，村民的归属感也会随之提升。首先，必须确保经济发展的科学性，根据各地的具体情况制定农村经济发展规划，打造既能促进乡村发展又易于实施的模式。其次，转变经济发展方式，通过组织创新促使政府、乡村治理人才和村民三方形成合力，为乡村经济发展奠定坚实基础。最后，创新商业模式，借助互联网平台发展农产品电子商务，鼓励村民主动把握商机，通过丰厚的经济收入，提高村民参与乡村建设的积极性。

二是要完善农村基层的民主管理体制，强化乡村治理人才的带头作用。发挥村民的主体性作用，需要通过召开村民民主会议等形式，引导居民积极参与乡村发展规划、村规民约的制定以及村庄内部重大问题的决策过程。提高村民在乡村治理中的参与度，确保决策的科学性和民主性，最大程度上实现各利益主体之间的利益平衡。与此同时，乡村治理人才应充分发挥村民自治的引领作用，引导其加深对党的领导和村民自治的认识，将村民自治与乡村振兴内容相结合，最终实现村民的自我管理与自我服务，提高村民自治质量，减少干群矛盾冲突，减轻乡村治理人才在群众沟通工作中的负担。

五、改进传统培训方式方法

一是改进培训方法，制定差异化的培训计划。由于人与人之间学习能力存在差异性，应该采用不同的教学方法和多样化的培训方式，提高教育培训的效率，使培训效果最优化。对乡村本土人才的培育，以本地区优势产业为基本点开展，本土人才从小接触当地相关优势产业，是促进当地优势产业发展的中坚力量，同时开展新兴技术、网络等专业技能培训，在实践中加强对知识的掌握，培养紧跟现代化发展需求的乡村本土人才。对于外来乡村人才的培育，各地区要根据实际情况，因地制宜地为不同外来的人才制定不同的培养方案和计划。

二是创新传统的教学培训方法，拓展思维和视野，利用在线教育平台扩大培训覆盖范围。通过利用现代教育技术，例如在线课程、远程培训等，提高培训的覆盖范围和便捷性。这将使乡村治理人员更加灵活地参与培训，充分利用现代科技资源。

三是建立农村职业培训中心或农业技术示范站，提供实际操作培训和技术指导。这些中心和站点可以成为乡村人才学习和交流的场所，促进经验分享和技术创新。通过邀请专业人士，如农业技术和管理领域的专家，进行案例教学和现场指导，提高培训的实效性。组建专业团队，参观学习周边先进示范村庄，进行经验交流和借鉴，结合当地实际创新管理模式，实现培训方法的多样化和实践性。这些举措有助于更好地培养和提升乡村治理人员的能力，以适应乡村治理的多元需求。

第四节　“三治结合”乡村治理体系构建对策

完善“三治结合”乡村管理系统的关键在于构建一个能够有效激发活力和

效能的制度框架与机构体系。制度本质上是一种被社会用来组织和调整各种重复性和结构性互动的规则和安排，其特点在于具有可重复性。因此，实现有效的农村治理离不开具备可重复性的制度体系和体制机构。构建“三治结合”的农村社会管理制度，充分体现了“以人为主”的理念和原则，以人的主体地位为核心，依托法律的保障功能，借助道德的引领作用，聚焦民众的需求（刘金海等，2023）。在推动“三治结合”进程中，需要发挥各地自治管理在不同背景下的积极作用，根据地方特点和时局，灵活采取因地制宜、因时制宜的措施，并及时进行相应的改革和完善。

一、坚持和完善村党组织的领导

农村党组织作为中国党组织的最基层组织，在农村的政治领导、思想引领、群众组织、社会动员等方面具有至关重要的作用。为确保党的各项工作得以顺利实施，必须强化农村党组织在上述各个领域的工作。

（一）基层组织建设

根据中国共产党党内统计公报来看，截至 2022 年 12 月 31 日，中国共产党的基层组织净增了 12.9 万个，增幅为 2.6%，现有基层组织总数为 506.5 万个，其中，基层党委 28.9 万个，总支部 32.0 万个，支部 445.6 万个。到 2021 年底，中国共产党的基层组织净增了 18.2 万个，增幅为 3.8%，总数为 493.6 万个，其中，基层党委 27.8 万个，总支部 31.6 万个，支部 434.2 万个。在 2019 年底，中国共产党的基层组织净增了 7.1 万个，增幅为 1.5%，总数为 468.1 万个，其中，基层党委 24.9 万个，总支部 30.5 万个，支部 412.7 万个。在 2018 年底，中国共产党的基层组织增加了 3.8 万个，增幅为 0.8%，总数为 461.0 万个，其中，基层党委 23.9 万个，总支部 29.9 万个，支部 407.2 万个。在 2017 年底，中国共产党的基层组织增加了 5.3 万个，增幅为 1.2%，总数为 457.2 万个，其中，基层党委 22.8 万个，总支部 29.1 万个，支部 405.2 万个。具体如图 6－1 所示。

这些数据显示在过去几年中，中国共产党的基层组织数量呈现逐步增加的趋势。其中，支部数量最多，而且增加量最大，基层党委和总支部数量相对较少。此外，每年增加的组织数量和增幅并不稳定，有时增长较快，有时较慢。这反映了中国共产党为了更好地加强基层组织建设，推动党的工作落到实处所做出的努力。农村基层党组织在中国共产党的基层组织中占据相当大的比例。随着时间的推移，农村基层党组织数量逐渐增加，然而，仅仅增加组织数量并不能完全解决问题，农村基层党组织应该注重提高组织质量和活力，以更好地履行职责和使命。以下是一些建议：

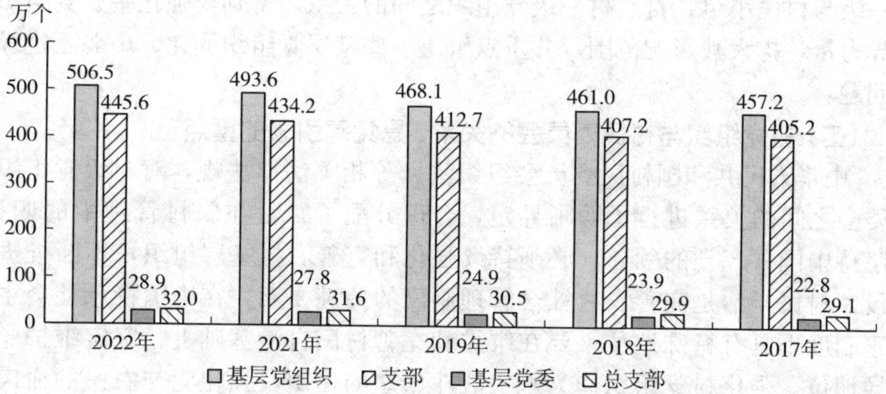

图 6－1　中国共产党基层组织数量

数据来源：中国共产党党内统计公报。

1. 深入了解群众需求

农村基层党组织应该加强对农民群众的调研和了解，及时掌握他们的需求和问题，为他们提供有针对性的服务和支持。

2. 强化组织能力建设

农村基层党组织应该注重党员队伍的建设和培养，提高党员的政治素质和组织能力，确保他们能够有效地开展工作。

3. 发挥党员先锋模范作用

农村基层党组织要带头践行党的路线方针政策，发挥党员的先锋模范作用，引领农民群众积极向上、奋发向前。

4. 建立健全党建制度

农村基层党组织应该建立健全党建制度，完善组织运行机制，确保各项工作有序进行，落实党的各项决策部署。

5. 加强学习培训

农村基层党组织要加强党员干部的学习培训，提高他们的理论水平和业务能力，以适应新形势下的工作需求。

总之，农村基层党组织应注重质量、加强能力建设，并与广大农民群众紧密联系，为实现农村发展、农民福祉和乡村振兴做出更大贡献。对于村党组织的职能，需要特别强调提升其组织能力，加强在政治领导和思想引领方面的作用。村党组织建设应当承担起广泛传播党的理念、贯彻党的决策、领导基层治理、团结动员群众、推动改革与发展的重要任务。在农村基层组织层面，应特别关注吸纳和培养年轻农民党员，为农村基层组织的健全和完善奠定基础。为此，需要促进党基层组织的设置和活动方式创新，妥善处理行政村一级与村民小组、自然村一级党组织之间的关系，特别要强化基层党组织的领导力量，扩大其影响范围，并重点解决一些基层党组织弱化、虚弱、边缘化的问题。

（二）村党组织与村民委员会的关系，是党建引领的重点

《中华人民共和国村民委员会组织法》等相关法律法规，对村级党组织和村委会之间的关系进行了明晰界定，合理分配了二者在农村管理中的职权。要坚持中国共产党的领导，必须持续强化和完善农村基层组织，不断推进其建设。村民自治是完善农村社会管理制度的关键要素，在中国特色社会主义国家制度下具有特殊地位。要在维护和完善村民自治基础上，坚定维护党的领导地位，强化村党组织作为坚实战斗堡垒的作用，强化党与农民的血肉联系，加强党与群众的沟通联系，稳固党在群众中的权威。这可通过实行“第一书记”制度、派驻村工作队、发展村级集体经济等多种方式来实现。党在农村基层组织中并不需要每一件都亲力亲为，更多的是要发挥其在乡村工作中的领导、总揽全局、协调等作用，确保农村的各方面都能够得到有效安排与管理。

（三）村党组织与其他乡村治理主体之间的关系

除了村民委员会之外，农村治理的主体还包括农民专业合作社、农村集体经济组织，以及服务性、公益性、互助性社会组织和宗族等多元成分。村党组织在多元主体中仍需维持一定的领导地位，然而也应当充分尊重和利用各组织自身的积极性和作用。在此过程中，应该实施合理的分工，避免试图包揽所有事务。村党组织的领导应当具备宏观指导的特质，并为其他组织提供必要的协助和支持。这种协同合作有助于实现更有效的农村治理。

二、完善自治的基础地位

自治与德治、法治相辅相成，自治处于三治结合的首位，它为农村治理工作奠定了基础，将自治视为乡村治理的根本原则具有重要意义，但仍需要进一步强化和完善。在这一框架下，村民委员会作为法定自治组织，而村民议事会、村民理事会则属于辅助性自治组织。因此，需要通过强化村民委员会的组织结构，加强其内部机制，并协调村民委员会与其他村级组织以及政府组织之间的关系，以实现更加有效的农村治理。这种措施有助于维护和巩固自治的基础性作用。

（一）通过立法或者对现有《中华人民共和国村民委员会组织法》等法律法规进行修订

法律法规对村委会与国家机关之间的相互关系进行了界定，并在法律上对

村委会受到国家机关干涉的限制进行了规定。特别是对乡镇人民政府在农村地区的执法行为，进行了更为详细的界定，并将行政机关的执法权限制在与政府职能有关的领域，同时明确规定了在村民自治范围内的事务中乡镇人民政府不得干预。这一法律框架的确立有助于确保村民自治的独立性和自主性。

（二）根据乡村实际状况设置村民委员会

若仅仅采取村民委员会的合并措施，可能会对各个自然村的自治权产生不利影响。因此，应当考虑对各自然村的地理位置、自然资源等条件进行适度调整，以确保各自然村在促进乡村经济发展和维护乡村社会秩序方面能够充分发挥其重要的领导作用。这种综合性的考虑有助于维护村级自治的原则，同时也可以更好地满足乡村社区的需求。

（三）合村并居

合村并居是中国城市化进程中的显著趋势，其意思可以理解为将分散在不同地方的自然村整合成更大规模的聚居区域。在这种情况下，原有的村民委员会对新模式往往难以适应，因此，需要从城市居民委员会的设立与运作经验中，结合农村的实际情况，提出切实可行的解决方案。尤其对于以主要从事农业的乡村而言，必须确保农业的可持续发展，并以此为指导思想，对乡村的工业进行改革与升级，以发展符合当地实情的工业为目标。若仅仅进行村民委员会的合并，可能会损害各自然村的自治权益。因此，有必要对各自然村的地理位置、自然资源等条件进行适度调整，以促进整个自然村的融合，确保在促进乡村经济发展和维护乡村社会秩序方面，各自然村都能充分发挥其独特的优势。

（四）积极探索将乡村常住人口纳入村民自治范围的适用性

村庄自治范围的扩展，应以村庄的常住人口为基准，积极研究将外来人群纳入村民自治范围的方法。在某些村庄中，村规民约已经将外来人员与本地居民平等对待，但这主要表现在村规民约的适用范围上，而在与村民委员会自治直接相关的村民自治章程等规范上，尚未将这些外来人员包括在内。事实上，外来人口可能会长时间居住在村庄，在此期间他们会缴纳管理费和服务费，因此他们也是农村社会生活的重要参与者。然而，在现行法律和其他情况下，他们与本地居民享有的权益存在差异，因此需要制定适当的法规，以适当的方式将他们纳入其中。这包括在村委会等涉及农村事务的选举、决策、管理和监督中，赋予他们平等的权利，并要求他们遵守村庄的章程或村规民约。这种措施有助于确保外来人员在村庄自治中享有平等的地位和权利。

（五）在乡村治理实践中将自治、法治、德治相结合

在法治方面，村民委员会及其成员应遵守宪法、法律、法规和国家政策，积极开展法治教育工作，普及法律法规，引导村民采用法治方法解决争议。在德治方面，村民委员会应采用多种手段，将中国优秀的传统文化弘扬到农村社会中去，继承中华美德如遵守规矩、恪守本分、明辨是非、友善待人、诚实守信、忠诚爱国等并进行创造性转化、创新性发展。同时也应培育和弘扬社会主义核心价值观，促进社会主义先进农村文化的发展，形成适应时代需求的新型道德规范。因此，必须健全农村伦理规范体系，重塑农村社会诚信，树立良好社会风气，维护农村社会良好秩序。村民委员会除了履行自身职责外，还应积极支持和协助其他乡村管理机构的工作。村民委员会应支持和协助乡镇政府，引导农民依法发展各种形式的合作社或其他经济组织，尊重和支持集体经济组织在法律允许的情况下从事经济活动，支持服务性、公益性、互助性社会团体合法开展活动，促进农村社会的发展。这一系列措施有助于推动农村社会的法治化和德治化建设。

三、发挥法治的保障功能

实践出真知，利用“三治结合”的理念，在农村社会管理中，应当将法律的保障功能运用到实处，避免纸上谈兵，仅停留在理论上（何立荣等，2022）。另外，农村社会管理中的各个参与主体应该增强法律意识，积极采用法律手段，以促进彼此之间的协调与合作。这一过程应当是实际而有力的，而非仅限于纸面上的理论探讨。

（一）以法治思维统筹认识乡村治理主体

要使法治贯彻于全国，首要条件是要使思想观念与法治理念相契合，这是实现法治社会的根本前提。法治思维在引导农村社会发展中具有决定性的作用，因为农村社会的主要动力源自法治。农村管理应以法治为核心，确保法治思维贯穿于农村管理的各个领域。

权力本位思维与权利保障思维是相辅相成的。因此，农村治理主体必须认识到，他们不仅在权力行使，还在权利保障中具有一定的先进性。在整个农村治理过程中，程序优先的思维应得以体现，乡村治理主体应树立按照程序行事的理念，遵循相关规章制度，积极倾听各方声音，统一各方利益诉求，以最大程度发挥乡村治理的效能。科学原则具体体现在客观理性思考上。农村治理涉及政治、经济、社会、文化、生态等多领域，每个领域都有其自身的发展规律。在尊重这些规律的基础上，需要以全局思维综合考虑各领域的因素。这意味着农村治理必须以科学原则为指导，以全面、客观、理性的方式综合考虑多

方面因素，以促进农村社会的协调发展。

（二）以法治方式明晰乡村治理主体的地位和功能

由于农村治理主体的差异性，以及农村事务的多样性，农村地区容易出现冲突和纷争。因此，农村治理主体的身份和作用需要给予明确的界定，特别是要通过法律手段对农村社会管理中各方的角色和职能进行明确定义，并根据情况加以强化、减弱、添加或删除。必须强化党在政治、思想、组织等各方面的领导地位、核心地位和主导作用。农村基层党组织的领导对于乡村基层治理组织建设至关重要，自我管理是农村基层党组织建设的关键，农村基层党组织的各项工作都应围绕这一基本原则展开。

宪法是我国的基本法律，具有最高法律权威。全体人民、国家机关、政党、社会团体、企业事业组织等都应将宪法视为基本准则，维护宪法权威并确保宪法得以贯彻实施。在某些地区，需要加强党组织建设，发挥其更大的领导作用。在部分地区，如果基层党组织与村民自治工作存在矛盾，应按照《村民委员会组织法》及其他相关法律法规采取依法治理的方式，明确权限范围。乡镇以上的人大和人民政府应按照法定程序参与农村管理活动，采用法治方式进行管理，而不是通过命令形式。立法机构应根据农村社会的具体情况制定法律保障，特别是关于村民自治的内容需要进行深入调查研究，明确规定。行政机构应在法定权限内行使行政权力，促进农村社会治理有序进行。人民法院应依法行使司法权力，维护农村社会治理主体的合法权益和秩序。人民检察院应在法定范围内发挥监督作用。乡镇人民政府应在法定范围内提供指导、支持和帮助，而不是直接干预村民自治。通过优化整合村民委员会、村民小组、农村集体经济组织、农村合作经济组织、村务监督委员会等议事载体，组建农村地区村民事村民议、村民办、村民管的村民自治议事机制，切实增强村民对家乡的参与感以及解决家乡公共事务的自我意识。非正规性的管理机构虽然没有合法身份，但在促进“法治”方面具有价值，应在不违反法规的前提下，根据实际情况强化其职能。对于非正规性管理的民间组织，应将其纳入“法治”轨道，以防止其在基层组织中产生负面影响。

（三）在法治框架内促进乡村治理主体的协作

由于个体的差异性，以及乡村事务的复杂性与多样性，不同的农村治理主体在履行职能和责任时会不可避免地发生冲突。这些冲突并非源于主体责任界定不清晰，而是因为乡村事务的复杂性导致乡村事务治理的困难，因此需要以法律为依据对治理主体之间的责任进行明晰。在大多数乡村治理主体之间，例如村党组织与村民委员会、乡镇人民政府与村民委员会、村民委员会与农村集体经济组织、村民委员会与农村合作经济组织、村民委员会与宗族等，在乡村治理实践中都可能遇到各种问题和挑战。当面临这些问题时，应避免单依赖行政手段或对抗性的方式来解决问题，而是以法律为依据通过协调解决不同主体之间的纠纷和冲突。

四、强化德治的先导功能

与自治和法治相比，德治在乡村治理中的作用主要是通过思想道德影响来决定的，在过去由于农民思想闭塞、思想局限，对法律等接收的难度大，所以要充分发挥“三治结合”理念中德治的“软动力”作用，加大发挥村规民约对村民的道德教化作用（刘治海等，2023）。这些伦理准则不应仅仅停留在理论层面，而应更加注重实际应用，因此要加强对农民的认同感、归属感、责任感和荣誉感的培养。目前，我国在农村社会管理方面已经积累了一些有价值的经验，特别是在道德理念和伦理准则等方面进行了深入研究和探讨，这些经验对其他地区也具有一定的借鉴意义。在发展德治理念的内涵时，我们既需要继承前人的经验，又要在此基础上进行创新，以现代化的方式更好地适应国家、社会和乡村治理的需求。

（一）加快创新德治的载体和形式

“积分超市”“道德银行”“道德红黑榜”“文明户”等多种道德形式络绎不绝，可见德治的载体除了思想教化类外还可以通过具体化的实施机制存在。在农村社会中，法律制度等硬性力量很难达到道德教化在农村社会中的渗透效果，某些特殊问题也难以直接依赖政府的干预来改善，人们的道德行为更多地依赖于个体内心的自觉，外部的强制力量难以直接影响。因此，不同的德治载体和德治形式，促进了道德在思想观念和行为规范两个维度上的双向融合，从而夯实了道德作为社会准则的规范力量，同时也激发了德治在农村管理实践中产生的社会效应。道德不再仅是抽象的思想观念和单调的说教，它还能够通过舆论引导等方式，增强其在社会管理中的规范作用。需要强调的是，三治结合不是简单地将三种治理方式相加，农村社会治理必须依赖于系统治理，自治、德治、法治三者相辅相成，在乡村治理中缺一不可，因此要将乡村建设得更好，必须利用好自治之基础、法治之保障才能实现德治之追求，归根结底德治必须以自治和法治为基础。

（二）进一步丰富德治的具体内容

社会主义核心价值观念和传统道德观念是德治的重要内容。当前，我国社会主义建设事业已进入新的发展阶段，培养和践行社会主义核心价值观念对于完善农村道德建设至关重要。中国乡村在漫长的历史中积累了几千年的智慧，形成了以家庭伦理和尊老爱幼等为表现形式的道德体系。如今，消极思想观念也同样存在于一些农村地区，如个人主义、享乐主义、自私自利导致这些地区的道德水平下滑严重，对于这种“道德滑坡”现象，实际上是对道德建设的一种呼唤和警示，并且应当予以更多的关注和纠正。通过制定村规民约、强调家庭风尚和家风家训等方式，强化村民对社会道德意识的养成。因此，道德教育不仅是思想上的培养，更重要的是在行动上得以贯彻。综上，乡村治理理应注重理论与实践相结合，正面褒奖与负面惩戒相呼应，让村民充分感受道德的力量，增强村民对德治的认同，并推动其把崇德立德育德作为乡村道德建设的目标，丰富德治的内容。

五、开展以村民为中心的乡村治理工作

政府治理是否有效在很大程度上取决于其所能够产生的实际社会效应（陈潮辉，2022）。在农村社会中，农民既是最直接的参与主体，又是最关键的决策者，同时也是乡村社会治理成效的最终评判者。农民对美好乡村的渴望是农村社会治理实践追求的最终目标。

（一）发挥乡村精英在农村社会治理中的作用

从乡村治理的实际情况出发，创新乡村治理参与机制，如乡村精英等关键参与者，拓宽他们在乡村治理中的参与渠道，丰富乡村治理的参与主体，助力推动农村自治和德治。在法治国家的大背景下，乡村社会精英在农村社会生活的规范和管理中扮演着重要角色（黄文记，2021）。因此，在构建法治社会和完善现代乡村管理的过程中，应该更加突出乡村精英在当前乡村治理中的重要作用，在某种程度上，乡村精英对“三治结合”的理解和水平将直接影响其在农村社会管理体系中发挥的作用。因此，我们还需取其精华，去其糟粕，通过多种途径提高乡村精英的相关知识和能力水平，促使他们发挥积极影响力，并淘汰消极负面、偏离乡村治理目标的乡村精英。

（二）充分发挥普通村民在乡村治理实践中的作用

在重视农民在乡村治理中主体性的基础上，也要为其打造一个良好的乡村社会氛围，让农民认同乡村治理，提高其主动性，使其积极参与乡村社会治理，为美丽乡村建设贡献自己的力量。通过明确定义村民委员会、村务监督委员会、农村经济合作组织等组织在乡村治理中的身份和职能，可以在法律上确保村民的参与权利。政府在这一过程中应采取多种方式引导公众认识到，在农村社会中，民众拥有决定性的地位，不应通过行政手段限制他们的参与权。同时，人民法院和检察院也应有效监督农村社会治安。除了已有法律规定的组织外，我们还应充分重视村民的自治权，允许他们自行建立各种组织。在这个过程中，需要对他们进行引导，确保他们的活动与现行法律法规保持一致，并持

续提供支持和协助。农民自身也应主动参与农村治理，让他们认识到自己不是农村治理的被动参与者，而是重要主体。

六、推动乡村治理体系和治理能力现代化

随着农村社会结构、城乡利益格局以及农民思想观念等方面的不断演变和调整，农村社会表现出强大的生命力，但也出现了一系列管理难题。党的十九大提出完善自治、法治和德治相融合的农村管理制度，这不仅是实现农村自治的有效途径和解决管理难题的重要方式，而且是确保乡村振兴战略成功实施的关键。要构建“三治结合”的农村社会管理体制，需要进一步加强对农村社会组织的管理，并将其纳入农村社会管理中（孔祥成等，2022）。在此基础上，要进一步完善和整合村民会议、村民代表大会等决策方式，建立“民议、民办、民管”机制，以提高村民在解决村务问题方面的主体性，缓解“村改社区”进程中出现的问题。要加强农村法治建设，消除各种涉及农业生产的安全风险，这包括提高党员干部的法制素养，修订和完善涉及农村重大问题的法律法规，例如村民选举、土地征收补偿、农村扫黑除恶等方面的法律，以加强对“三农”问题的法治保障，提升法律的权威性。要增强农村德治的能力，培养农村良好的道德风气。在社会主义核心价值观的指导下，推动移风易俗将正向激励与消极惩戒相结合，通过正反差异，推动农村德治从传统的道德说教向可见、可触摸的道德实践转变，使农村地区成为充满文明的新风貌的“新农村”。

七、加大农村人力资本投入

实施乡村振兴战略，必须突破农村人才缺乏的瓶颈。培养高素质农民是一项关系到农村土地利用、农业现代化推进的重大任务，也是乡村振兴战略的重要组成部分。“爱农业、懂技术、善经营”的高素质农民能够推动农村土地的耕种归属清晰化以及农业农村现代化。一方面，必须提高农民的专业素养，培养一批具备深厚农业知识和技能的高素质农民。这需要通过持续的思想教育和指导，增强农户的农业农村发展主体意识，使他们认同农业发展，亲近农业工作，强化其对乡村环境的归属感，这将有助于农户形成专业化的发展观念。要加强对农村劳动力的培训，包括知识技能的培训，因为农民的技术素养对实现农业农村现代化至关重要。为此，应该加大对乡村教育的投资，拓宽投资渠道，并构建包括政府、乡村学校、社会培训机构以及农户在内的多方合作机制，把农民培养成高素质、高技能的劳动力。另一方面，提升农户的管理水平，培育一支具备良好经营能力的高素质农民队伍是乡村实现自治的必要途

径，农业发展的规模化趋势要求农户具备更高水平的管理能力。因此，需要鼓励广大农业经营主体将自身的管理知识与市场经营理论相结合，积极提高应对风险、竞争的能力以及主动经营的自觉意识。可通过灵活的激励机制及多元化的教育培训制度来实现对新型农民的培养，加大人力资本投入，从而推动乡村自治。

第七章

农业科技创新问题研究

第一节　农业科技创新的内涵及其作用

一、农业科技创新的内涵与特征

科技创新的概念和理念是一个不断演进和充实的过程，其内涵和理论基础与国家历史演进、社会经济发展水平紧密相连。因此，我们对科技创新的概念和理念应该随着时代变迁和国家发展逐步地完善和丰富。狭义的农业科技创新仅限于农业科技成果的创新与发明；广义的农业科技创新涉及新品种及新生产方法的研发和推广，再将农业科技开发技术应用于农业生产经营活动中，进而实现农村生产要素的重新配置组合并促进技术发展的过程（高布权，2008）。这包括了农村新科技的研究与开发、试验引进、生产应用以及扩散应用等一系列活动，通常还伴随着农村科技、组织、商业和金融等多领域的交叉合作。

农业科技创新具有三大特征：一是地域性。农业科技创新的对象是有生命的动植物，它们高度依赖所栖息的自然生态环境和气候条件。由于不同地区的自然因素差异明显，加上农业生产所采取的手段、措施及操作程序等都具有较大的地域性，这使得农业科技体系的普适性较差，农业科技整体扩散与推广的难度较大。因而，农业科技创新必须遵循“因地制宜”的原则，努力实现自然再生产与经济再生产的有机统一。二是高风险性。农业科技创新活动更具风险性。原因之一是农业科技创新在研究动植物新品种时，受制于动植物生命周期、农业生产诸要素、自然环境和气候因素的多重影响，往往需要多代遗传、筛选和培育，因而研究周期长、难度大、不确定性强。三是公共性。农业科技创新常常需要经过长时间、大范围的试验，保密性差，并且服务对象及应用者是广大涉农企业及农户，因此农业科技创新一般具有较强的公共属性，即非排他性和非竞争性。这使得众多企业和农户无须支付成本，就可以同时运用新成果。

二、农业科技创新对农业经济发展的作用

农业科技创新对农业经济增长具有显著的推动作用，其影响范围广泛，渗透到农业经济发展的各个环节。科技进步能够对各个生产要素产生重要影响，提高农业劳动者的工作效率和劳动质量，促进农业生产工具的不断升级和进化，从而提高社会的劳动生产率，推动整个农业经济的持续增长。反过来，农业经济的快速发展也可以推动农业科技创新进步，为农业科技创新提供必要的基础设施和资金支持。由此可以认为农业科技创新与农业经济发展之间存在着相互促进和相互制约的复杂关系，农业科技创新对农业经济发展的作用可以概括如下：

（一）农业科技创新为农业经济发展培育新动能

创新是引领发展的第一动力，要想促进农业经济的可持续发展，关键在于将质量兴农作为核心，注重生产效益的增长，而不是一味地追求高产量。深入推动农业供给侧结构性改革，引导农业由单纯的增产导向到更加注重提质导向的转变。这一转变的本质需要通过持续的农业科学技术创新来提升农产品质量、实现质的飞跃。农业科技创新通过促进农村产业结构升级与农业供给侧结构性改革提高了农业生产力和生产率（樊胜根等，2006），促进了粮食增收，进而促进了农业经济增长。依靠科技创新推动产业结构升级，将加工业、种植业、畜牧业等产业有机结合起来，有利于提升第二、三产业比重，促进产业结构合理化与均衡化（林伟敏等，2023）。通过延伸产业链、提升价值链和重构利益链，让农民从种养业转向第二、三产业，从单项生产环节向全产业链拓展，从农产品生产者向土地出租者、农业工人、股东等多重身份转变，拓展农民就业空间。依靠科技创新改良生产技术、灌溉技术，能够有效提高农业机械化、规模化水平，进一步夯实现代农业基础，推进农业现代化，为农业经济发展提供新动能。

（二）农业科技创新为农民生活富裕拓展增收新空间

如今我国城乡差距日益扩大，而实现农民生活富裕的基础是稳步提升农民收入水平，缩小城乡收入差距。2018 年，国家发布的《乡村振兴战略规划（2018—2022 年）》中明确提出，要以农业科技创新促进农业提质增效和农民持续增收。先进的农业科技是农户增收的法宝，它可以有效抑制气候、地形、土壤等客观因素的干扰，提升农作物的抗风险能力，稳定农作物的产量，提高农民的收入水平。从质量效益来看，农业科技创新的使用可有效解决乡村农产品生产规模分散和生产标准不统一带来的质量问题。标准化和统一化的生产能够最大程度控制产品生产质量，打造乡村特色品牌，产生持续的品牌收益。从

富余劳动力转移就业与创新创业来看，农业科技创新的应用可在一定程度上节约从事第一产业生产的劳动力，使得乡村富余劳动力从事非农生产，拓宽了增收渠道（向书坚等，2023）。农业科技创新的普及与应用催生了大量新型农业经营主体创新创业，促进了乡村就业增收的多样化，多方位提升了农民收入水平，拓宽农民增收空间。

（三）农业科技创新促进农业绿色发展大变革

农业科技创新不但在促进农业增长与农民增收上具有举足轻重的作用，改善了农村生产、生活环境和生态环境（毛世平等，2019；王丹等，2021），还推动了农村的可持续发展，促进农业绿色发展大变革。在乡村工业发展的进程中，践行绿色发展理念势在必行。当前，农业生产过程中，大部分生产活动都依赖环境资源，并将其作为生产成本的一部分。农业科技创新作为一种技术与管理进步，能够有效降低生产成本，控制无效产能排放，从而获得生态效益。农村产业的污染处理技术、农村林业保护技术和农业工程技术等污染控制与资源保护技术可大大提升农村生态环境的整治效率，为乡村可持续发展保驾护航。因此，唯有通过农业科技创新对传统农业生产加工技术进行改进和提升，方能推动农业和乡村地区朝着绿色发展方向迈进，从而实现乡村生态振兴的目标。

第二节　农业科技创新存在的主要问题

一、创新机制方面存在的主要问题

（一）政府部门职能交叉

在地方层面，农业科技研究与开发部门主要由农业农村局、科技局和乡村振兴局等单位组成，而每个乡镇通常都设有农业技术推广中心，其主要职能为农村农业技术的推广和理论实际指导、对新型物种的实验示范、农业灾害防治、监测指导相关农业质量工作，同时负责农业仲裁、对资源的勘察保护、承担农业技术的推广和国际交流项目等。在整个农业科技创新的过程中，还牵涉财政、税务、国土、工商等各部门，这些部门都具备公共事务的性质，各部门在运用行政权限的同时，对农业科技创新进行引导和监管。然而，各部门在农业科技创新工作中存在着职能重叠的情况，当问题出现时，部门之间往往会发生相互推诿的情形，导致问题难以迅速解决。

（二）政策保障薄弱

目前，我国在保护科技创新研发成果方面主要依赖《中华人民共和国专利法》《中华人民共和国促进科技成果转化法》《中华人民共和国商标法》等法律法规。在农业科技创新的复杂过程中，涉及多个主体和程序，因此，农业科技创新在没有地方政府政策的保障下，可能会导致各方的权益受到侵害，进而对科技创新的效果产生不利影响。

（三）产学研协同机制待优化

在加强产学研的过程中，需要实现高校、科研院所、企业、专业合作社、农户以及后期销售等各相关主体的有效联合。目前，政府部门的农业技术人员和科技特派员虽然参与研究和发表论文，但主要是用于评定职称。尽管许多农业技术人员具有高级职称，但可转化的科技成果却相对稀缺，正是这一现象导致了农业科技创新的积极性不高。

对于了解市场规律的公司、高校和科研院所，尽管他们具备科技研发的能力和便利条件，但如果各部门不能积极合作，共同参与农业科技创新，就会导致农业科技研发、成果转化和应用之间缺乏高效的联系。农业公司作为与市场和农户直接互动的农业企业，在科技研发和技术传播方面发挥着不可或缺的作用，但我国农户的受教育水平和技术水平较低，在一定程度上制约了农业技术的发展，同时大多数农业公司的科研资金投入有限，共同面临技术支持不足、技术许可不足等问题。而且许多农业公司在获取技术许可方面主要依赖收购，注册技术许可的情况较少。目前我国的科研力量主要集中在高校和科研院所，两者之间科研开发与实际应用缺乏紧密结合，导致研究结果的转化效率较低，这让农业公司的创新难上加难。

产学研之间的联系不够紧密，容易导致高校和科研院所的研发成果与企业和市场的需求脱节，造成前期投入大量人力和财力资源，却在市场上难以应用的局面，这意味着研究成果未必切实适用于市场需求。农业科技研发通常需要较长的时间，如果不能充分满足市场的需求，那么前期的大量资金技术的投入会面临巨大的风险，最终导致科技成果的转化率较低。因此，以市场需求为导向进行科学研究至关重要。

（四）监督机制缺位

一是对基层干部的监督与管理问题。一些基层人员工作中只注重短期效益，通过深入访谈了解到一些基层干部因过于关注工作考核目标，从而忽视了村民长期发展需求的情况。这种做法可能引起农户过于依赖政府支持，从而导致他们自发追求致富之路的内生动力受到阻碍。同时，农村居民的专业技能提升很大程度上依赖于基层工作人员提供的培训与指导，然而，这些培训是否存在真正的效果并产生实际影响，值得深入反思。我国目前对科技专员的设立持肯定态度，但对其监督管理存在一定盲区，例如，是否定期下到乡村去推动技术创新工作，是否能够提供切实可行的方案用来解决乡村发展中的问题，是否充分考虑了农户在土地流转中的意愿与后续工作及收益等。我国政府应当建立更加有效的监管机制，不仅需要确保基层工作人员的工作不只关注短期政绩，还要注重对村民长期发展和自发动力的培养。这包括定期的考核和督促工作人员下沉到农村，积极解决农村发展中的实际问题，提供专业指导和技术支持，以及监测土地流转的实施情况，确保农户的意愿和利益得到尊重和保障。只有通过更加严格的监管，才能够有效提升基层工作的质量和效益，实现农民的自立自强和农村发展的可持续性。

二是对国家政策制定过程的监管问题。这包括对科技特派员在农村分布情况的监督，以确保他们没有绕过专家，将技术推广工作交由村委会成员负责；还包括审视政府在促进科技进步方面是否存在过度干预等问题。国家监管政策制定过程有助于确保政策的合理性、科学性和公平性，从而更好地支持农村科技合作与发展。

三是对利益联结机制的监管问题。主要包括对科研经费是否挪用或侵吞的审查，以及每年进行的农村土地流转所得红利分配是否公平；更需要关注专业合作社在获利后，是否按照合同规定及时向农民支付分红。而对于农民参与龙头企业和专业合作社的工作，必须确保他们的工资及时发放。这些监管措施有助于维护农民的合法权益，保障他们在农村发展中的利益得到公平对待，从而促进农村的可持续发展。

二、创新实践方面存在的主要问题

（一）财税支持匮乏

农业科技投入是科研工作的保障，优化农业科技投入资金分配有助于提高农业科技创新效率，直接影响着农业科技进步和农业科技创新能力。农业科技具有显著的公共性、基础性、社会性，因此财政农业科技投入一直是我国农业科技投入的主要来源（占比在80%以上）。但我国对农业科技创新的财税支持较为匮乏，财政农业科技经费在投入强度、投入结构等方面仍存在较大问题。

一是财政农业科技经费“边缘化”趋势显现。2015—2020年，财政农业科技经费在国家财政科技拨款中的占比呈现下降趋势，由4.02%下降到3.76%，且财政农业科技经费在国家公共财政支出中的比例与国家财政科技拨款在国家公共财政支出中的比例差距呈现扩大趋势，财政农业科技经费“边缘化”趋势显现，不仅与农业科技的公共性、基础性、社会性地位不匹配，也与“三农”的“压舱石”“战略后院”地位不匹配。

二是财政农业科技经费稳定支持不足。农业科技创新高度依赖长期性基础性工作，但由于当前科技资源配置模式为项目制，过度竞争的项目经费配置模式不仅造成科研经费分配碎片化、分散化，还导致长周期科研任务得不到持续的项目支持和长期稳定支持。新一轮科技体制改革后，政府给予的稳定性科研经费支持比例由 2015 年的 61.46%下降到了 2020 年的 58.87%。相对于科技发达国家对农业科研机构 70%～80%的稳定投入比例，我国存在明显差距。

三是农业科技基础研究经费比例较低。新一轮科技体制改革以来，我国农业基础研究支出比例从 3.20%上升到 4.53%，但明显低于全行业的平均水平，以及主要创新型国家 6%以上的水平，导致我国农业科技重大原创成果和产业核心关键技术成果供给明显不足。

（二）金融投入空缺

我国的农业技术创新领域面临着高投入、长周期和高风险等挑战，仅仅依赖国家资金单一支持已经难以维持。即使在国家支持下，企业也倾向于将资金投入满足其自身技术需求的领域，尽管技术开发的效果并不总是显著。此外，一些地方政府未能充分发挥农业发展银行、农业银行、信用合作社等金融机构的潜力，也未构建多渠道的投融资支持体系，导致金融支持方面存在严重不足。

农业科技创新因其高风险、低回报等特性，使得金融机构对其存在畏惧心理，难以对农业科技创新提供资金支持。中国作为一个发展中国家，由于其特殊的地理位置和经济状况，不能有效吸引风险投资和其他资金参与农业科技创新，获得金融上的支持。因此，为促进农村科技创新的资金支持，政府应采取必要措施吸引更多金融机构和资本参与，来推动农村科技创新的发展。

（三）人才支撑力度弱

一是我国农村地区的科学技术人才总量较为有限。这一状况在医疗、教育等基础设施匮乏的农村地区尤为显著。与其他领域的人才相比，农业科技人才的社会地位较低，收入水平不高，这些因素都削弱了农村地区吸引和留住科技人才的能力，也制约了农业科技创新的发展。此外，科技特派员选拔制度存在一些缺陷，他们的专业领域与所在地区的需求不一致，导致实际工作与理论内容之间存在较大差异，需要改进和完善。农业技术公司也常面临信任度不足的问题，亟须提高公司与农户的亲和力，以建立更紧密的合作关系。

二是科技人员队伍的组成需要更科学合理。在专业技术层面，高级科研人员的比例偏低；在年龄结构层面，科技人员的年龄比例不均衡，年轻科学家的比例较低，这对科技人员队伍的年轻化和后备力量的培养构成挑战；在人员分布层面，技术人员主要集中在研究机构，一些农村地区的技术支持相对薄弱，同时各地区优秀员工的数量较少，需要加强当地人才的培养和引进，以满足农村科技创新的需求。

三是科技人员的评价体系需要更加健全。目前，科技人员主要通过发表论文和研究来评价职称晋升，但这并不一定能够充分体现科技成果的实际价值和转化能力。因此，需要建立更加综合和全面的评价体系，以便更好地激发科技人员的创新活力和实际贡献。

四是技术人员的培训体制需要进一步完善。农业技术人才希望完善自己的知识结构和提升技术水平，但目前缺乏适当的持续培训机会。因此，需要建立更完善的培训体系，以满足科技人员不断提升自身能力的需求。

（四）部分农业科技创新主体缺失

许多地区已经建立了农业科技平台以及科技创新体系中的中介服务机构，然而，这些机构的建设规模有限，并不能充分发挥作用。这种情况主要源于这些平台多数是由政府主导建设，因此难以确保所提供的服务是否具备公平和公正的特征。更进一步的问题是，这些机构通常为政府、高校、科研机构和企业提供服务，并没有足够关注农业技术的主要用户，即农户，从而未能充分满足农户的需求。此外，这些机构受其组织结构的限制，信息来源相对有限，这也影响了它们在政策制定领域的专业水平。

第三节　推进农业科技创新发展的有效举措

一、强化农业科技创新发展意识

（一）政府需树立推进农业科技创新的责任意识

国内外经验表明政府是农业科技创新不可或缺的重要力量，政府作为农业科技创新体系的主体，对农业科技创新担负着主要责任。政府的责任意识在农业科技创新中具有举足轻重的作用，为更好推进农业科技创新，政府必须引导树立推进农业科技创新的责任意识，积极推进农业科技创新发展。

一是要理顺农业科技创新主管部门之间的职能关系，科学划分部门权责，确保权责明晰，避免职能交叉和多头管理。面对农业科技创新中出现的问题，能第一时间精准找到主体责任单位，而不会出现“踢皮球”，延误处理的现象。对于重大问题，及时提出明确的、创造性的、合理化的处理意见并有效地落地实施。同时设立监督机制，对于推诿扯皮、未按规定办理的部门严肃处理，切实保障农业科技创新责任精准落位，为农业科技创新中的各环节、各主体提供坚实而有力的支撑保障。

二是政府要合理制定在农业科技创新绩效考核上的指标要求。农业科技创新投入大、周期长、回报慢且收益不稳定。如果绩效考核目标设定过高，完不成的可能性比较大，不仅让绩效变成摆设，更会挫伤积极性；设置过低，有应付考核的嫌疑。掌握这当中的平衡点是关键。当前，农业农村局、科技局设定的考核目标都集中在易于考核的培训和推广方面，对于难以考核的科技研发阶段基本没有设定考核办法。不合理的、不平衡的考核目标，不仅不能将有限的财政资金精准地投入科技研发中，还会将政府部门的工作精力错误地转移，工作仅仅为完成经济目标考核而做，造成形式主义严重。因此应转变绩效考核的依据，树立实干型的、以人为本的、造福百姓的、正确的政绩观，这也是政府推进农业科技创新中需要树立的正确意识。

三是要切实全面提升政府部门工作人员理论和业务水平。当前，负责推进农业科技创新的主管部门中，有大量工作人员没有农村工作经验、在农业科技创新推进工作只有理论，没有实践。因此，不仅要增强工作人员的理论水平，更要注重其业务知识和实践能力，定期考核测试，建立常态化、长效化的学习机制。这是增强执政水平，提高农业科技创新成效的重要基础。

（二）引导企业、高校、科研机构树立农业科技创新的协作意识

农业科技创新体系是多方主体参与的，具有构成复杂的特点。因此，为了有效地降低风险、提高成果转化率以推动农业科技创新的持续发展，必须大力推动产学研深度合作。不断突破原有的组织边界、地域差异、信息壁垒，形成多组织合作的创新模式，各方协同发力。

政府需要引导企业、高校和科研院所树立农业科技创新协作观念，积极建立产学研机制，并加强市场信息的公开宣传推广，以减少农业科技成果滞后的风险。政府可通过增加财政投入、提供税收优惠和提供金融支持等方式，激发企业、高校和科研机构参与农业科技研发的积极性。此外，鉴于企业更了解市场机制，高校和科研机构可以与企业协作，实现企业信息的共享，以便更容易地将科研成果产品化，并推向市场，从而提高企业的技术研发效率。政府还可以促进科研人员之间的沟通与合作，为企业、高校和科研机构提供一个有利的协作环境，以便科技人才更好地了解市场对农业科技的真实需求，并将这些需求反馈到科研开发中，进一步强化产学研协作的意识。

（三）引导广大农民树立科技创新的应用意识

农民作为我国农村科技进步的主要推动力量和促进者，在农村科技改进中发挥着至关重要的作用。提升农民的科学文化水平和技术素养，有利于农民对技术改良的接受和应用。为了确保农户更好地理解、积极地运用新技术和新产品，并使其最大程度地发挥作用，有必要通过加强农村教育投资并与技术学校等机构合作，将新技术和新产品直接传播到农户中，从而为其树立正确的应用观念。这一过程将有助于提高农民对新技术和新产品的使用水平，从而促进农民增收致富，助力乡村振兴。

二、强化农业科技创新政策保障

（一）监督农业科技创新法律法规贯彻执行

在农业科技创新的进程中，常常需要法律武器的护航。为了保护农业科技创新相关主体的权益不受侵犯，维护其科技研发和技术推广的积极性，需主动寻求专业可靠的法律咨询，并参考省、市颁布的法规和细则，结合当地实际情况，制定本地区的、有针对性的、具体的实施规章。这一举措旨在通过法律手段来维护农业科技创新主体的合法权益，促进农业科技创新的效率和产出水平提升。在农业科技创新过程中，由于其技术成果通常具备公共产品的特性，并具有高度的溢出效应，因此，有必要加强对国家、省、市等层面关于知识产权的政策和法规的有效执行和监督。保护知识产权就是保护创新，对于现代农业创新而言亦是如此。在此过程中，我国的农业产业，尤其是高科技领域，应积极寻求多方面的政策支持，以争取更多的财税优惠，促进农业科技创新的可持续发展。

（二）制定农业科技创新一揽子政策

在农业科技创新的发展过程中，涉及科技研发、成果转化、技术推广、教育培训以及农产品后期销售等多个方面，因此，制定一套符合我国国情的农业科技创新发展战略显得至关重要。农业技术创新涉及的主体众多，因此，在人才引进、人才培养、农业企业和专业合作社等方面，都需要建立健全相应的制度保障。除了提供财政和金融方面的支持外，还需要建立相应的体制保障。因此，各级政府应根据各自的责任和权力，在程序和主体等方面制定相关的制度，以确保农业科技创新的有序推进和各项政策的切实执行。

（三）加强农业科技创新政策执行力度

要确保制度能够充分发挥应有的作用，最关键的一点在于制度的切实执行。每个地区都应设立综合执法队伍，负责调查和处理涉及良种培育、农药使用、农机操作等方面的违法行为。政府应当看重这一执法机制的落实情况，确保其高效运作和有效发挥作用。此外，应采取定期抽查、规定期限的整改要求以及必要时的停业整顿等方式，以确保农业科技进步政策的全面贯彻执行。为了进一步推动制度的贯彻，政府还可以通过举办讲座、培训班、教育宣传活动等形式，向企业、高校、科研机构和农户普及相关法律法规和政策，引导各方按照规定行事，促进各方对政策的共同理解和遵守，避免组织和个体在实际执行中出现打折扣甚至走样的现象，以确保农业科技创新政策的有效实施。

三、强化农业科技创新金融支撑

由于农业科技创新研究过程的复杂性与高风险性，金融支撑体系应成为支撑保证农业科技创新中必不可少的要素。金融体系凭借自身的资产组合功能、信息处理功能、资源配置与整合功能为农业科技创新工作排除风险、提供多方面保障。在社会经济的强势带动作用下，农业发展领域涌入越来越多的创新主体，单一的投资模式已无法满足当前农业科技的创新进程，需要社会与金融资源提供更加多元化的支持，利用活跃的金融创新体系促进农业科技创新发展（崔红军，2022）。

（一）严格把控金融风险

商业银行在为农业科技企业提供金融支撑的过程中，应着力发挥自身对金融资源流动的促进与把控作用，全面系统地提升自身风险把控与应对能力，在适当范围内降低自身杠杆率。在具体实践过程中，商业银行及其他金融机构应严格遵循市场经济规律，对申请贷款的农业科技企业展开多层面的系统审查评估，在考量其研究项目、发展方向、企业资金安全情况等内容的前提下，为其审批适宜贷款。当贷款发放后，银行也应对企业的资金使用规范程度进行追踪评析，并依托风险防范机制尽可能避免风险与损失。在此基础上，金融机构还可将保险应用于自身对农业科技企业的支持中，规划合理的保险理念、研究合理的保险费率、开发合理的保险产品，将区域农业发展特色与保险产品相结合，进一步探索贷款与保险、贷款与担保、贷款与财政补贴等多种支持模式。这既能最大限度避免因技术创新及企业主体的不适当活动造成的风险，也能保障金融机构的资金安全，提振其支撑农业科技研发的信心，提升企业贷款申请的成功率与额度，最终促成创新发展工作顺利推进并获得优良成果。

（二）增强金融支撑力量

中国人民银行可率先垂范，为农业科技企业贷款指定更加优惠的基准利率，证监会也应当履行自身许可职权，在相应业务范围内对农业科技企业开放更高的额度与期限，使该类企业能有机会获得更加充足的贷款资金或融资资金。同时，银行业金融机构还应着力优化自身服务理念，对具备一定实力的创新型企业适度降低要求，提供贷款服务。证监会则可鼓励该类企业在科创板上市，使其突破固有的高融资标准与融资模式，探索企业债券、集合票据、信托贷款等多元融资模式，持续加大其在创新研发中的资本支持力度。在此过程中，政府需不断强化自身在资本市场中的引导培育作用，着力完善农业科技创新发展过程中的金融支撑机制，如鉴于当前农业科技创新主体在金融市场中处于弱势地位，我国构建了中板、创业板、新三板、中小企业私募债等多层级的完善性资本金融体系，为金融安全与技术创新创造了稳健安定的发展环境。

（三）健全金融管理体制

鉴于农业科技创新工作的高风险特征，相应金融支持管理机制应将风险防范作为完善重心。在此过程中，金融主体需构建共同且规范的工作目标，并在实践中不断深化各主体间的交流协作，依托科学有序的资源整合与配置强化金融对农业科技创新成果的支撑作用。与此同时，既要激励金融主体为农业科技发展创新提供必要的物质发展基础，也要从体制层面为技术创新与农业发展提供优势条件，一定程度上消除国内主流金融机构对农业科技创新融资的顾虑，实现农业科技创新主体与金融主体的深度合作，有效推动农业科技创新工作的安全前进。此外，网络信息技术的强势崛起为农业科技创新提供了坚实的技术条件，相关主体应当构建更加现代化的多元投资与监管渠道，借助开放信息背景下的智能型、全覆盖信用体系为金融主体与农业科技创新企业提供均衡、对等的业务信息，着力保障金融资源的高效配置，进而使金融支撑的发力过程符合市场经济发展趋势，不断提升金融支撑决策的精准性与可信度，为后续金融主体在农业科技创新领域的参与实践提供切实保障。

（四）优化政策与法律服务体系

政府在农业科技创新的资金支持工作中始终占据着举足轻重的地位，既可为相关创新企业提供资金，也发挥着发布政策、引领发展与保障服务的关键作用，凭借自身影响力引起金融市场对农业发展的高度关注，并切实扭转金融主体与农业农村发展的弱关联性现状，重点弥补市场主体对农业科技创新发展调节失效的问题，在农业科技创新资源支撑的各个领域与维度提供实际力量。如农业科技成果转化基金、星火计划、跨越计划等都是基于国家政策，以国家财政推进企业科技革新，并将技术创新推进情况纳入政府监督范围，从而实现国家对农业科技创新知识产权的强制力保障，最终形成立法、执法和司法三位一体的金融支撑保护与服务体系。

四、提升农业科技创新服务水平

为促进农业科技创新的顺利进行，各地可以采取一系列举措，包括但不限于促进产学研结合、建设农业科技服务平台、填补中介机构的空白、多元化农业技术推广、完善农业产业链和塑造特色农业品牌等方式，通过这一系列措施提升农业科技创新服务水平。

（一）促进产学研结合

产学研合作是推动农业科技创新的重要途径，持续不断地完善政府、企业、高校、科研院所以及中介服务机构等多方参与的产学研合作机制至关重要。要积极鼓励企业和高校、科研机构建立合作关系，共同开展农业科技创新活动。通过搭建产学研合作平台，为各方提供交流和合作的机会。要建立健全产学研合作机制，明确各方的职责和利益分配方式。健全科研院所、高等院校所拥有的农业科技资源（尤其是科研设置、仪器设备等）面向涉农企业的开放共享机制，以强化它们对涉农企业农业科技创新的源头支持。公共财政（包括中央财政和地方财政）支持建设的国家级和省部级农业重点实验室、生产力促进中心、工程中心、作物种质库、农业科学数据库等要向涉农企业开放。通过共享农业科技信息资源，可有效减少农业科技创新投资的损耗，从而缩短农业科技研发周期，提高农业科技创新效率。同时，还可以通过积极加强与农民、专业合作社以及农业企业之间的紧密合作，降低技术推广的成本。各级各类科研院所、高等院校要紧紧围绕涉农企业和市场需求，加快农业知识传播、农业技术转移和农业科技人才交流，以加快形成以涉农企业为核心、产学研紧密结合的协同创新体系。将农业企业的需求与高校提供的科技服务进行对接，涉农科技申报课题与农业企业需求衔接，推进国家和省重点科研计划向农业企业需求倾斜，不断提升农业科技创新服务水平。

（二）建设农业科技平台

政府、企业和科研机构可以共同建设研发机构、技术服务平台、产业技术创新战略联盟和产学研基地等科研设施，设立农业技术研发中心，引导农业企业加大技术创新投入。重点投资建设实验室和创新中心，以推动优势农业产业和关键技术的重大突破。同时，建立开放的信息共享平台，促进科技成果的交流与合作，形成创新共同体，推动农业技术的不断升级。健全科技服务平台，强化农业科技创新服务。搭建农业技术供给与需求有效对接平台，探索建立“农业技术需求征集—技术市场需求识别—技术开发团队甄选—技术供需双方合作”服务体系。整合科学仪器设备、科技文献、生物种质、知识产权等基础条件资源，搭建农业科技资源共享平台。紧扣产业创新链环节，发展研发设计、试验验证、测试评价、成果转移转化、科技创业、科技金融等农业科技服务业，为农业科技创新平台建设提供全方位服务。

（三）填补中介服务机构空白

政府需深刻理解和把握我国农业技术创新的角色，充当正确的服务者和协调者。政府可以通过中介组织，将科技创业信息、专利信息、投融资信息和孵化信息等内容向外界公开，以便科技创新信息的广泛传播。中介服务机构的存在有助于消除科技创新各主体之间的障碍，能够公平公正地处理各主体之间的问题，进一步促进产学研结合关系的紧密发展。此外，政府还可以委托有条件的科技中介组织承担科技成果登记、科技奖励初审和科技计划项目审核等任务。

（四）开展多种形式技术宣传

各机构需要定期举办各类科普报告会，并采取制度性措施，以提升农民在科技推广培训中的参与度，改变部分脱贫户存在的偷学懒做和好逸恶劳等不良现象；利用手机终端的科学技术培训进行更多推广，农民可以通过移动电话与专业人士交流农作物常见的杂草和病虫害问题，研究人员也能够根据问题的导向，及时高效地改进技术，提高技术传播的效率；各机构也需要加强对农民进行电子商务的宣传和培训，以提升农民的数字化技能；还要广泛传播和推广在科技创新领域取得的成果，定期组织经验交流会，让通过科技创新致富的农民分享其经验和体会，以吸引更多劳动力返乡参与乡村振兴建设。

（五）优化科技创新产业基础

目前，我国农业技术开发主要集中在种植业和初级加工领域，其中存在着产业链不健全的问题。未来的技术革新应以全产业链为核心，包括生产、初加工、深加工、销售以及售后服务等各个环节，力求不断健全整个产业链。国家在增强农业科技创新产业基础方面进行了科学的规划和计划，通过大力推动一二三产业融合发展，不断延伸产业链、打造供应链、提升价值链，走出一条科学有效、农民受益的产业发展之路，为实现乡村振兴注入强劲、持续动能。此外，通过强化服务功能、推进体系建设、深化体制改革、用好科技创新基地等方式，整合优化科技资源配置，研发培育一批关键技术、拳头产品、龙头企业和领军人才，加快推进动能转换和产业升级，不断优化农业科技创新产业基础。

第四节　农业科技创新体系的构建策略与实践模式

一、农业科技创新体系的构建策略

（一）在认知层面重塑生态学价值观

鉴于世界观的决定作用，在农业科技创新中，农业科技认知的主导地位是不可动摇的，它指导和支配着技术创新的总体目标和发展方向，从而对经济发展的方式产生影响。在农业发展领域，先进的科学技术至关重要。在农业生产过程中，人们利用农业科学技术改变自然。科学技术作为人类意志的外化，对主体和客体都负有责任。主体是农业生产者，客体是自然。如何平衡双方利益，是构建新时期中国农业科技创新体系必须考虑的问题。农业技术是一把双刃剑，为农业带来经济效益的同时，可能会造成生态环境的破坏。一方是追求经济效益的农业生产者，一方是农业生态环境。农业技术创新的发展应坚持经济效益与农业生态环境的统一。值得推广和研究的农业科技不仅要给农业生产者带来经济效益，还要保护生态环境不受破坏。如果经济效益和生态环境之间的冲突不能平衡，应该坚持生态环境大于经济效益的原则，放弃经济效益，确保生态环境得到保护。因为自然界是人类生存的基础，是我们赖以生存的家园。解决这一困境的根本途径是农业科技的再发展和科技的变革。在农业发展新常态下，构建农业科技创新体系的首要条件就是农业科技创新价值观的重塑，实现人与自然和谐共处。因此我们应该塑造这样的价值观：从不断开发利用环境资源的观念转变为尊重自然的观念，构建人与自然和谐共生的认知视角。建立农业科技创新模式，要确保农业生态环境在源头上不受破坏，走农业可持续发展道路，着手于思想观念上的教育，生态价值观的重塑，以及农业生产方式的改善。

（二）在科学技术层面调整创新方向

农业科技创新体系的构建需要进行农业科学技术总体、全面和正向的升级，并根据新时期农业发展需求在科学技术层面及时调整创新方向。

一是生物育种技术的创新。育种技术一直是农业科技发展的重点之一。现在，这方面的发展重心主要转向了基因编辑技术。该技术可以准确地编辑具有特定功能的基因，使得植物更具有抵御恶劣环境的能力，提高作物的产量和质量。此外，人工智能被引入种植技术中来提高农业的生产效率，如大数据技术和决策树算法等技术被广泛应用于农作物育种中。

二是创新发展精准化农业。精准化农业是指利用数字技术来进行精准化农业生产方式的一种方法。这种技术可以帮助农民更好地到生产过程中实现“一粒种子、一棵植物、一池水”的人机对话，精准地规划农作物的生长生产节奏、耕作方式、病虫害防治、土地利用、种植周期等各个方面，提高农业效益和生产效率。精准化农业科技可以降低农民的人工成本，增加农作物的产量，同时也有助于环境保护。

三是智能化农业机械的创新。智能化农业机械主要由农业机械、传感器、机器视觉技术、人工智能、自动控制等关键技术组成。它们可以帮助农民解决在农业生产过程中面临的劳动力短缺、劳动力质量差等问题，而且可以极大地提高生产效率。例如，自动驾驶农业机械的使用可以使农民在以往需要多人作业的场合只需一个或者几个人就可以完成全部耕作，这不仅可以节省人力投入，还可以降低农作物的损坏率。

四是创新型农业物联网。物联网技术在近些年的发展速度非常迅猛。在农业生产中，农业物联网不仅可以实现设备和工具的远程监控及运行状态的实时记录和分析，提高生产效率和作业质量，而且可以实现对温湿度等基本要素的监控和预警，提高农业环境控制水平。此外，农业物联网还可用于远程控制智能调节器、温度、湿度传感装置舞台灯光等一系列设备的运行，使得农业生产更为智能化、高效化。

（三）在制度层面建立创新体系保障

我国需要在制度层面为各农村农业科学技术创新的主体提供多种制度保障，保证科学技术创新体系发展的顺利进行。政府机关是构建相关制度的主体，是我国相关法律法规的决策者和制定者，同时对于其他层次创新体系的主体而言，政府具有现代科学技术创新体系实施的主导权，是现代农业科学技术创新活动实施过程的推动者。在解决我国现代农业科学技术创新的问题上，实施由高校和科研机构为主、政府为辅、涉农企业相互帮助运作的模式，是最符合我国现代农业的生产体系，也是最能促进农村科技创新成果的利用和发展农业的体系。

新常态下，我国政府在制度层面建立创新体系保障，鼓励创新这一手段是必要的。首先，国家要从农业相关的法律法规入手，制定合理且公正的政策制度，以确保涉农产业、高校、科研机构、农村农户的利益不受侵害，降低各创新主体在进行相关体系活动时的潜在风险，同时加强各创新主体在知识专利、创新成果等方面的法律保护。其次，国家也要制定农业优惠政策吸引科研机构、专家、学者、高校和相关企业来参加农业科技创新体系相关的活动，逐步引导农户积极主动了解掌握现代的农村农业科技，建立一个高效、具有创新激励政策的发展体系。最后，政府要起到联合各部门的作用，争取把负责提供人才的高校、负责提供科技创新技术的涉农企业、提供理论与实际指导的科研组织和负责实际运用的农户联合起来，打造一个优异的科技创新的大环境，营造一个体系分工明确以及能够有效协调各企业、部门和农户之间关系的保障体制。

（四）在传播层面建立创新技术扩散机制

当农业技术创新的各个主体完成了他们的创新活动，并产出了一定程度的科技成果时，就到了农业技术创新活动的最后一个环节，也是最为关键的一步，即科学技术成果的扩散运用及推广，也称之为“最后一公里”。这“最后一公里”看起来很简单，实际上是最关键的，前期的资金投入，科研人员的努力，以及科研成果的积累，全部都要看这一步能否达到预期的作用。要把农业科学技术的新成果传播出去，必须废除农民和农业企业以往观念上所建立的农业科学技术模式，推广新的农业科技模式。这等于推翻了一个长期存在的信念，建立一个新的信仰体系。在推行的过程中，将面临来自各方的压力和诸多难题。这种影响既有技术运用主体的影响，也有技术交流主体的影响。

就技术应用主体而言，农户是传统农业技术应用的主体，农业企业是新型农业技术的应用主体。在传统的农业生产模式下，农户所依赖的是小农经济生产方式，这种落后的模式已不能适应现代农业的发展，导致了农业生产的低效。然而，即使农户无法在农业生产活动中获得理想的经济利益，他们也不愿意去接受新的农业科学技术，这是农户的一个显著特征。他们认为，农业科技费用昂贵，应用非常复杂，难以理解，而且有一些风险。在他们看来与其徒劳无功，不如寻求稳定，这就导致通过提高农业生产技术水平来增加农业经济效益的这一想法被扼杀在摇篮里。农业企业是将农业技术创新、农业科技推广、农业科技成果转化集为一体的，是新兴农业技术应用主体，相对于农户来说很容易接受新的农业技术，但缺少了适宜的农用试验田地。

就技术传播主体而言，农业企业与农户之间的关系还不够密切。新农村建设的农业服务中介机构、农民专业合作社等都成了空壳，职能基本上处于瘫痪状态，不能真正起到实际的作用。政府农技推广部门没有深入农田里去，甚至很少到农田里去，也对农技推广主体的需求不了解，造成了推广思维上的混乱，导致我国农业科技创新的成果不能应用到农业生产经营活动中，转化成真正的生产力。由此可见，要从实际情况出发，在构建农业技术创新推广扩散体系中重新定位推广主体，建立新型农业技术推广模式。

二、建立现代农业科技创新体系的实践模式

在我国新常态下，要将科技在农业和农村发展中的功能发挥到最大，就必须强调坚持生态环境的可持续发展，构建出一个多元化的农业创新科技的结构体系。“科研机构主导、政府推动发展创新、现代涉农企业合作共赢”的创新模式是现代农业创新体系的最佳表现方式。具体有：政府计划推动创新模式、涉农企业市场拉动农村科技创新体系、科研机构促进农业科技创新体系和高校复合型科技创新体系。

（一）政府计划推动创新模式

在我国的科技创新过程中，政府发挥着促进、引导、推动的重要作用。在“新常态”下，政府对农业科技创新的监督、督促和决策功能，是我国农业科技创新的决定性力量。为推动农业科技创新体系的有效运转，必须结合我国国情，在政府规划的引导下，建立创新路径。比如，在政府的领导下，大力倡导创建“农业科技园区”。政府主导的“农业科技园区”建设模式，是在一定区域范围内，由政府与科研院所、农业高等院校、涉农企业共同参与，以集中资金和技术为主要特点，以高效转化农业科技成果、促进农业生产产业化、提高农业生产力、解决“三农”问题为目标，以科研、生产、经营、示范、推广为主要内容的一体化新型经营模式。政府对于涉农企业的用地及农村交通、道路、水、电等基础设施的建设给予了保障支持。科研单位派出专家团队，制定并实施农业科技创新方案，研究出农业科技创新成果，再把成果传递给涉农企

业。涉农企业依托科研院所的科技人才与成果，进行农业投资和农业产业开发，通过发挥自身对市场了解的优势，准确定位农业科技成果转化的方向。在此基础上，结合我国的实际情况，探索出一种适合我国国情的农业科技成果转化模式。在这一模式下，政府可以起到促进、引导的作用，真正达到“以人为本”的目的，大学、科研院所人才也能把他们的一生所学运用到实践中去，从而使他们的研究得到应有的回报，同时，在这一过程中，也为涉农企业提供了一批具有自主知识产权的高科技人才。由此，涉农企业既可以获得社会的认可，又可以学习到先进的农业技术，为其未来的发展打下良好的基础。

政府发挥其领导作用可以带动涉农企业、科研院所及农业高等院校共同打造农业科技创新园区模式。该模式可以被划分为三个子模式，这三个子模式也就是三个子平台，它们分别是：农业科技创新核心区、农业科技创新示范区和农业科技创新辐射区。三个子平台针对不同的农业科技创新主体建立，每一个子平台的工作目标和种类都不一样，但是它们之间又有着密切的联系，把农业科技的产前、产中、产后结合起来，能够有效地解决农业发展过程中面临的各类问题。一是在核心区域建立农业科技研究与开发平台。该平台针对该区域农业发展本身的特点，进行单一的农业科技创新，对农业科技进行整合，形成一种全新的综合性的农业科技创新。通过从其他省份甚至是其他国家，积极引进先进工艺，积极学习、消化、推广新工艺，及时有效地解决农业科技创新过程中遇到的困难，对我国农业科技创新体系建设具有重要意义。在核心区域内，农业科技创新平台主要有农业科技重点实验室、农业工程重点实验室和农业产业重点实验室，为高科技农产品、重大农艺项目、农业环境保护项目等提供技术支撑。二是创建农业科技成果转化的示范基地。一项农业科学技术的新发现，不能立即应用，必须对其进行检验，再以点试面，注重其共性和个性之间的关系。示范区具有以上功能，是一种新型农业科技成果转化的实验平台。在示范区中，首先将新的农业科技划分为两类，一类是符合标准的，另一类是不符合标准的。之后，将符合标准的农业科技在示范区中进行示范，对新的农业科技的实际效果进行检验。食品加工检测基地、生态有机化肥基地、种子繁育基地和生物农药研发基地等都是示范区的农业科技成果主要转化平台，通过现代农业技术手段对新的科技成果进行试验，有利于实现农产品质量安全的目标。在此基础上建立新的农业科技创新基地，以便进行快速的测试，并将其转化为现实的生产力。三是辐射地区提供了科技成果转化的平台。在验证了新的农业技术革新成果之后，接下来要做的就是普及，辐射区在此过程中起着重要作用。这些区域的建立，一般靠近农村，交通便利，有利于农业科技推广者和农业企业的考察交流。首先把农业技术推广到周围的农民，再逐步由近及远地向外扩展，从而形成大面积的农业科技辐射。这样一来，就能以一种极快的速度，以点带面向周边扩散，从而带动周边区域的农业发展。农业科技园区的创新途径与传统农业有很大区别，属于“非线性”、复合型、综合型的创新方式，未来在政府部门的推动下，将会成为现代农业科技创新体系发展的典型模式。

（二）涉农企业市场拉动农村科技创新体系

在我国，涉农企业是以农业科技创新的前期、中期、后期为一体的创新活动中的主体。在我国农业体系市场中，它是最活跃并占主导地位的因素，因为企业不仅可以根据不同时代、不同阶段和不同现状的农业市场需求的变化，推动农村农业科技的发展进程和目标，还可以积极引导农户从事农业科技生产，最大程度上避免了农村的农业生产力过度浪费。但是，在我国，由于现代企业还没有充分的能力承担起农业科技创新的责任与义务，其科技创新主体地位还不够突出。

我国涉农企业也具有其自身的优势和作用，比如与农业市场密切联系、拥有核心的科研团队、专门的科研专利、独立的科研场所和充足的劳动力，但是涉农企业大多缺乏自主创新意识。因此，现阶段必须针对我国各地区涉农企业的实际情况，构建以“合作联盟”为核心的农业科技创新体系。这一体系具体构成是：现代涉农产业＋科研机构＋农户生产力。该体系是以现代农业相关企业为重点，联合科研机构，各部门集思广益和取长补短，共同开发农业创新技术。但我国涉农企业有一部分是从其他方面的产业逐步转型农业企业的，这种企业的优势在于其产业资金丰富，可以为农业科技创新提供必要的资金支持，缺点是缺乏农业相关的创新创业经验。而涉农企业通过和科研机构进行各方面的合作，引进科研机构的技术创新，可以有效解决现代企业在农业科技创新等相关方面存在的难题。对于我国科研机构而言，机构的各部门一直以来都是农村农业科学技术创新实验成果的重点产区之一。但是，在目前阶段，我国的产学研结合还不够紧密，这导致大量与农业有关的研究成果难以转化为农业的生产力，无法投入更多的产业链当中，进而获得更大的收益。通过涉农企业与科研机构的合作，可以使涉农企业人员认识到我国农业生产的真实需要，充分发挥自身在农业领域的科技创新能力，获得较高的经济效益，并为“三农”事业筹集到足够的资金。

（三）科研机构促进农业科技创新体系

在我国，科研机构一直是农业创新发展领域的重要组成部分，因为国家扶持的农业科研机构不仅拥有多种类的农业相关基础知识，而且与涉农企业不同的是，机构研究方向具有更为高深的前瞻性和创新性。从本质上来讲，农业科技创新的推动需要县级、区级、市级乃至省级及以上的国家机构的扶持。该体系通过组织学者、专家和科研团队去农村进行现场勘察，让专家和科研团队去亲身体验并主动了解我国现代农业发展现存的各种问题。由此科研团队可以根据我国农村的实际情况，在合理利用农业资源的同时又能保护农村资源环境，并通过结合农村当地的科技人员经验，建立农业科技创新成果示范和转化基地。通过示范基地的影响来加大科技推广的效益和作用，这种模式是新常态下构建我国现代农业科技创新体系最高效的方法之一。

在农村科技发展方面，涉农企业、养殖和种植大户为了便于咨询和求助应当在示范基地尽量靠近派遣的农业技术专家，因为这样不仅可以快速解决农业中出现的突发问题，还可以节省公共时间，解决尚未记录的农业技术难题，为农村劳动力普及农业科技生产知识，进而提高农业产量和出栏量，进一步提高经济效益。在针对农户这一方面，需要专家定期组织涉农企业、当地合作社和农业畜牧业大户，了解并学习农业耕地、除虫、化肥、农药、饲料等多方面的技术，并且亲自下田，进行面对面的指导。由于农民的科技意识相对薄弱，专家和科技人员要耐心地进行多次的辅导，同时也要嘱咐农民把重要的农业资料记在笔记上，避免遗忘。但是在一些突发事件中，农户很难对动植物的情况或者病状进行详细的描述，该情况就导致专家无法了解现状，也无法及时地解决动植物的疾病，从而使农户对专家团队等科技人员产生怀疑，对现代农业科学技术的传播表现出明显的抗拒。所以需要专家和科研团队在田间土地亲自进行指导，这样能够对农户的需求、农产品的现状、农业科技的实际运用情况深入了解，为农户等一线农业工作者研发出在农业生产经营中真正需要的科学技术，从而推动农业生产，提高农业经济效益。在这种体系下，科研机构的专家和团队都会深入田地，和当地的涉农企业和农户进行面对面的有效沟通，从而发现实际问题，最大限度地减少各单位、各部门、各研究人员之间因交流而出现的错误。同时还可以快速解决农产品在生产过程中出现的问题，有效避免由于过度的、重复的和没必要的反馈而导致的经济支出。

（四）高校复合型科技创新体系

我国农业科技创新的重点在高校，同时高校也是我国农业科技创新的主体。在农业院校相对较弱的状况下，实施高校复合型体系，既可以迅速解决农业科技创新源头不足的问题，又可以调动其他部门科技创新主体的积极性，为我国现代农业科技创新提供一种快捷、回报率高的建设体系。以农业高校、涉农企业和农户作为高校复合型创新模式的主体，建立以农业大学为基础的科研与学习基地，再向农户推广，构建出“农业高校＋涉农企业＋农户”的农业科技创新模式。

在“农业高校＋涉农企业＋农户”的模式中，根据不同地区的特点构建不同类型的农业科技创新系统。例如，高校可以组织专家团队，深入建设现代农业科技创新体系的第一线，对这一领域进行调研，对现代农业的发展情况进行详细的了解，对农业存在的问题进行分析，对我国传统农业的优势进行探究，对当地特色农产品进行挖掘，为政府构建农业科技创新体系出谋划策。对于涉农企业来说，要充分利用自己的经济实力，多向一些研究机构的专家学者学习，以最大限度地提高自己的农业生产效率，同时又不损害当地的生态环境。对农民来说，应积极向科研机构的专业人士请教，不断提升自己对现代农业的认识，为增收打下坚实的基础。

第八章

农业科技成果转化与推广研究

第一节 农业科技成果转化内涵及转化主体

一、农业科技成果转化的内涵

（一）科技成果转化

广义的科技成果是科学技术发展进步的必然产物，科技活动涉及三个方面，即研究开发（包括基础研究、应用研究、试验发展）、研究开发成果转化与应用、科技服务三个部分，这些活动的集合构成了科技进步的推动因素。因此，从广义的角度看，科技成果应该包括这三种不同类型的科技成果。狭义的科技成果是科技活动中的一种产物，它具备一定学术和实用的双重意义。具体来说，狭义的科技成果应当满足以下三个要素：首先，科技成果是科技活动的产物；其次，科技成果必须具备一定价值，即实用价值和学术价值；最后，科技成果必须经过认定方可确认有效。

从广义的角度来看，科技成果转化涵盖了创新链条中从知识生产到最终生产力形成的各个环节的转化。例如，基础研究产生的新知识和新理论的传播、分享以及普及可以被看作一种转化；应用研究和实验发展阶段所带来的新技术、新装置的应用以及新产品的形成，进而产生的经济和社会效益也可以被视为另一种形式的转化；政府部门采纳的软科学研究成果同样可以被看作一种转化。从狭义角度来看，科技成果转化更多地集中在创新链的末端，即将科技成果转化为实际的经济生产力，以创造经济利益。

（二）农业科技成果转化

农业科技成果的转化是将农业科学研究活动所得的成果，通过开发、试验、推广等一系列活动，将其应用于农业生产中的过程。此过程旨在通过提高农业从业人员素质、改进农业生产工具以及改良和扩大农业生产对象等手段，提升农业发展水平（曹子健等，2023）。农业科技成果的转化主要可以分为两个方面：一是广义上的转化，二是狭义上的转化。从广义上看，农业科技成果的转化包括了农业技术成果的应用，同时也包括了农业科学研究成果的应用；从狭义上看，农业科技成果的转化专指将农业技术成果转化为实际应用。

二、农业科技成果的转化阶段

（一）前期储备阶段

农业科技成果转化的前期储备阶段通常包括成果的生产和孵化，在此阶段各利益相关者相互合作，为孵化和推广科技成果创造了必要的条件。这些活动通常在农业科研机构、农业高校等科研和教育机构中进行。然而，农业科技成果的生产和孵化不仅涉及各种科研主体，还受到政府的宏观调控、政策导向以及科技成果的最终用户（如农业企业和农户）的需求等多种因素的影响。因此，农业科技成果的前期阶段需要各方的协同合作和协调，以确保科技成果的顺利转化和应用。

（二）中期转化阶段

与一般科技成果的转化相同，农业科技成果的转化也涵盖了从技术研发到规模化生产和应用的所有环节，也包括技术供给方到技术需求方的转移过程。然而，由于受到农业科技成果本身及其供给和需求方的特殊性影响，农业科技成果的转化在影响因素、过程、模式和机制等方面更加复杂且具有挑战性。举例来说，新品种的培育和推广需要进行多个步骤，包括信息搜集、评估、整合、研究，然后进行基础材料的研发，经过多轮筛选、材料配置、试验筛选、比例测试等，最终才能获得一个稳定且适于推广的群体或品系。这一过程往往需要持续 7～8 年甚至更长时间的不懈努力，并且需要通过中国的各级审批程序，再耗时 3～4 年才能进行大规模推广，整个转化过程可能超过 10 年或更久。在转化的过程中，各利益相关者之间相互作用，将来自研究机构等技术部门的农业科技成果引入，并在不同地区进行应用和评估，为农业科技成果的推广奠定了坚实基础。

（三）后期推广应用阶段

在后期，各相关主体之间的协作对于促进农业科技成果的推广和应用发挥着重要作用。农业技术成果是否能够有效且迅速地应用于实际生产活动，关系到这些成果能否从潜在生产力真正转化为现实生产力。在这一转化过程中，农业技术推广起到了中介作用。农业技术推广是推动农业科技成果转化的基础性工作，其内容涵盖广泛，涉及各个方面，彼此之间联系紧密。例如，在农业技术推广的体制、运行机制、推广机构、推广人员以及工作条件等方面，需要协同合作，发挥各自的作用，以确保农业推广能够充分发挥其应有作用，创造更好的推广效果，促进农业科技成果的快速转化。

三、农业科技成果的转化主体

农业科技成果的供给与转化涉及多个主体，主要包括农业科研主体、农业科技中介机构、涉农企业、金融机构、农户和政府。这些参与者共同推动了农业技术创新，促进了农业三位一体发展战略的实施，从而推动了乡村振兴的进程。

（一）农业科研主体

农业科研主体包括研究人员、高校及相关研究机构等。从供给和需求两个方面来分析我国科技成果转化的市场化运作模式，科研机构以其拥有的知识产权作为供给方，向企业提供知识产权。然而，并非所有的科研主体在专利许可实施后与企业的合作就告一段落，为确保新发明能够在市场上成功推广，他们需要继续跟踪产品的研发进展，并监督商业计划的实施。高校在促进科技成果转化方面扮演着重要的角色，通过设立专门推广部门，与企业和研究机构建立联系，以推动科技成果的转化。

（二）农业科技中介机构

农业科技中介机构包括农民合作组织、农业科技园、成果转化服务中心、技术服务中心、品种推广中心等，它们是我国农业科技发展的重要组成部分。这些组织承担着多重职责，不仅提供相关服务，还负责促进科技成果的转化和传播科技信息。在农业科技领域，良好的信息交流对产品的市场成功至关重要，因为即使产品质量较高，市场需求巨大，若缺乏高效的信息传递和交流机制，产品仍可能难以成功销售。然而，信息传递与交流的功能不仅限于生产者向消费者传递产品信息，还包括消费者反馈至生产者的信息流。这种从消费者端回馈的信息对生产者了解市场需求至关重要。生产者基于这些反馈调整产品生产，以确保产品满足市场需求。因此，双向的信息交流机制不仅有助于消费者更全面地了解产品特性，还帮助生产者更准确地把握市场动向，从而有效促进产品的生产和销售。这种信息的双向流通对于农业科技成果的转化及其在市场上的成功至关重要，能够有效地桥接生产者与消费者之间的信息差距，提升农业科技产品的市场竞争力，进而推动整个农业科技领域的发展和进步。

（三）涉农企业

一项高科技成果的发明，在学术和科学方面可能具有极高的价值，但要转化为商品或服务需要经历多个环节和程序，这些过程又会涉及所使用的设备和技术的二次开发。这项任务一般由企业负责，因为企业在将技术成果转化为实际产品和生产力的过程中扮演着核心角色。与农户一样，企业也是农业技术创新的主要需求主体，但与其他主体相比，农业企业更加接近市场，对市场环境和农业生产需求情况有更深入的了解，因此具备更强的竞争能力。

（四）金融机构

自1985年开始，中国实施了一系列财政扶持政策以支持科技领域的发展。特别是在2006年，国务院发布了《国家中长期科学和技术发展规划纲要》，标志着科技融资的迅猛发展。科学技术转化为生产力往往需要资本的推动，金融机构在推动农业科技成果转化的过程中发挥着重要作用。不同地区在科技成果转化与获取创业投资基金的过程中，通过与金融机构合作积极吸引社会资本，采用设立子基金、提供贷款风险补偿等方式，引入信贷资金、创业投资资金，为技术转移早期项目和科技型中小微企业获取投融资支持。各大银行通过积极发展以知识产权为抵押的信贷业务，支持企业购买各种类型的服务技术创新保险。此外，银行通过将股权融资和信用贷款有机结合，能够促进技术创新与金融的协同发展。

（五）农户

农业科技成果本身具备潜在的生产力，但要将科技成果转化为实际可用的生产力，关键在于将科技与劳动力结合，使农民能够充分认知和掌握这些科技成果，并在实际农业生产和经营管理中应用以产生经济效益，才能将科技成果转化为实际可用的生产力。在中国，农民和农业企业是农业技术进步的主要推动因素。农户的整体素质，尤其是文化素养以及运用科技的意愿和能力，对农业技术的采纳和应用产生了直接影响。

（六）政府

政府部门在科技成果的转化过程中担负着重要的宏观调控角色，在技术创新活动中承担了促进、引导和协调的关键职能。政府在促进技术供给与需求之间的平衡、制定技术标准、设立技术交易规则、提供资金支持等方面发挥着不可替代的作用。通过明确国家科技发展目标与计划，制定相应的科技政策、产业政策以及一系列激励政策，运用市场经济工具积极支持和推动科技成果的转化和产业化。同时，财政资金在促进技术转移和成果转化中发挥着重要的引导作用，通过完善投资体制，促进科技与金融的深度融合，加强对技术转移示范机构、信息共享服务平台、技术交易平台等关键领域的支持，建立多元化投资格局，将财政资金与社会资本有机融合。

在农业科技成果的转移和转化过程中，供给者、需求方、中介机构和政府之间密切协作，相互支持，形成一个完整的农业科技成果转化体系。这个体系不仅促进了科技成果的转化，也推动了农业科技的整体发展和农业生产力的提升，对农村经济和社会的发展产生了深远影响。

四、农业科技成果的转化体系

农业科技成果转化作为我国农业科技创新制度的重要组成要素，涵盖了宏观调控机制、农业科技成果供给体系、农业科技成果转化服务机构以及具体科技成果等多方面内容。这一转化过程涉及政府部门的政策指导、科研机构的技术供给、服务机构的支持协助，以及成果的实际应用等多个方面，共同构成了一个多元化且互相协作的转化体系（魏奇锋等，2019）。

（一）宏观调控系统

宏观调控系统，是由政府相关部门借助经济、法律和行政手段，通过政策制定、资源调配、监管和评估等多重措施，对科技成果转化中的信息流、资金流、物资资源流等涵盖流动性因素的各个环节进行引导、支持、监督和评估，从而实现整体科技成果的有序转化。在农业科技成果的转化过程中，政府扮演着调整各行动主体相互关系的角色。在农业科技成果转化过程中，政府调整行动主体间的关系，与金融机构合作，吸纳社会资本，通过设立子基金、提供贷款风险补偿等方式引导资金流向研究领域，为研究机构和企业提供融资支持。由此可以看出，在农业技术转化的产前、产中、产后，宏观调控体系都发挥着重要作用。

（二）农业科技成果的供给系统

我国农业科技成果的供给主要来源于高等教育机构和科研机构体系，其有效供给直接影响我国农业技术创新的发展走向和潜力挖掘。农业科技成果的供给体系可划分为实验室研究阶段、工程化研究阶段、商品化阶段和产业化阶段。我国农业科技成果供给体系是我国农业技术创新资源配置体系的重要组成部分。农业科技成果供给体系的功能主要在产前和产中两个阶段得以发挥。

（三）农业科技成果转化服务系统

农业科技成果的转化与服务系统主要承担加速技术成果资源汇聚和科技成果信息推广等职能，它为科技成果的技术创新提供完备的信息服务，从而促进科技成果的交流、交易、传播、扩散和增值。其中，农业科技中介机构起主要作用。科技中介机构作为一种新型的技术转移主体，在技术转移体系中的纽带作用日益凸显。农业科技成果转化服务系统在农业科技成果转化的产后阶段起到关键作用。

（四）农业科技成果需求系统

农业科技成果需求系统的主体主要包括农户和农业企业。农业企业不仅本身对科技成果有着需求，还承担着科技成果的二次开发责任，将科技成果转化为实际产品，是转化的核心也是主体。农民拥有一定的生产资源，在整个农业科技成果供需体系中扮演着重要角色。农业科技成果需求系统需要各相关主体在生产前提出需求，并与其他主体建立积极稳定的关系，以促进农业科技成果的生产和传播。

第二节　农业科研成果的主要推广方式

农业科研成果的推广，是指农业科研成果推广机构及其工作人员与推广对象之间的交流和互动的过程，这一过程旨在将科技成果应用于实际农业生产，并将其转化为切实可行的生产力。影响我国农业科研成果推广的因素主要包括四个方面：推广人员、推广目标、推广内容以及推广方法与途径。本研究所提到的农业科研成果推广方式，实际上是对农业科研成果推广活动的四个主要构成要素及其相互关系的描述和总结，它是多因素综合作用的一种模式，因此也可称为农业科研成果推广模式。尽管各国在发展历史、社会制度、经济文化水平和行政管理体制等方面存在差异，进而导致了农业科研成果推广的组织形式和指导思想各不相同，但长期的农业发展实践表明，各国都形成了一些基本的农业科研成果推广方式（李哲，2023）。根据国内农技推广工作的实际情况，目前普遍采用的推广方法有以下几类。

一、项目推广与综合服务

项目推广，又被称为项目计划型推广或项目负责制推广，是相关机构有计划、有组织地以项目的形式对农业科技成果进行推广，是当前我国农业科技成果推广的一种重要方式。各级农业管理机构和农业技术推广机构会基于现有的科研成果和引进技术，制定一系列重要的推广计划，并有计划地进行广泛的推广活动。在我国的农业技术推广中，通常采用政府主导的方式，政府根据我国国民经济和农业的发展需求、财政状况以及对农业技术的重视程度，提供财政支持用于农业技术推广，促使推广机构将科技成果应用到农业生产中，以实现政府的农业规划目标。这种模式的特点包括：首先，技术选择和使用受国家政策的指导；其次，技术支持机构依赖国家资金；最后，技术服务通常为免费的。例如，由农业农村部和财政部合作发起的“丰收计划”，科技部门制定的“国家科技成果重点项目推广计划”和“星火计划”。此外，教育部还推出了一系列项目，如“燎原计划”、“菜篮子”工程、科技扶贫、农业科技园等，通过各级政府在各个省、市、区开展各种形式的新技术开发和应用，以促进新技术的推广和发展。

综合服务型推广方式是指以农业技术推广为核心，以技术、信息和物资为基础，为农民提供综合服务的一种推广方式。随着农村改革的深入和农业技术推广工作的开展，农民的需求也逐渐多元化。除了需要在农业生产过程中获得技术支持外，他们还需要市场信息服务、生产资料供应以及产品销售等多方面的信息和经营支持。这对农业推广人员提出了更高的要求，他们需要将技术、信息和经营服务有机地融合在一起，以满足农民的多样化需求。这一过程具有以下重要作用：第一，将技术传播与必需的农产品管理相结合，可以提高推广组织的自我积累和发展能力，加速新技术的广泛应用。第二，促进农业产品的流通，弥补农业产品流通渠道不畅的不足，为农产品提供更便捷的销售途径，满足生产需求。第三，实现产前、产中和产后的全方位服务，将预测、技术指导和产品销售有机结合，提供一站式服务。例如，农民遇到病虫害问题，可以前往农业技术服务中心，专家会根据情况开具处方并提供相应农药。这种方式不仅解决了技术与物资不匹配的问题，还提高了技术的效果。在中国的农业推广实践中，综合服务型推广方式最早体现为技术导向和物资供给的一体化服务模式，起初由农业技术部门主导。伴随着时间的推移，农业生产资料供求状况、金融环境逐渐改善以及分工更加细化，技术供应主体逐渐多元化。技术供应主体逐渐涵盖了科研教育单位、涉农企业、农民合作组织、技术团体等多种形式，政府的农业技术部门逐渐回归到公益性服务领域。这一演变过程反映了农业综合服务型推广方式的发展和多样化。

二、技术承包与技术转让

技术承包型推广方式，主要指各级农业技术推广部门、科研机构和教育单位，利用自身技术专长，在新兴农业技术领域解决生产中的技术问题，以获得一定经济效益的一种推广方式。这种方式的核心特征是推广单位或推广从业人员与农业生产单位或农户自愿、互惠互利地签署技术承包合同，采用经济手段和合同形式来推广技术，是一种有偿服务方式。合同的签署双方可以是技术促进机构、个体从业者，也可以是合作企业。在技术承包经营模式中，不同地区采用了多种不同的承包模式，其中较常见的包括联产提成技术承包、定产定酬技术承包、联效联质技术承包、专项技术劳务承包以及集团承包等。当前，集团承包模式是广泛应用的一种方式。这种模式的核心特点在于，政府部门涉足农业生产，与技术部门、农资管理与供应部门、财政和金融等多个机构共同组成一个技术推广集团，共同承包农业生产中的某项技术活动。集团承包模式具有多个优点：首先，可以充分利用政府的权力和资源，在较大范围内推广技术，迅速将新技术和成果应用于广大农户，实现规模效益。其次，由相关部门及时提供对关键技术的支持，以确保技术方法的顺利实施，促进各种生产要素的最佳配置。再次，方便对产出进行核查和对合同的履行进行监督，有利于各方单位的责任、权利和利益的明确。最后，有助于确保契约的履行，适用于大规模和长期的技术推广工作。

技术转让是指在不同的法律实体之间对特定的现存技术的转移。在农业领域，技术转让即农业生产者具备使用新技术的能力和购买新技术的意愿，在推广人员的中介和协助下，向技术发明者购买新技术的过程。通过这种方式，科技成果得以转化为商品化产品，并以实物形式进行宣传和销售，从而实现技术的普及和应用。有偿技术转让方式主要适用于以下情形：涉及技术具备明显的经济效益，这意味着该项技术应当能够为农户带来可观的经济收益；在技术上存在一定的难度，并且相对容易进行控制。这要求技术的复杂性以及实施过程中的监管能力要达到一定水平；技术应该见效较快，这表示技术应当在短期内为农户带来明显的效果，以激发他们的购买欲望；技术成果通常是局部性或易于控制的，这意味着其应用范围相对较小或者容易进行管理。采用有偿技术转让方式需要满足以下三个关键要求：①需要拥有较为健全的技术市场和标准的经营体系，以确保技术转让的有效进行；②技术转让必须具备一定的吸引力，从成本和收益等方面看，能够激发农户的购买意愿，并且农户具备一定的购买能力；③需要建立完善的农业技术成果信息网络，为农户提供及时有效的技术信息和支持服务，以促进技术的传播和应用。

三、技术入股与技术开发

技术入股，又称技术股权投资，是指高等教育机构和科研院所将其在研究过程中获得的、具有自主知识产权的技术成果，通过股权的形式投入生产和应用单位，以实现科研单位的技术专长与生产单位的资金、原材料、设备、供销渠道等资源优势的有机结合，共同推动新技术成果的推广使用。此举应遵循自愿、互惠、共同受益的原则。技术股权通常按照双方事先约定的比例，从新技术应用后产生的新增产值或净利润中提取，以回报研究人员的工作和投入。这一模式通常需要建立在长期合作的基础上，并对研究机构提出持续的需求，以确保它们能够不断地提供新的产品和技术，从而适应市场的变化。技术入股方式通常适用于相对容易控制的实物成果或具备一定控制能力的非实物技术成果。

技术开发指的是将从科学研究或实际经验中获得的知识，根据现实情况转化为新产品、装置、工艺、技术、方法、新系统和服务，并将这些应用于农业生产实践中的一种系统性活动。同时，这一过程也包括对现有产品、材料、技术和工艺等进行实质性改进。通常情况下，农业科研或推广部门与生产单位或成果应用单位之间，在自愿、互利和平等协商的基础上选择一个或多个合作项目，他们建立科研与生产之间不同程度的合作联合体，将项目视为共同开发的目标。此过程不仅围绕生产经营展开，还向更广泛的领域进行延伸和扩展，逐渐形成涵盖产前、产中和产后的系列化配套技术体系。这使得原本仅销售基本农产品的单位得以深加工和发展新产品，从而显著提升农业经济的整体效益。这种做法不仅能够最大程度地发挥研究和推广部门的技术优势，还能够充分利用生产单位在设备、场地、劳动力、资金、原材料等方面的生产经营优势，实现双方互惠互利的合作，相互学习借鉴。此外，它还能够迅速将技术研究成果转化为经济利益，从而缩短技术传播的路径。

四、农业科技顾问团与科技专家大院

农业科技顾问团是由政府或农业部门组织的专家团队，目的是推动科技成果在农业领域的传播和应用。这个团队通常包括相关领域的专家和教授，他们负责提供专业建议、制定推广计划、解决技术问题、引入新技术、普及科学知识，以及提高当地居民的综合素质。科技成果的推广通常通过定制的解决方案、现场指导、培训和研讨会等方式进行，旨在将科学研究成果转化为实际可应用的农业技术和方法。这一方式在一定情况下能够实现聚焦和高效，然而如何使得专家顾问团能够更长久、更深入地融入农村，需要构建和完善相应的机制。20 世纪 90 年代后期科技特派员，尤其是团队科技特派员，是对科研组织模式的一种完善。团队科技特派员指的是由高等院校和研究机构中与地方特色农业发展相匹配的科技人才所组成的专门团队，致力于支持地方特色农业的发展。团队科技特派员工作的成功开展将有助于引导农村科技工作的重心下移，促进农村科技体制和机制的再创新，有助于调整高校和科研院所的学科结构和制度。同时，它还有利于提升农民的生产和创业信心、解决农村技术应用中的难题、完善现行农业技术推广体系、推动农村人力资源的开发、促进民间农业科技服务机构的发展以及推动农村产业结构的调整和农业科技水平的提升。未来团队科技特派员制度的政策环境需要进一步完善，同时也要将工作机制和运行模式进一步创新。

农业科技专家大院是由政府或农业部门创建的，旨在促进科技成果在农业领域的应用和推广的专业团队。它通常由来自高校和科研机构的专家组成，通过提供技术指导、培训和支持，推动当地农业发展。科技推广主要通过建立示范基地、组织培训活动、支持特色产业等方式进行，将科研成果转化为实际应用，增强当地农业经济效益。农业科技专家大院为实现科研成果的快速转化提供了优越的服务平台。专家大院配备了一系列基础设施，包括专家工作室、阅览室、检测实验室、科学技术培训室、网络信息室等，以及相关设备和资源，如电脑、互联网查询触摸屏和图书等。专家大院的主要任务是充分发挥科技专家的智力资源优势，以地区主导产业为核心，依托企业、农民合作经济组织和专业技术协会，开展农业科技成果的推广工作，最终促进农民增收、产业发展和科技进步。在成果推广方面，主要方法包括在专家大院或专家示范基地中组装和生产实用的科技成果，利用示范户的辐射效应，加速新技术的推广和应用。对于专家大院本身来说，它兼具科研中心、试验中心和新技术推广中心的功能；而对于农民来说，它是技术培训中心和信息中心。专家大院能够为企业、政府和农民提供便捷的信息服务，还能够培养出一批文化素质高、懂技术、善经营、善管理的高素质农民，为地区经济发展提供强有力的支持。这一农业科技成果推广方法与当地的经济和社会发展需求密切相关，通过充分利用高等院校和科研机构的科技资源，进行农业科技成果的研发、示范、推广和相关技术培训等，大大缩短了成果转化周期，减少了中间环节，有效解决了农村科技和信息传播中的“最后一公里”问题。这在新时代科技与农村、专家与农民、技术与农业生产密切相关的背景下，是一种行之有效的推广方法。农业科技专家大院更好地应用关键在于高等院校和科研机构需要建立完善的激励制度，并在宏观环境方面得到良好的支持。

五、“企业＋农户”与“合作组织＋农户”

“企业＋农户”的方式通常涉及农业领域的公司和企业，通过向农户提供公司生产的相关新品种、新肥料、新农药、新农机具等农业产品，以期获得一定的经济利益，并为农户提供相关的技术宣传和咨询服务。在农户选择购买公司产品时，公司通常会派遣专门的技术人员进行技术培训。另一种方法是，公司以合同形式引导农户从事特定农产品的生产，以确保公司获得稳定、充足且高品质的农产品原料供应。这种模式一般以地方的支柱产业或特色产品为核心，依赖利益共享机制，与农户签订合同，形成一个共同的利益体系，实现农产品的生产、供应和销售的一体化经营。通过这种模式，涉农公司可以分担部分农技推广的责任，同时加强农业基础设施的建设，实现一定的规模生产经营，促进农户的产业结构调整。此外，这些公司还可以充当组织者和指导者的角色，引导农户进入市场，解决小农户面临的进入大市场的挑战，提高农户的市场组织化水平。在这一过程中，中间机构可能是相关产业协会、商业公司、科技应用企业或其他经济实体。这种模式的成功需要满足以下几个方面的要求：首先，企业特别是国有企业必须具备较强的服务意识和技术导向；其次，技术的发展必须与当地的主导产业和特色产品发展相结合；最后，必须妥善解决企业与农户之间的利益冲突问题。

“合作组织+农户”的方式需要农民自主组织成各种合作社、专业协会以及其他专业服务机构，以满足自身需求，在生产前、生产中和生产后进行自我服务。这些农民合作组织通常由专业农户共同组建，与科研机构和高校保持联系，并服务于数以百万计的农户。它们是将科技成果迅速转化为生产力的关键通道，对于加速科技在农村的传播和推广，以及推动农村商品经济的发展发挥了不可估量的作用。这些组织有效地补充和扩展了我国现有的农业推广网络，在各种农业推广活动中具有重要地位和功能。它们的建立促使农户进行自我合作、自我管理、自我服务，提供了技术服务和信息传播，培养了新型的农户。在国内，这些组织的类型包括以下几种：一是以具备技术和经营能力的地方领袖为主体，建立机构，为成员提供专业的技术服务；二是以专业大户和主要农户为龙头，为农村企业提供专业技术、物资和信息等服务；三是农民自发组成合作社，共同出资创办社会福利机构，实行自我管理和自我服务，强化了技术的示范和推广。然而，这种推广方式也存在一些不足之处。例如，合作组织成员的农业科技理论水平较低，不具备较高的高新技术应用操作技能，合作组织具有各种生产物资和资金的需求，以及产品销售等方面的问题。因此，该模式的运行需要满足以下几个方面的要求：第一，需要加强农民合作组织中专业技术人才队伍建设，以增强合作组织科技实力和辐射力；第二，在科技信息传递、综合性服务、市场营销和深加工等环节上，国家应当提供相应的支持；第三，与地方农技推广机构建立密切的合作关系，让农民合作组织获取技术推广部门的技术支持；第四，在发展过程中，要坚持市场导向，注重效益；第五，强化农民合作组织的标准化和规范化管理。

第三节　农业科技成果转化、推广的制约因素分析

一、农业科技需求侧的制约因素

市场需求是农业科技成果转化和推广的必要前提。在进行农业科技成果转化前，必须首先对市场需求进行全面分析，包括市场需求的存在与否、需求的性质以及需求的具体内容等方面的综合分析。这样的做法有助于从宏观角度了解农业科技需求的实际情况，进而有针对性地开展农业技术研发，以解决市场上存在的问题。同时，这也有助于从微观角度研究特定农业科技成果是否具备市场需求，如果没有，需要进一步分析导致这种情况的原因以及是否可改变这些原因。如果可以改变，应采用何种方式进行改变，从而提供改变市场需求的

思路。这种方式有助于掌握农业科技需求的特点，为有针对性的研发提供指导，从而促进农业科技成果的成功转化。农业科技成果的市场需求特征是随着时间、地点、性质和内容等因素的变化而变化的，这些需求特征是由一系列因素共同作用产生的，因此需要进行详细分析，以便获得准确的结论。虽然市场需求因素复杂多样，但仍然存在一些共同的原则性条件，对农业科技成果的市场需求形成产生重要影响。通过研究这些因素，可以帮助我们全面了解农业科技需求的特点，进而推动农业技术成果的成功转化。具体而言，农业科技需求方面的制约因素主要包括农业经营规模小、农业科技用户自身的科技投资能力不足、农民整体科学文化素质较低、农业经营的比较利益低、农村基础设施配套建设不足、缺乏有效的融资渠道等。通过对这些因素的研究，可以帮助我们从根本上把握农业科技需求的特点，促进农业科技成果的成功转化。

（一）农业经营规模小

当前，我国农业生产与经营水平较低，这在某种程度上制约了农业技术的进步。第三次全国国土调查主要数据公报显示①，全国现有耕地总面积 19.18 亿亩，人均耕地仅为 1.33 亩，而农户家庭的平均耕地面积达到了 9.2 亩，平均每个实际从事农业劳动力为 7.3 亩，单个农户所经营的平均耕地面积为 7.3 亩。这使得我国的农业生产规模较小，与国际水平相比存在较大差距。此外，我国的农田规模不仅小，而且分散，即使在一定总体面积下，每位农民所管理的田地通常也会分割成多个小块。这进一步限制了土地的实际有效操作范围，特别是在中国北部地区，农户管理的不同土地之间可能相距数公里。一方面，农业生产规模的相对小型化导致农民使用高科技产品的成本较高；另一方面，小规模的农业生产使得新技术应用所带来的收益增长受到限制。近年来，随着城市化、工业化的快速发展，农民投入农业生产的机会成本逐渐上升，越来越多的农民倾向于转到非农业领域寻求发展机遇。当前的趋势表明，农户在非农业领域的收入已经超过农业经营收入，如果这一趋势继续增强并显得越来越明显，那么农民对农业技术投入的意愿可能会进一步削弱。因此，为促进我国农业科技成果的转化，必须采取相应的策略，以扩大我国农业生产与经营规模。

（二）农业科技用户自身的科技投资能力不足

许多农业科技成果，包括肥料、农药、良种、饲料、农机等，都属于实物产品，必须经由农民的采购才能进入市场。尽管有些方法类、非物质的技术成

① https：//www.mnr.gov.cn/dt/ywbb/202108/t20210826_2678340.html.

果，如作物种植和动物饲养等方法，原本属于公益性科技成果，不需要购买，但它们的应用推广通常也需要依赖前期投入，例如相关物资、资金和产品等。因此，农业科技成果的转化程度与使用者的投入能力之间存在密切联系，实现科研成果的转化必须基于使用者的投入能力。当科研成果超出了使用者的承受能力范围时，就可能导致科研成果难以有效转化。在农村地区，农民的投入行为与他们的经济收入密切相关。我国农民的收入相对较低，2022 年我国农民人均可支配收入仅为 20 133 元[①]，而有限的经营收入既要满足生产需求又要满足家庭生活需求，因此他们可用于农业生产的资金有限，这在很大程度上制约了我国现代农业科技成果的转化。对于我国农业企业而言，相较于农民，它们拥有更强的投资能力，但也需要更多的技术支持。尽管许多农业企业对技术需求较高，但由于农业行业的特殊性，大多数农业企业因资金短缺和规模较小等问题，对于新的科技成果难以吸收。

（三）农民整体科学文化素质较低

农民的文化素养直接关系到他们对农业技术成果的认知程度和把握程度。由于文化素养的不同，人们在接受新事物的敏感度、接受新事物的能力、接受新事物的速度以及行为特点等方面存在着一定的差异。即使一种技术本身质量出众，但如果受众的文化素养较低，就可能难以充分认识到该技术的优点，甚至即使认识到也不愿采用或采用速度较慢，从而影响到技术的有效转化。此外，在文化素养上存在差异的人群对新技术的掌控能力也各不相同。文化素养较高的人可能更容易迅速掌握技术要领，并能够熟练操作和应用，以最大程度地发挥技术效益。文化素养较低的人则可能无法充分利用技术，甚至可能无法完全掌握技术。如果技术使用者感到难以掌握某项技术，那么该技术的转化就会受到限制，即使已经转化，也难以持续推广和应用。

我国农民的文化水平普遍较低，对农业科技成果，特别是高水平技术产品的接受程度存在局限性。根据第七次全国人口普查数据，在当前的农业劳动力中，86%的人口具有中学及以下学历。这些人中，48%具备初中文化水平，38%具有小学文化水平，8%是文盲或半文盲。仅有 13.6%的劳动力接受专业技术培训[②]。近年来，随着城市化和产业化的快速推进，越来越多受过高等教育的年轻人向城市或第二、第三产业转移，导致从事农业的一线劳动力数量减少和质量降低，这导致农业劳动力的总体素质呈现下降趋势。农民较低的文化

---

① https://baijiahao.baidu.com/s?id=1757778597553869806&wfr=spider&for=pc.

② 此处数据来源于国务院第七次全国人口普查领导小组办公室编：《2020 年第七次全国人口普查主要数据》。

素养水平在一定程度上降低了他们对农业科技成果的吸收和采纳能力。一方面，由于科技和文化素养较低，一些农民对现代农业科技成果持传统观念，缺乏对现代农业科技的认识。另一方面，由于科学文化素质较低，农民对现代农业技术的掌握水平较低，缺乏对技术的深刻理解，因此经常因不了解某些农业科技材料而对其产生误解，最终可能对这些材料持怀疑态度，甚至因技术应用不当而影响技术效果。对于农民来说，如果他们觉得难以掌握某项新技术，那么就可能不愿采用，即使采用了也可能不会持续使用。因此，要促进农业科技成果的转化，必须在促进和传播农业技术的同时，通过创新方式来提高农民的文化素质。美国的农业发展取得了显著成就，其中一个重要原因是该国拥有高素质的农民队伍，使得先进技术能够迅速得到采纳和应用。

（四）农业经营的比较利益低

农业作为一个相对弱质产业，其收益较低，与工商业和服务业相比，差距显著。尽管农业生产规模逐渐增加，但由于成本上升，尤其是农业生产资料的价格上升速度远高于农产品价格的上升速度，导致农业生产效益下降。这一趋势使农民面临“多种多亏，少种少亏，不种不亏”的挑战，这大大降低了他们从事农业的积极性。同时，随着中国工业化和城市化的迅速发展，城市和基于城市的第二、第三产业对农村劳动力的需求大幅增加。在城市工资更高、生活环境更好的吸引和农村农业经营的亏损推动下，大量农民涌入城市，特别是年轻劳动力，导致农村劳动力减少、老龄化加剧、素质下降，还引发了大面积土地荒废问题。

（五）农村基础设施配套建设不足

农村基础设施的建设，如交通、水利、交通等，在促进农业科技成果转化方面具有关键性作用。但当前，我国农村基础设施建设并不能满足现实需求，对农业科技成果的转化造成了不利影响。一般而言，农村基础设施建设具有明显的公益性，尤其是在我国实行家庭承包经营制的背景下，这一性质更加凸显，因此，需要依靠公共财政来投资于农村基础设施建设。但是，由于农村集体经济相对薄弱，经济管理的功能较低，国家在农村基础设施建设上的投入也比较少，再加上政府在农村基础设施建设方面的投入相对有限，农村基础设施长期以来未能得到充分的关注。相关数据显示，与发达国家将30%～50%的资源投入农业相比，我国当前对整个农业领域的投资仅占国内生产总值的6.5%。即使在其他发展中国家，如印度和巴西，对农业基础设施的投资也占国内生产总值的10%～20%。若不能从根本上解决农业基础设施投入这一问题，将会严重制约大规模现代化农业技术在农村地区的推广和应用。

（六）缺乏有效的融资渠道

当前，我国农户和农业企业对农业科技的投入较低，由于资金短缺导致投资能力不足已经成为一项严峻的挑战。当自身面临资金不足时，通常会寻求外部支持，但由于目前农村地区有限的融资渠道以及高昂的融资成本，农民和农村企业难以获得外部资金用于农业科技投资。相关数据显示，64％的农业企业主要依赖自身资金创业和运营，然而，这些自有资金规模相对有限，严重制约了我国农业企业的发展，同时也影响了它们应用农业技术成果的能力。大多数企业和农户更多地依赖于非正规渠道，如亲朋好友等来获取资金支持。还有部分农业公司和农户选择依赖高利贷，但即便获得了贷款，他们的权益也面临风险，同时资金成本较高。

二、农业科技供给侧的制约因素

（一）农业科技创新能力总体不强

当前全国范围内已经建立了按照行政区划和经济区划相结合的国家级农业科研单位，各地按照中央的模式，在本地区内组建了众多的地方农业科研单位。地市级以上的全民所有制独立研究与开发机构数量超过 1 000 个，其中包括部属科研机构、省级科研机构和地市级科研机构。此外，还存在一部分民营农业科研机构和企业的研发力量。多年来，这些机构一直致力于推动农业增产、增收以及帮助农民实现增收，工作主要涉及推广良种、改革农业生产方式、提高资源利用率、加强农业生态保护等方面，构建了农业服务体系，取得了显著的成绩。然而，总体来看，我国的农业科技创新实力仍然不够强大，某些领域的农业科技成果供给能力相对薄弱。例如，在良种供给方面，我国超过50％的生猪、蛋肉鸡良种以及超过 90％的高端蔬菜和鲜花品种依赖进口；在大型机械装备方面，我国超过 70％的先进农产品加工成套设备也依赖进口。同时，在提高资源利用效率、减少农业灾害和提高农产品附加值方面也存在较大的发展差距。创新人才的数量相对有限，与发达国家相比存在明显差距，尤其缺乏一批卓越的科技人才，中青年骨干队伍建设相对滞后，创新团队基础薄弱。农业科技人才的分布也不均衡，主要集中在全民所有制的科研单位（包括农业大学），私营机构和农业企业的研究实力较弱。在全民所有制的科研单位中，国家级农业科研单位占主导地位，而地方层面的农业科研力量较弱，研究水平和层次普遍较低。目前，许多地区的农业研究机构面临严峻的发展挑战，其基础设施、硬件和软件等方面存在严重不足，科研人员的文化水平较低，知识更新滞后，同时薪资水平偏低，这导致了一些地方的农业科研机构已无法有效开展农业科研工作。

（二）农业科研组织体系尚需完善

尽管我国已经进行了多年的农业科技体制改革，包括已经分流或改制了一些农业研究机构，并促进了一批民营研究机构的发展，但总体来说，我国的农业研究机构仍存在以下几点不完善之处：首先，农业企业的科研能力较弱。在过去的科研体制改革中，改革的方向主要集中在改善运营机制方面，而组织体制上并没有发生根本性变化。我国的农业科技力量主要由公共研究单位构成，农业企业的研究能力相对有限。由于自身实力不足，大多数农业企业未能建立专业的研究部门，因此其研究人员的科研资金有限，这导致了科技人才的待遇低，所以要留住人才非常困难。在一些发达国家，企业研究在农业科学研究中发挥着关键作用。然而在我国对农业企业的科学研究投入较小，没有形成强大的科研力量。其次，公共科研机构的组织体制未发生根本性变化。公立科研系统仍然采用传统的按行政区域层次划分的方法，这导致我国的农业研究机构存在严重的碎片化现象。这种组织结构导致了我国的农业研究机构内部分割明显，存在着“大而全”“小而全”的问题，专业设置和课题设置重复，研究力量分散，缺乏合理的分工与合作。此外，政府对农业研究的经费投入有限，导致资金分散，投资效率降低，单个课题的经费有限。虽然总体上政府对农业研究的投入仍然较大，但单个课题的经费不足，导致研究人员难以取得重要的研究成果，很多研究结果仍然停留在实验室阶段，难以应用到实际生产中，从而限制了整体农业研究水平的提升。最后，农业科研专业设置不够均衡。主要表现为研究种植领域农业科学研究单位较多，而其他领域的研究单位较少；同时，大多数研究单位专注于生产中期的服务，而对于生产前期和后期的研究服务则较为缺乏。

（三）科研机构的运行体制有待健全

第一，我国农业科学研究仍然受到较强的“政府导向”模式的影响，尚未进行根本性改变。尽管近年来进行了农业科技体制改革，特别是允许科研机构和人员参与成果转化收益分配的确立，提高了农业科研的市场导向性。然而，由于农业科技投资主体的投资能力较弱，导致大多数农业科研单位目前从市场中获得的收益仍然有限，难以对农业科研产生充分的激励作用。在私人资本和私人科研力量相对薄弱的情况下，政府仍然是农业科技创新资金的主要来源。虽然国家已经采用竞争性分配的方式来分配科研经费，但由于政府是科研经费的主要来源，科研项目的设立仍然采用传统的“自上而下”的模式，未能形成市场化的科研项目立项制度。此外，科研经费的市场化选择和科研评估制度的不完善，也导致很多科研项目的选择与市场需求脱节，科研工作与农业生产的协同性问题仍然突出。此外，农业科研的市场化进程中，存在的一个显著问题是科研单位在转型中面临的定位困惑。在追求科研成果的市场化和商业化的同时，传统的公益性研究可能被边缘化，影响农业科研为社会和农业长远发展服务的基础功能。这种转型的不平衡，可能导致农业科研的重点偏离了原本的公共利益和长期目标。

第二，农业科学研究机构的内部经营体制仍需进一步改革。许多单位，尤其是各级地方所属的农业科研单位，仍然沿用着“养人论”的传统观念，人事制度和分配制度停滞不前，机构过于臃肿，人员资源过剩，分配制度未能充分反映岗位差异和贡献差异，平均主义和“大锅饭”问题依然存在，激励机制不足。许多农业科研机构面临着由于科研能力不足而无法获得政府研究资金和市场利润的困境。资金匮乏导致工资水平低，工作条件恶劣，核心人员大量离职，进一步降低了科研创新能力，使机构陷入“能力不足—资金短缺”的恶性循环。在此背景下，农业科研机构的人力资源管理也面临挑战。科研人员晋升和评价体系往往侧重于学术成果发表数量而非质量，忽视了实际的农业问题解决和创新性研究的重要性。这种偏向可能导致研究重点偏离实际农业生产的需求，影响科研成果的实际应用价值。

第三，尚未形成跨地区、跨部门、跨主体和跨学科协作的科研体制。我国的农业科学研究和教育领域仍然存在着分散的局面，各个研究机构和农业企业之间合作不够紧密，科技资源整合不足。在关键技术和共性问题方面，缺乏有效的协作机制。跨地区、跨部门和跨学科的合作仍然不够深入，导致科研工作和实际农业生产之间存在脱节。要解决这些问题，需要深化农业科技体制改革，加强市场导向，推动科研机构内部经营体制的改革，建立更加开放和协作的科研机制，以提高农业科技的创新能力和应用效益。同时，农业科研的跨领域融合尚不充分。例如，生物技术、信息技术与传统农业的结合在实践中还面临诸多障碍。这些技术的融合对于提高农业生产效率和持续性至关重要，但需要更多的政策支持和实践探索来促进这一进程。

（四）农业科研投入总体强度较低

总体而言，近年来我国的农业科技投入虽然呈现增长趋势，但与其他国家相比，投入水平仍显不足。当前，我国的农业科技投资总额偏低，主要原因在于国家公共财政对农业科技的投资力度不够，尚未形成持续增长、可持续发展的趋势，同时，农业企业对科技领域的投资力度也相对较小。在发达国家中，农业科技投入不仅依赖于国家公共财政投入，还得到了农业企业的大力投资。这种多元化的投资结构使得他们能够在科技创新和应用研究方面保持领先。相比之下，中国农业企业在科技创新方面的投入相对有限，这限制了农业科技的多样性和创新能力。

在农业科研投入结构方面也不尽合理。一是我国面临着农业科技计划和资金投入方面的多头管理问题。不同政府部门，包括农业、科技、教育和财政等都在农业科技计划和经费支持方面拥有提名权。同时，各级地方政府也有制定适应本地区特点的农业科技投资计划权力。然而，缺乏高效的分工和协调机制导致农业科技投资资金来自多个主体，资金也较为分散，难以形成合力。这不仅降低了对某些重要和关键技术项目的稳定和长期投资力度，也影响了资金的有效使用。此外，还会导致各领域之间的分配不均，一些领域得到过度支持，而其他领域则被忽视，从而产生资源浪费和分配不均衡等问题。二是地区间农业科研经费分配不均衡，主要是由于地方政府逐渐成为农业科研经费的主要提供者，并采取竞争性分配方式。拥有强大经济基础和科研实力的地区通常能获得更多的支持，而经济较弱、科研实力较弱的地区则获得较少的支持。这种地区之间的投入差距可能会产生“马太效应”，即富者愈富，穷者愈贫，从而导致区域之间的技术发展差距逐渐扩大，难以满足区域内的技术需求。三是资金投入存在一系列问题，包括人员费用、公用成本和稳定性保障等方面。尤其是在竞争性资金投入方面所占比重较大，导致许多单位“有钱打仗，无钱养兵”。工资待遇偏低、创新团队不稳定、人员流动率高，这些问题严重影响了农业科研人员的创新热情和整体农业技术创新能力。要解决这些问题，需要建立更加协调和高效的政府部门间协作机制，统筹规划农业科技计划和资金投入，以确保资源的合理分配和更高效的使用。同时，需要加强对农村地区的支持，以缩小地区之间的科技发展差距。此外，对农业科研人员的待遇和稳定性保障也需要进行改进，以激发其创新潜力。

另外，农业科技投入方式也有待优化。农业科学研究工作具有独特性，在基础研究成果方面，从选题到最终实际应用的转化，对资金的需求相当巨大。然而，在当前的农业科研经费投资中，竞争性方法被广泛采用，这导致了科研人员在争取资金的过程中表现出明显的短期行为倾向。大多数项目的周期相对较短，这使得科研人员更关注项目的即时结果，而忽视了那些需要更长周期研究的潜在项目。同时，激烈的科研经费竞争也使得科研人员不得不分心于争取经费的任务，而放松了对科学研究本身的投入。结果真正用于项目研究的时间往往不足50%，且大部分科研经费被用于应酬、建立人际关系等非研究性活动。这种情况对项目完成的质量产生了不利影响，项目在最后阶段可能只能通过赶工和关系网来应付，导致许多科研成果因不成熟或质量不合格而只能保留在实验室阶段，难以成功转化为实际应用。

第四节　促进农业科技成果转化、推广的对策建议

一、大力培育农业科技转化、推广主体

（一）加强面向农民的教育培训

为了加速农业科技成果的转化，需要提升农户吸收和应用这些技术成果的能力（黄永清等，2020）。近年来，国家和地方政府相继推出了多项旨在提高农民技能的培训工程，例如阳光工程、绿色证书工程等。这些措施在提高农民的受教育水平、科学文化素养及生产技能方面发挥了显著作用。然而，农民教育和培训的工作仍有待进一步加强。第一，资源整合仍需加强。目前教育部、农业农村部、财政部等部门分别掌握着一定数量的农民教育培训资源，但各部门之间缺乏有效的沟通和协调，导致资源分散、难以充分发挥效益。因此，必须统一规划，实施资源整合，设立专门机构或指定部门进行农户培训的统一管理和协调，以充分调动各方资源，发挥协同效应。只有加强部门之间的信息共享和资源整合，才能形成统一高效的农民培训体系，全面提高农民对农业科技成果的吸收能力，从而加速农业科技成果向生产力的转化。第二，需要扩大培训范围。当前的培训项目主要面向在农村中拥有较高科学文化素养的人员，如村干部、技术员、大户等，这些人在农业科技成果推广中发挥着重要作用。为了使更多的农民有机会更好地学习和提高，必须努力拓宽培训范围。同时，应加大对核心骨干人才的鼓励与扶持力度，促使他们更积极地参与农村基层人才培养。第三，需要有针对性的培训。目前，许多农村职业技术人员的职业技能培训受多方面因素影响，缺乏针对性，未能满足农民的实际需求，无法有效激发他们的学习兴趣。农民普遍是在行政压力下被迫参与这些培训的。因此，必须根据当地的农业经济发展情况、产业结构调整的实际状况以及农民反映的实际生产问题等多方面因素，来设计针对性强的培训内容，关注农户在实际生产中遇到的困难，以此确保培训内容贴近农民的实际需求，提升培训的效果。第四，需要加强对农民的综合素质教育。当前，培训主要侧重于技术和技能层面，而忽视了农民的科学文化素养和思想意识的培养。目前限制农村农业科技成果转化的影响因素并不只是农村技术缺乏的问题，还包括了农民的科学文化素养不高，对技术难以理解，还有就是他们的观念意识比较保守，对新技术、新成果不敏感等问题。这些因素限制了农村农业科技成果的转化，特别是限制了必须在农村推广的基础性和公益性农业科技成果的转化。因此，应该采用多种直观、生动、感染力强的媒体手段和培训方式，向农民传递成功案例，提升

他们对现代农业科技的认知水平，激发他们学习和应用新技术的积极性。第五，需要构建长期的农民培养体系。目前，针对农民的培训大多是临时性和短期性的，时间有限，效果难以持久。因此，必须建立农民培训的长期机制，使培训工作长期化、固定化，确保培训的连续性和持续性。同时，要加强对农民培训效果的跟踪，在培训后及时收集农民在生产实践中遇到的问题，并给予解答，保证培训效果。通过这种长效机制的培训，才能真正提高农民的生产技能。第六，培养方式亟待创新。要加强乡村图书馆和其他文化设施的建设，做到让农民随时随地都能获取知识。由村组织不定期地、有目标地向农户发放学习材料，包括报纸、期刊、书籍，让农户有机会自己学习。第七，需要引导社会各界积极参与农业人才培养。政府机构应加强与社会团体的合作，营造多元参与的教育机构合作氛围，以更好地支持农村教育培训。

（二）加大对农村的人才支持

为促进乡村发展与科技创新，应采取有效的优惠政策，加大对农村的人才支持。首先，要强化政策扶持。政府应通过具体政策来吸引和留住农村人才。这包括奖学金、助学金、研究资助等各类激励措施，同时为农村人才提供住房和交通上的便利和优惠，以降低他们的生活成本，增强他们在农村工作和生活的意愿。其次，要为人才提供创业和就业机会。政府可以通过提供贷款支持和税收减免等措施来鼓励农村人才在本地创业，尤其是在农业科技、生态农业、乡村旅游等领域。同时，通过发展具有潜力的农村产业来创造更多的就业机会，鼓励农村人才参与到当地经济的建设中去。再次，需要加强农村与城市间的人才交流。政府和相关机构可以通过建立人才交流计划和在线平台等方式，强化农村人才与城市企业之间的联系。这不仅为农村人才提供了更广阔的职业发展机会，也为城市企业带来了新的视角和创新。最后，加大力度改善农村的基础设施和公共服务。改善农村地区的基础设施和公共服务，如医疗卫生、教育、交通等，对于提高农村的吸引力至关重要。良好的基础设施和公共服务不仅能改善当地居民的生活质量，也是吸引和留住人才的关键因素。

（三）支持和激励农业企业发展

为促进农业科技成果转化和推广，应采取一系列有效的政策措施支持和激励农业企业发展。首先，利用国家科技规划和专项计划等渠道，加大对农业生产中的重要共性技术的研究和开发投入。通过实施各种税收优惠政策以鼓励农业龙头企业进行自主创新，并支持其在新品种、新技术和新工艺方面的研究。鼓励这些企业积极引进国外技术和装备，进行集成创新。其次，培育新型企业家，创造一种尊重知识和人才的企业发展环境，保护企业家的合法权益。并为创业者提供奖励和资金支持，同时确保他们的政治权益和社会地位。鼓励重点行业主动引进高端技术人才，地方政府为其提供相应的优惠政策。再次，调整国家的农业科研和教育指导，加强专业技术人才的培养，大力支持高校毕业生到农村就业和创业。集中各种资金支持农村经济，逐步增加对农村经济的投资。最后，引导政策性金融机构如农业发展银行和进出口银行优化信贷结构，增加对农业企业固定资产投资和农产品收购的资金投入。

（四）加大农业补贴力度

在市场经济的背景下，农民对农业科技的投资动力往往受到经济利益的驱使。许多农民，尤其是那些年轻的、受过高等教育的人，往往倾向于将主要的劳动和资金投向非农业领域，因为在其他行业他们能够获得更高的收入。这种现象的根本原因在于非农业领域为他们提供了更有吸引力的回报。要激发农民对农业科技投资的积极性，首要任务是确保农民在农业领域的回报不亚于他们在其他领域的收益。为此，需要依照增加总量、扩大范围和完善机制的原则，持续加大对农业的补贴力度。首先，必须确保农产品的市场销售渠道和价格保持稳定，以维护农民的经济利益，并且协助农民提高他们的科技投入所能带来的收益。其次，应当为农户提供技术投资的补助，以鼓励他们更积极地投入农业领域。另外还需推动农资保险的发展，为农民提供一定的风险保障，减小其农业投资的不确定性。再次，扩大补助的受益对象，包括各类农业领域的领军企业和农业技术服务机构，同时增加对农户的补助力度。最后，应进一步加大对“三农”领域的财政补助，并加强对补助经费的管理，以严厉打击虚报、冒领、截留和挪用补助经费等行为。这些政策和举措将有助于提高农民对农业科技的投入积极性。

（五）促进土地生产要素的适度集中经营

农地的适度集中经营和有效流转是现代农业发展的关键，特别是在当前乡村劳动力和人口动态变化的背景下。构建和完善农村土地流转制度对于集中农地资源、增强农民在土地利用上的自主权以及推动农业生产具有深远的意义。这一过程不仅关系到农业生产的效率和效益提升，也涉及农民权益的保障和农村社会的稳定发展。为了实现农地生产要素的有效整合和高效运用，必须以科学和合理的方式推进农地流转。这要求考虑到农村劳动力的流动特点，以及农业生产的地域性和季节性。农地流转的关键在于确保过程的公平和透明，尊重农民的自愿意愿，以及在市场机制的引导下进行合理的谈判和交易。农地流转的核心目标是实现土地资源的规模化经营。通过流转，可以将零散的农地资源集中起来，利用现代化农业技术和管理方法，提高土地利用率和农作物的产量。这不仅有利于提高农业生产的效率，还可以促进农业生产方式的转变，从传统的劳动密集型向技术密集型转变。在流转过程中，政府的作用不可忽视。

政府需要制定合理的政策框架，以引导和监管农地流转市场，保护农民的权益，防止土地资源的过度集中和滥用。此外，政府还应提供必要的信息支持和技术服务，帮助农民更好地理解和参与农地流转。同时，农地流转也应与农村的综合发展战略相结合。这意味着在推进土地流转的同时，还应关注农村基础设施的建设、农业产业链的延伸以及农民的职业技能培训等方面。通过这些措施，可以确保农地流转不仅是土地资源配置的优化，更是农村经济和社会发展的一部分。

（六）提升农村金融服务水平

提升农村金融服务水平需要积极推进农村信用社改革，特别强调其在农村经济支持中的主导地位。然而，这一改革必须与当前的现实情况相协调，并明确以促进农村金融体系的发展和竞争为主要目标。在农业和农村地区，应积极实施县级和县级信用社的三级公司治理模式，以实现规模效益、提高市场竞争力和风险管理能力。一是需要重点支持主要农业企业。鼓励加快行业整合，容许更强大的企业吸收并整合相对较弱的企业，以形成行业的领头企业。二是应将农业产业发展置于优先位置。支持农民从小规模分散经营向中等规模发展，建设一批具备较大规模、强专业化、高生产力和高品质的农业生产基地。三是需要政府为建立更完善的市场经济体制提供支持。这包括了政策和法规的调整，以确保市场在资源配置中起到决定性作用，同时也需要建立更完备的市场监管和法制体系，以维护市场的公平竞争环境。

（七）加强农业基础设施建设

在当前的农业科技转化和推广活动中，强化农业基础设施建设，特别是信息化和互联网平台系统的完善，显得尤为重要。这不仅涉及技术层面的更新，还包括农业经营理念和模式的根本变革。通过与农业、气象、林业、畜牧和工商等部门的协同合作，可以实现跨部门的信息共享和交流，从而促进农业科技成果的有效转化和广泛推广。目前，市、县、乡三级网络平台以及农产品电子商务平台的构建正在稳步推进。这些平台的建设旨在集中技术信息和市场信息，实现农业信息资源的高效整合和利用。通过这些平台，农民可以及时了解农业市场的动态，获取种植、养殖技术指导，同时也有利于他们拓展销售渠道。农业信息化的推进不仅局限于信息收集和发布，还包括大数据、云计算、物联网等高端技术在农业生产中的应用。例如，利用卫星遥感和物联网设备来监测农田环境，为农作物提供科学的种植指导；或者运用大数据分析来预测市场趋势，指导农产品种植和销售。为确保农业信息化建设的有效实施，政府、企业和科研机构的共同努力至关重要。政府应出台扶持政策，为信息化建设提供资金和技术支持；企业应积极参与，提供必要的技术和服务；科研机构则负责新技术的研发和推广。加强农业基础设施特别是信息化建设，对于提升农业生产效率、促进农产品市场化和国际化发展具有重要作用。

二、建立健全支撑农业科技有效供给的体制机制

（一）创新农业科技管理工作模式

加强科技管理部门对科研工作的认知，提升科研人员对科研工作的重视程度至关重要。科技管理应成为所有管理工作的核心，贯穿于每个步骤之中，以服务转化为中心，推动技术和软科学成果的转化为生产力。特别是在应用技术和软科学领域，必须取得实质性的成果，并将其成功地推广和应用于实际生产中。农业科学技术的管理必须从科学研究项目的立项申请开始，不仅要考虑项目的完成可能性，更要关注技术成果的实际应用价值以及广泛应用的前景。项目立项应以农业生产的实际需求为基础，建立起一套有效的项目立项机制，确保专家在项目立项之前进行充分的论证，项目选择应考虑农业科研单位的自主性。出现问题时，需要根据具体情况提出相应的解决方案，以确保开发出符合生产需求的高质量技术产品。

科学技术行政机关应充分发挥对科技成果的监管作用，全面监查科技成果的接收、评价、鉴定、核查和审批等环节，确保科技成果达到“合格产品”的标准。同时，对科技研究成果进行全面评估，综合考虑其价值和效果，兼顾科学性与实用性，以及对社会的整体影响，包括经济、社会和生态效益。这有助于确保科技成果在各个层面都具备可持续发展的潜力。

（二）加大农业研发投入

为构建一个多元化的技术投资体制，可实施以政府投入、企业自主投资、社会融资和社会资本参与为主要特征的多渠道、多层次技术投资模式。此举应着重引导科研机构和企业加大科技投资力度，特别需要企业增加科技投资占销售收入的比例，并积极支持企业通过设立企业发展基金、设立科技开发基金、吸引外资、合资合作，以及债务融资、股权融资等多种途径筹集科技研发资金。同时，应鼓励高科技企业拓宽融资渠道，以确保科技创新资金的充足。

（三）加强农业科研单位创新能力建设

以人才资源能力建设为核心，推动教育资源的重新整合，以进一步强化高校师资队伍的实力，持续加大对农业领域的支持，推进卓越农业科学研究、创新型项目和高水平建设。同时，建立健全科技人员自主流动机制和人才激励机制，确保人才能够充分发挥其潜力。建立以创新能力、科研质量和科研成果转化为核心的评价指标，对科研人员定期进行考核。通过团队协作、核心人才带领以及高新技术开发等多种途径，积极引进国内外杰出农业科技人才，增强农

业科研单位创新能力。

（四）推进产学研合作

现阶段，科研院所、高校依然是农业科技创新的主力军（孙美红等，2023）。推进产学研合作，是解决农业科技创新资源有效供给、促进农业科技成果转化的重要途径。首先，要加速构建以农业龙头企业和大型企业集团为核心的农业技术创新系统，推动农业企业与专业科研机构和高校合作，共同打造农业科技创新联盟、工程技术研发中心以及相关的试验和孵化机构，并将其作为决策和投资主体推动农业产业化创新项目建设。其次，在制定新的农业科技创新计划时，应优先支持由企业主导的市场潜力巨大的农业高新技术产业领域中的创新型科技项目，并鼓励农业企业积极参与国家和地方的高新技术研发项目，引导创新资源向农业企业集中，培养一批创新型农业大型企业集团和中小型企业集群，特别是对农业创新型私营科技企业，应在信贷、税收和市场准入等方面予以重点支持。在信贷、税收和市场准入等领域，应优先扶持私营农业科技企业，并鼓励它们通过参股、合资、合作等方式，共同建设专业化的科研开发机构。最后，加强产学研跨区域合作与联合，注重区域内部经济联系较为紧密的地区之间的科技交流与合作，对跨区域的重大科研开发和工业化工程项目提供指导和组织实施，充分利用构建的跨区域创新协作网络，实现资源互补，实现协同共赢的目标。

（五）引导深化农业科研单位内部管理体制与运行机制改革

建立健全农业科研机构的经营管理机制，通过政府引导和市场调节等手段，实施直接经营，并力求减少政府的干预，让研究单位自主选择和探索适合其改革和发展的方式。在政府重点支持的国家级科研基地、行业与区域研究开发中心、各级重点实验室等单位，应坚守“开放、流动、竞争、联合”的原则，逐步建立现代科研院所制度，其中包括理事会决策、院所长负责、监事会监督等机制，并积极探索“首席专家制”。对高校教师进行培训和激励，以满足高校教师队伍的需求，并选择适合高校教师的专业技术人员。充分发挥农业科研人员的积极性和创造性，探索采用知识产权、股权或财产收益等方式，对做出杰出贡献的科研人员进行有效激励。改进对科技成果拥有者的专利和转让收益激励制度，增加科技成果转化产业化的奖励，重点表彰为科技成果转化产业化做出杰出贡献的工作人员，建立激励和竞争机制，促进科技创新人才脱颖而出。

三、壮大完善我国农业科技中介服务体系

（一）大力推进农业科技中介机构建设

按照科技部的整体部署，制定我国农业科技中介机构的发展计划，旨在提

升农业科技中介机构的服务能力，创造良好的发展环境。需要协调、统筹我国农业科技中介机构的建设有序推进，以满足不同层次的科技需求。同时，积极促进新型农村社会服务机构的发展与扶持。对于科技信息服务、科技评估、技术产权交易、常设技术市场等领域提供支持，以满足多样化的农业科技创新需求。为提升我国农业科技中介机构的整体水平，需采取多方面措施，以创造有利条件。通过星火工程等举措，积极推动乡村社会科技服务体系的建设，建立健全农业技术转移资金机制，支持农业技术中介机构和服务体系的完善。充分利用全国农业科技园和星火培训基地等资源，组织各类培训活动，提升服务水平和人才素质。在全国范围内，对农林科技服务机构进行评估和监督，以确保其服务水平和质量。

（二）强化公益性农业科技转化、推广服务

通过多种途径增加农业技术经费的投入，以确保农业技术服务资金的持续增长，建立健全农村技术服务组织的人才培养机制，提升其综合素质。全面实行聘用制度，建立完善的职级责任制，提高职业资格标准，建立县、乡、村三级考核机制。针对那些为农民服务、在农村坚守的农技推广从业人员，应提升他们的薪酬水平，贯彻绩效工资和薪酬倾斜政策，确保其薪酬与基层事业单位平均水平相符。根据实际情况，合理分配资金，提高农业技术推广工作水平。

对基层农技推广方式和途径进行全面改进，充分利用广播、报纸、电视、手机、互联网等媒体和现代信息技术，提供农民所需的直观、互动、高效、便捷的服务。鼓励基层农技工作者借助短视频、直播进行农技推广，短视频、直播降低了农技推广的参与门槛，可以吸引更多有经验的农民、农技达人、知名农业专家等个人参与到农技推广中来。短视频、直播平台根据阅读量、播放量等激励农技创作者提供优质的公益性农技推广内容，并实现农技提供者和需求者之间的有效互动。相较于传统的线下农技培训，短视频、直播平台上的农技内容大多免费、方便获取，大大降低了农户的农技获取费用和成本，惠及更广大中小农户群体。

分级、分类、有计划、有规律、有定岗、有针对性地培训农业技术推广从业人员，健全其技术等级体系，突出推广效果和工作绩效，将技术推广人员的等级制度贯穿到一线工作中。继续推动农技推广，引进一批高校毕业生到农村从事农技推广工作。同时，对农业技术人才和技术骨干进行引导和示范，根据完成的工作数量，提供一定的补贴。

（三）创新农业科技转化、推广方式方法

通过多种媒体渠道，根据各地的实际情况，充分利用广播电视、报纸杂志、网络以及各种小型媒体等多元资源，拓宽农业技术传播的信息覆盖面。要

最大限度地利用广播电视网络、无线电台、宣传栏、农村黑板报和各种农业报纸等媒体，积极推动农业的宣传和发展。以大众传媒为依托，通过人际交流的方式，培育并发掘有影响力的舆论领袖，以实现高效的面对面宣传。

组织各种形式的技术推广会议，广泛覆盖农户，激发其对新技术的兴趣；加强对新技术应用的指导，提升对新技术应用的关注度。通过举办乡村交易会、科技展览会，并利用电视、广播、报纸、杂志等媒体以及制作海报等方式，向广大农户普及农业新技术，增加其了解度，提高对农业的认知水平。充分发挥新媒体的作用，发展基于新媒体的农业信息化建设模式，推动农技推广的多元化。

在深入探讨人际推广和组织推广有效形式的前提下，强化大众推广的关键地位，逐步构建以大众推广为主要内容、以人际推广和组织推广为辅助的新型推广体系。整合政府、农业等相关服务部门的资源，从“科研开发、技术创新、市场建设、疫病防治、检验监测和生态保护”等多个角度，逐步建立完善的农业发展推广支持体系。同时，也要逐渐提升其他信息传播主体的实力，使农业科研开发、推广、教育等机构的专家、乡村科技推广员和农业生产经营主体能够面向市场，按照市场规律为农民提供相关服务。强化农村技术服务，提高农业信息工作者的职业道德，提升其社会责任感，引导他们正确处理荣誉、金钱和地位之间的关系，坚持实事求是原则，密切与农民的联系，深入基层，进行充分的调查和研究工作。

提升农业信息工作者和信息使用者的专业知识，提高农民的科技文化素养，培养其科技意识，从根本上提高农民的素质，推动农业科技信息的高效利用。发挥政府新闻机构在新闻工作中的引导和主导作用，加强对新闻机构的监管，包括机构设置、宣传形式和媒体内容等方面的监管。加快农业信息化的现代化进程，建立国家农业信息网络，采用现代化设备，实现资源共享，以准确、快速传递农业信息，畅通信息渠道，根据地区发展水平尽可能发展现代信息技术。

第九章
国外典型案例分析及经验借鉴

第一节　国外乡村人才建设模式及经验借鉴

一、国外乡村人才建设的典型模式

20世纪以来，实现农村现代化成为各发达国家发展的重点。乡村人才作为农村现代化的重要组成部分，其建设问题自然而然成为当今焦点问题。不同发达国家根据本国现状、针对突出的农村问题，开展了具有本国特征的乡村人才建设行动。于是，国家间的竞争转变为乡村人才的竞争。在此过程中，一些国家通过加大教育投入、优化农村人才结构，从而提高农民整体素质。分析与研究国外乡村人才建设的优秀案例，学习其成功做法与经验，对推进我国人才建设具有重要借鉴意义。

（一）日本模式

日本的新农村建设起源于20世纪60年代。当时日本的经济飞速发展，大量的日本农民涌入城市，导致了农村空心化、老龄化问题日趋严重，部分土地出现弃种的现象，导致了城乡二元结构的分化。伴随着经济的不断发展，人民生活水平也得到提高，人们追求更高品质的农产品、更安全的粮食供给和更美的乡村风光，因此，新农村建设被提上日程。在这一过程中，加强农村人才队伍建设成为关键举措。日本政府充分发挥主导作用，颁布了多部事关农民教育的法律，开展了丰富多样的农民教育培训活动，大幅提升了农民的整体素质和技能，培养了大批农业农村科技人才（李思琦，2022）。

（二）韩国模式

20世纪60年代，韩国实施了优先发展重工业的出口型工业发展政策。工业化发展加快了城市化进程，同样形成了城乡二元化经济结构。为避免工业化发展带来的城乡两极分化，韩国于20世纪70年代开展了建设新农村运动。在每个村庄选举精通农业技术、具备出色领导能力和提高村民生活福祉的实干能力的无酬劳的领导者。该运动将乡村视为一个经营单位，用企业经营理念治理乡村，旨在实现农村现代化、缩小城乡贫富差距并提高农民收入（余侃华等，2023）。这种农村领导者经营农村的方式推动了韩国农民学习农业知识与技术的积极性。与此相伴的是韩国的新村研修院，其成立的宗旨在于培养优秀的新村领导者，因此，新村研修院注重实践与理论的结合，重视实地的农业生产活动。通过新村研修院，韩国培养了大批乡村管理人才。

（三）北美模式

美国建立了对农村人才进行管理的机构，以推动美国农村人才的管理和培训，同时通过立法手段制定颁布了保证农村人才质量的相关法律。美国社会以及大型企业也在这一方面进行了大量投资工作。政府的投入多用于农业科技的基础研究与农业技术的推广，而美国社会与企业的投资多用于农业科技的应用与研发。北美的另一个国家加拿大在农村人才培养上也有其独到之处。其开设的完备的农业技术职业培训机构，对参与培训班的学员因材施教，让农民在学历教育之外有了更多的选择。

（四）德国模式

德国在乡村人才建设方面具有丰富的经验。在农村人才建设方面，德国具有完善的法律体系以及成熟的职业教育培养机制。通过制定法律保障参与职业教育培养人员的合法权益，通过成熟的培养机制保证了人才的质量。德国的“双元制”培养模式蜚声海外，利用“双元制”这种特殊的培养模式，对农业人才进行职业等级划分，并实行严格的职业准入制度，进行规范的等级考核，以确保农村人才的专业性。同时，德国除了学校的学历教育之外，还有着丰富的针对农村人才的社会培养体系。

二、国外乡村人才建设的经验借鉴

（一）建立完善关于农村人才建设的法律法规

通过法律法规的建立和完善，保障农村人才在乡村建设过程中的合法权益（刘云刚等，2020）。在法律法规的制定上做到立法先行，明确权利与义务，使法律得到有效的实施。通过法律的制定，厘清权责使农村人才可以获得不同层次、不同方向的资源。同时，法律法规要强调底线，使农民与农村人才得到保障。要保障农民获得职业技术教育的权利，推动国家对农村人才培养工作的顺利进行；做到对农村人才培养工作合理有效干预，确保农村人才培养工作能够保质保量地进行。

（二）需要完善农民职业教育培训体系

这一体系应该具备层次化和专业化的特点，确保农民不仅能够取得学校学历教育资格，还能够获得社会职业教育培训的资格。为实现这一目标，应充分利用社会资源，在社会范围内广泛推动农民职业教育培训，拓展职业教育培训的途径，创新更多的培训方法。在不同地区，需要根据具体问题具体分析，因地制宜地展开农民职业教育培训。同时，要注重职业教育的理论与实践相结合，确保理论教育与实际操作相互贯通，避免理论脱离实践的情况。

（三）政府应加大对农业农村的投资力度

政府的投入是农业农村发展的基石。首先，为促进农业发展，政府需投入大量人力和物力，强化农业的基础研究，确保占领农业科技的制高点。其次，政府应大力推动农业农村科技的发展，以科技创新为导向，培养大量农业农村人才。最后，政府要积极推动农业技术和农业知识的广泛传播，促使社会资源广泛参与技术与知识的传播过程，培养全民对农业农村的关注与热情，创造尊重农民人才的良好社会风气。通过这些措施，政府能够为农业农村的可持续发展提供有力支持。

第二节　国外农业科技创新体系建设模式及经验借鉴

一、国外农业科技创新体系建设的典型案例

（一）美国农业科技创新体系

1. 美国农业科技创新体系构成

（1）农业科研体系。美国的农业科研体系由公共研究机构和私人研究机构组成，形成了多层次、多机构的庞大系统。其中，美国联邦农业局是较大的机关之一，隶属于美国农业部。主导的科研机构包括农业研究局（ARS），该局在全国范围内设有国家研究中心、地区性的国家研究分中心以及多个全国性农村综合实验站，分布在不同地区。此外，州立农学院在各州是农业科学实验站的基础。农学专业院设有行政管理机构——农业科学实验站，依据各地自然资源和地理特点，在不同地区设有多个全国性农业实验站。私营科研机构方面，与农村相关的企业拥有独立的科研单位和科学实验站，通过与美国农业部、州立大学签约，进行具有实际应用价值的技术开发研究。这一多层次的体系中，公共研究机构和私人研究机构相辅相成，共同推动了农业科技的发展。美国政府在全国各地设立了专业农业科研机构，涵盖了主要的农业和草原生态系统以及气候带，为研究者提供了在不同农场和牧场深入探索同一问题的机会。这种科研机构的多样性和协同作用促进了农村科学技术的蓬勃繁荣，为农业的可持续发展提供了坚实的支持。

（2）农业教育体系。美国的大学教育体系非常完善，特别是高等教育十分发达。高校主要分为三种类型，包括普通大学、州立大学和社区学院。虽然美国没有专门设立的农业大学，但绝大多数综合高校设有与农业相关的专业或学院，以满足不同学生的学习需求。监察委员会是决定学校办学方针和处理重大问题的最高权威部门，由州议会选举或由州长指派产生。校长、教务负责人以及专业负责人则是学校日常事务的核心领导，负责制定和执行学校的教学和管理计划。在各个专业领域，实验室及其主管人起着重要作用，是科研和教学任务的具体承担者。他们负责组织实验室的日常运作，推动科研项目的进展，并为学生提供实践机会。这种分工合作的机制使得美国的高校能够在各个层面充分发挥专业人才的作用，促进教学科研的有机结合。

（3）农业推广体系。美国的农业推广体系已经发展成一个庞大的系统，包括联邦、州和县级层面，由农业推广处、农业推广局和农业推广办公室以及志愿服务人员组成。这一体系覆盖全国各地，为农业发展提供了全面的支持。在美国，每个州都设有一个由大学管理的农业推广局，由州立大学或大学农学院的院长担任管理人。此外，农学院还设有专门的推广组织，推广委员在从事农业教育培训和科学研究的同时，还负责推广工作。专家学者是农业推广的核心力量，他们在各个州的大学和农学院发挥着关键作用。农业推广员的任务不仅仅是向农民传播最新的科技成果，更包括积极为农民提供有效的诊断服务，帮助他们发现并解决农场经营中的各种问题，并提供有效的营销策略。农业推广体系在普及农业科技知识、推广农业技术、促进农业经济发展等方面发挥着重要的促进作用。通过多层次、多方位的合作，美国的农业推广成功地将科研成果转化为实际生产力，为农业可持续发展奠定了坚实基础。

2. 美国农业科技创新体系管理机制

（1）运行管理方面，美国的农业科研体系呈现出多层次、多机构的复杂结构，其中主体由农业部农业研究局系统、各州农业实验站系统和私人研究机构三大系统构成。首先，农业部农业研究局系统负责国家一级的农业科研活动，主要职责包括进行广泛的基础研究和应用基础研究。其科研成果通过各州的农业实验站得以应用于实际生产，实现了科研成果的广泛转化和应用。其次，各州农业实验站系统由各州立大学领导，致力于进行本州的农业开发性研究。这一系统是教学、科研、推广“三结合”体系的重要组成部分，为农业科技的实际应用提供了坚实支持。同时，联邦政府和州政府在农业发展上各自承担不同的职责。最后，私人研究机构致力于进行实用价值较大的农业开发性技术研究，其资金支持主要来自私营企业，而研究成果则归私人机构所有。在整个农业科研体系中，公共农业研究机构的科研人员与私立农业科研机构人员比例约各占一半，共同推动着农业科技的发展。在农业推广方面，美国采用了多层次的体系，包括推广服务局、州立大学和农学院的农业推广中心、县推广站以及农业技术推广委员会。这一体系通过协调、推动和组织推广活动，将科技与生产有机结合，为农户提供免费的技术传播服务。整个农业科技体系的高度社会化服务是美国农业的显著特点，政府通过立法提供财政支持，为农工商的一体化提供宽松、良好的经营环境，促进了农业科技的广泛应用和可持续发展。

（2）人员管理机制方面，在美国，农业科研岗位的管理体系采取了灵活的聘用制度，其聘用机制具有严格的约束和激励机制。一般来说，岗位会事先设定，并根据需求聘用能够胜任该岗位的研究人员。这一体系中，专业技术人才和大学教授具有相对较高的流动性，通常在特定课题结束后，如果没有新的课题，他们可能会自动离开，形成一定的聘期。专业技术人才的收入是由专业技术评估团进行评估决定的，评估过程中考虑到其研究水平的高低，这直接影响着其未来的发展前景。为了吸引和留住国际上的杰出专业人才，美国提供了多种激励性的福利。其中包括拥有世界一流的研究基础设施，为科学家提供最佳的研究条件；提供充足的资金支持，确保科学实验和项目的开展；提供相对较高、公平公正的工资水平，确保研究人员在科研工作中得到合理的报酬；以及提供更多的晋升机会，鼓励研究人员在科学领域取得更大的成就。这些激励措施不仅旨在吸引高水平的专业人才，同时通过提供良好的工作条件和发展机会，增强其对科研事业的投入和长期留任的动力。这种具有弹性的聘用机制以及多方面的激励政策，有助于保持科研团队的创新性和竞争力，推动农业科研不断取得新的成就。

（3）项目管理机制方面，美国对农业科研项目实行严格的管理制度。一般情况下，科技人员需要主动提出项目申请，其中包含具体的项目计划、研究目的以及项目经费的详细记录。获得批准的项目资金并非直接拨款给提出申请的科技人员，而是通过有关部门拨给中间人，由大学或农业研究局（ARS）组织内外专业人才形成委员会，对科研人员提出的项目计划进行评估，只有通过评估后，才可向美国农业部经费管理办公室报告并实施。每个课题组每年至少要发表一篇科研论文，主要课题人员必须具有博士学位，而且每个课题都必须有一个主要负责人。此外，财务专家和大学、研究中心负责人有权随时使用专用软件监督和检查项目经费的使用情况。项目组所使用的财务软件需符合专门的、详细的规定，而对于重大项目，在完成时还需要经过一次正式评估。在农业部的科研、教育和经济办公室设有国家项目组，每年对项目组进行一次严格的审查，以确保项目的质量，并制定更加完善的工作计划。取得良好成果的项目将继续获得资金支持，而未能取得良好成果的项目则可能会被暂停研究。这一制度旨在保障科研项目的质量和效益，确保经费的合理使用，推动农业科研事业的不断进步。

3. 美国农业科技创新体系特点

（1）美国采取了一种新的科研机构架构。这种架构是将教育、科研和推广有机结合，并根据不同地区的特色，划分出不同的职能和管理层次。这一架构由州立大学农学院牵头，并通过法律和法规的形式有效执行。农业科研机构按自然区域设置，既考虑了农业科研的区域性特点，又避免了科学研究的重复。在管理上，尽管美国并没有设立全国农业科研统一协调管理机构，但在管理上实行分层次管理，农业科研体系中的各组成机构之间是分工协作的关系，由于各层次农业科研机构分工比较明确，因此整体创新的效率较高。

（2）由政府公共研究机构与私营企业共同分担农业科技投入。美国的农业一直被视为国家和私营部门的第一个战略投资项目、国家和私营部门投资的第一种类型，国家在这方面的投资也在不断提高。美国政府为了确保国内农业的发展，联邦政府通过制定政策，将部分资金用于支持农业研究。美国的农业研究投入的资本是按照政策和条令由美国联邦政府拨款，该投入有四种模式：一是对农业部研究机构农业研究局等的直接投入，占农业部投入的51%；二是对各州的拨款投入按法律方案，占农业部投入的30%，各州农村和农业人口占全国的农村和农业人口的比例是获得这项经费的依据之一，主要用于各州农业包括畜牧业和林业研究、学院的研究和推广以及合作推广体系的重点项目；三是竞争项目拨款，主要为国家研究计划和小型独立项目，占农业部投入的12%；四是特别项目拨款，占农业部投入的7%。美国政府农业研究的费用来源有二个渠道：美国联邦政府部门计划资助、州政府部门计划资助和私营公司自筹。美国政府农业部体系科研费用一般根据法案或规定由美国联邦政府部门资助，这当中绝大部分拨给农业部农业研究局，用来资助进行技术基础研究和应用调查。然后是联邦国家科学基金及其他政府单位向农业部农业研究局提供部分资助，以资助尖端科技的研发。另外，还从私营公司及营销商品、科技咨询服务等获得少部分的资金。州农村试验站经费来自四个方面：首先是美国农业部的拨款，其次是各州政府的预算拨款，再次是与私营企业签订的合同经费、赠款及其他来源，最后是其他美国联邦机构提供的研发资助。在农村科学研究人员经费的使用领域，全国社会公共系统研究经费的投资以技术基础研究和应用性研究为核心，其中技术基础研究的费用占金额的4%，应用领域研发支出占56%，农产品开发相关研究占3%左右，私营公司中农业研究部门的人员经费使用以应用研究和技术开发研究为核心，技术基础研究投资额只占10%左右，应用研究约占50%，而新产品开发经费高达40%以上。目前，美国的农业科学研究投入的私人资金占比远大于公共资金，重点在直接应用于生产及具有市场潜力和高额利润的开发研究上。

（3）该体系还具备独特的农业科技创新机制。第一，完善的法律体系为农业科技创新提供了持续进行的法律保障。知识产权法、专利法及相关执法机构的设立形成了一个相对健全的法律框架，有助于充分保护发明者的权益。这一体系激励着技术的不断发明和创新，使得在政府政策引导下，一些企业和个人愿意投资于农业科研。第二，灵活的机制保证了农业科技成果的快速、顺利转化。美国农业科技创新体系的优势在于知识的广泛传播和强大的应用能力。农业教育制度的灵活性突出，不仅提供与农业科学相关的专业课程，还根据地方环境、农业趋势和未来经济结构提供多样化的课程。农业教育形式多样，包括中、高等教育及非正规培训、短期和长期培训，以及面向全社会的推广教育。这种灵活的教育模式不仅丰富了美国农民的知识储备，还为他们提供了更多的发展机遇。这样的农业教育模式推动了美国农业机械化、科学化和生产组织社会化的进程，同时提高了美国的劳动生产率和科技成果转化率。同时，政府高度重视保障农业科技创新的顺利运行。政府通过积极展开农业技术研究、引进新品种、改造老品种等措施促进农业的发展。第三，制定对高新技术企业和中小企业的鼓励政策，以此加速农业科技创新。这种高度的政府重视为农业科技创新提供了有力支持，推动了相关领域的不断进步。

（二）法国农业科技创新体系

1. 法国农业科技创新体系构成

（1）农业科研体系。法国的农业科研体系主要由法国国立农业研究院（INRA）组成。该院机构设置涵盖行政监督和研究工作两个主要部分。在行政监督方面，下设有董事会、道德及预防委员、科学咨询委员以及各国关系办事处和文化经理等机构，负责管理工作职责。在研究工作方面，该院按照专业领域设置研究部，形成横纵交叉的研究机构体系。这些研究部由院主管管理，下辖各个研发机关。按照自然环境及行政大区，法国的农业科研体系还在地方层面设定了研发中枢，并在不同地区设有实验站。每个地域研发管理中心的负责人不仅兼任本研究中心地方技术事务委员会和管理工作会议名誉主席职责，还同时兼任地方代表的职责。此外，各地域研发管理中心不仅包含了研发部门下设的研发单位和研究室、测试站，还设有各个公共服务单元支撑机构。这种结构使得法国的农业科研体系既能在专业领域开展深入研究，又能根据地方特色进行有针对性的农业科研工作。

（2）农业教育体系。法国的农业教育和职业培训系统主要包括三个部分。首先是高等学校。目前，法国拥有 925 所农业院校，学生总数超过 17 万人。

其中，236 所为公立学校，学生数量达到了 7 万人；而 689 所为私立学校，学生数量也超过了 10 万人。其次是农业技术教育，既包括公立学校也包括私立学府，属于国家教育系统。这一部分的特点是整个学校的运转与职业相结合。此外，法国还推行学徒培训课程，每年有超过 2 万人参与。最后是在职培训，这是支持乡村社会和经济发展的一个重要手段。每年总共有 2 500 万小时的进修时间，成年人、退伍军人以及初入职场的年轻人都可以获得超过 2 500 万小时的学习机会。在全国青年农民中心的领导下，共有 90 个省青年农民中心和 2 800 个乡中心，总成员数达到 10 万人。该组织的财政来源主要依靠国家的职业培训补贴。法国的农业教育和职业培训系统以多元的形式满足学生和从业者的需求，通过高等学府、技术教育和在职培训的有机组合，为农业领域输送了丰富的人才。

（3）农业推广体系。法国的农业推广工作主要以行会和法国国立农业研究院（INRA）的推广机构为主。首先，行会是法国农业推广的一种形式，全国有 1.2 万多名从业人员，其中 80%以上为技术人员。全国农业发展协会由农会、专业协会、农业部、财政部代表组成，负责分配来自农产品附加税的农业发展基金。农会作为半官方组织，于 1924 年由农民按照法律成立，其主要职责是为农业经济和技术推广服务。全国农会系统聘有 3 200 名技术顾问，致力于农业发展工作，而农业技术协调协会则拥有 1 500 名技术人员，在各地设有试验站，将技术成果及时传递给农会的技术顾问或直接向农民推广。其次，法国国立农业研究院设有推广机构，主要负责推广和开发新品种。该机构培育的植物品种会向种子公司和其他植物经销商出售，并进行专利保护。这一机构的存在有助于将科研成果迅速应用到实际生产中，推动农业的创新和提高。

2. 法国农业科技创新体系管理机制

（1）运行管理方面，在 2000 年 4 月，法国政府进行了一次改组，将原本统一的国民教育与研究技术部分开，成立了研究技术部，负责全国范围内的科学研究、技术开发、推广及宣传。此举旨在更好地管理和协调国家的科研与技术事务。同时，该部与农业、食品、渔业和农村事务部合作设立了一个理事会，共同管理法国国立农业研究院。自 1948 年以来，法国的农业部一直是该国最重要的部门之一，不仅负责任命中、高级农业学校的校长，还提供拨款支持教育，并推动各类专业课程的开办。通过强化农业教育，法国能够更好地促进农业的发展，为农业提供更多专业人才的培养和支持。

（2）投入机制方面，法国国立农业研究院的主要资金来源包括国家研究技术部、农林部以及自筹资金。其中，工资占 80%，业务费占 17%，基建费占 3%。近年来，该研究院通过全面实施财务改革，显著提高了研究资金的利用效率。自1986年起，该院开始定期拨付资金到各个基层机构，并严格遵守了资金使用上的限制。法国国立农业研究院采用的资金分配结构，可以确保不同用途的经费得到合理分配。在资金的使用上，法国的公立学校为学生提供全额的教育，而私立学校则可能享有一定程度的优惠。此外，为了支持农村劳动力的发展，政府和农业发展协会还对他们的劳动力进行相应的税务管理。这些措施有助于促进农业科研与技术的不断进步，同时也为农村地区的人才培养和社会经济的可持续发展提供支持。

3. 法国农业科技创新体系特点

(1) 政府和私营企业科研机构是农业科技创新的绝对主体。法国的农业科研体系相对完善，政府研究机构和企业研究机构在农业科技创新中扮演着绝对主导的角色，而大学则在整个法国国家创新体系中相对从属，其影响力相对较小。与企业农业科研机构相比，政府研究机构在法国的农业科技创新中发挥着更为重要的作用。法国的研发活动主要集中在法国国立农业研究院等几个大型的政府研究机构中。在1995年以前，法国政府一直是法国研究开发支出的主要资助者。1998年，法国企业在法国研究开发支出总额中的比重仅为50%左右。

(2) 实施开放性农业科学研究，加强科研与生产的有机融合。自20世纪90年代以来，法国进行了一系列的调整和改革，重点强调开放式科学研究，加强科研与实践的结合，以提高科研效率。这些调整和改革主要体现在以下几个方面：首先，法国大力提倡和增强科研合作精神，发挥内外结合、协作研究的活力，积极开展开放型科学研究。通过加强与国际科研机构和其他国家的科研合作，法国致力于拓展研究领域、分享科研资源，促进科技创新。其次，法国致力于营造科研人员创造性研究的自由空间和环境，充分调动科研人员的积极性。通过为科研人员提供更灵活的研究环境和更大的自主权，法国鼓励他们在科研领域追求更具创新性的工作，推动科学技术的发展。再次，法国高度重视科研中心与企业的科研合作，加快科研成果的推广和应用。成立国家科研成果推广署以及科学革新与技术转让协会，旨在促进科研成果更好地服务于社会，推动科技成果向市场转化。最后，法国积极组织和引导不同学科领域的专家合作，开展跨学科研究。倡导和参与国际范围内的合作研究，与外国签署双边学术交流协议，同时大量聘请外籍研究员和招收外国博士研修生，促进国际的学术交流与合作。这一系列措施旨在为法国科研提供更广泛的国际视野和更丰富的学术资源。

(3) 强化对企业研究开发活动的政府激励机制。近年来，法国政府通过颁布一系列法规，如“振兴中小企业计划”以及有关保护企业权益和促进出口的法律措施，鼓励和支持企业积极参与科技创新，以推动农业领域的技术进步。这一政策框架下涵盖了多方面的支持措施，为农业科技创新提供了有力的政策保障。在法国，政府通过资金支持的方式直接投入企业的研究经费补贴，同时采取发放贷款、建立科研税收信贷、设立技术创新成果奖、建立技术创新风险补偿基金等手段，为企业提供了多层次、多渠道的资金支持。法国政府还明确规定，每年用于技术创新的支持经费中必须有一部分专门用于支持中小企业的技术创新活动，以确保中小企业在科技创新中能够获得充分的政府支持。此外，为了推动科技人才与企业的深度合作，法国政府积极采取措施鼓励科研人员和大学教师流动到企业任职。这些激励措施包括加薪50%、在原单位继续领薪、半年内可以重新返回原单位等灵活的政策，使科技人才能够更加自由地在科研和企业之间流动，促进科技人才结构的优化。这些政策和激励机制的制定旨在激发企业的创新活力，推动科技成果的转化和应用，以期促进法国农业领域的可持续发展。

（4）积极发展科技创新推广网络。由于法国的研究开发活动主要集中在政府科研机构，而企业的研究开发活动较大程度上集中在少数大企业集团中，大学处于从属地位。为了迅速推动新技术的应用和推广，促进科研成果的商业化，法国建立了全国范围的新技术传播推广网络。这一推广网络包括多个组成部分，工业技术中心、科研合同公司及类似公司、地区技术创新与转让中心、技术传播网、科技园区等机构在其中发挥着关键作用。这些机构的设立旨在提供科技创新成果的有效传播与推广平台，将科研成果快速转化为实际应用，促进技术的商业化进程。通过建立科技创新推广网络，法国不仅能够加速新技术在不同领域的应用，还能够搭建起政府、企业、研究机构等多方合作的桥梁，形成紧密的合作关系，推动科技创新更好地为农业领域的可持续发展提供支持。这一特点使得法国在科技成果的传播和商业化方面具有更强的整体推动力。

二、国外农业科技创新体系建设的经验借鉴

在构建农业科技创新体系的过程中，美国和法国展现了一些相似之处，都在充分发挥各自的优势，加大对先进科学技术的研究、推广和应用力度，为农业的发展提供了科技支撑。尽管两国有着不同的政治制度、具体国情和农业科研体系，直接复制其模式并不可行，但可以借鉴其经验，“假他国之长以补本国之短”。总体而言，借鉴国外的先进经验，结合我国的国情，可以更好地推动我国农业科技创新体系的建设，为农业可持续发展提供更强有力的支持。

（一）构建科学的农业科技研发、推广体系

在新的时代背景下，通过科技进步才能有效改善农业结构、促进农村发展并提高农民收入。借鉴国外成功经验，我们应该根据当地的生态环境和农业生产特点，建立完善的公共农业科研体系，并采取科学的布局和合理的分工。首先，为提高农业科技创新效率，需要在政府指导下成立农业科技创新中心。该中心负责整合各种资源，确保农业科技创新高质量发展，并监督实施过程，以确保科技创新的顺利进行；其次，为更好地利用我国农业科研资源，应择优录用农业科研中心，以满足中央农业科学研究中心的研究需求，实现中央农业科学研究中心与地方农业科研中心的融合；最后，为推动农业发展，建立一个区域性的试验站。该试验站将由具有丰富经验的研究人员组成，根据不同的地区和作物类型，选择实力较强的研究所进行实验、示范、转化和应用研究。这有助于更好地将科技成果转化为实际生产力，推动农业现代化和可持续发展。

美国的农业科研推广体系经过了一个较长的发展历程，成功地将科学、教育和实践紧密联系起来。通过建立完善的实践机制，不仅能够使专家和教师更好地将最前沿的科学理论与实践相结合，还能将先进的技术与信息传递给农户，及时反映实践中遇到的问题，从而更深入地进行探索与分析。美国在教育、科技和生产之间建立了一个完善、高效的科技宣传渠道，使科技创新能够持续驱动整个国家的农业经济。韩国则以更加有效的方式实现了这一目标，将农业科研、农机宣传等活动有机地结合起来，为科学创新提供了良好的环境。

（二）建立完善的农业科技规划、监督机制

首先，为了更好地管理农业科技，应改革现有的宏观管理体制。这样就可以建立起一个全国性的、协调性的管理和协作网络，同时强调政府在农业科学研究管理和协调方面的重要性，充分发挥其作用。而且应该从国外的经验中吸取教训，加强多头管理，避免资源的浪费和低效的重复。其次，重点改革农业科技创新的运行机制，借鉴美国的经验，加强对农民的管理。在科学技术领域，采取“开放、流动、竞争、协作”的创新模式，大力发展雇佣合同制，以便更好地满足企业和个体的发展需求。通过公平、透明的方式，对所有参与者进行考核，以确保每位参与者都能处在最佳的发展环境。为了更好地激发科学家们的创造力，应重塑“大锅饭”“论资排辈”“熬年头”的传统模式，将岗位能力、科研成果以及其他因素有效地融入一个完整的体系之中，以此来鼓励他们不断前行，提高自身的创造力。此外，为了更好地满足当今时代的需求，应遵循公开、公正、公平的准则，采取课题和项目的招投标制度，以便更有效地运用市场化的竞争机制来调动科学家们的智慧。根据美国和韩国的成功案例，我国采取了一种新型的方法：让科学家们根据他们参与的研究领域，独立完成

任务，并且每一步都要求他们精心策划、完善，以确保最终能够取得预期效果。一旦获得批准，就会把资金分配到每一位参与者身上，并且每一次都要求他们按照规定完成任务，最终，向农业农村部经费管理办公室汇报，以便农业农村部能够按照要求来审核并最终执行参与的任务。在项目实施过程中，密切关注它的发展和资金的投入，并由专家小组来评估。再次，为了促进农业发展，政府应该积极推动各部门、企业和科研机构之间的协同合作，建立起项目协作、联络办公室等有效沟通渠道，以实现中央和地方、高校、企业、农业推广机构之间的有效配合。最后，通过制定法律来规范农业科研机构的运作，以提升其工作效率和服务质量。

（三）持续强化农业科技投入支撑

海外引进的先进经验为中国提供了宝贵的借鉴。因此，中国应加强在农业领域的投入，建立重点实验室和重要学科，并将其与各类科技项目及人才培训相结合，以推进农业科研的创新，增强其在社会中的影响力。为了支撑社会发展，应加强对农业科学技术的支持，以促进其发挥作用。为此，应建立一个坚实的、长期有效的支撑体系，以更好地实施公共服务项目。此外，可以采取一系列措施，如建立农业广播学校和电视大学、举办技能演示会、举办专业培训班、设立职业学校、建立信息化的学习环境、实施远程教育、函授及夜校等。为了促进农业发展，必须迅速培养一批拥有优秀教师、专门从事农业技术推广的专家、富有创新精神的农民以及一批具备先进水平的农业科研团队，以增强这支队伍的实力。

目前，在全球范围内，农业科学研究的投入在农业生产总额中所占的比例通常在3%到5%，但在中国，这一数字只有0.3%。这表明，中国的农业科学研究不仅不及全球平均水准，还远远落后于其他行业。为更好地促进我国的农业科学研究，应当积极拓展投入渠道，以更多的财政支持为基础，结合当前的经济形势，引领各类企业及其他相关行业，满足市场及社会的需求，共同推动农业科学的发展。为促进农业发展，应拓宽视野，充分发挥科研成果的潜力，将其有效地转换为经济收入，并采取股权投入、融资等多种渠道，建立起具有竞争力的科技型企业，实现经济发展的可持续增长。此外，应加强对外的招商引资，努力实现跨境科学交流。通过加大对农业的财力支持，构建一个由政府全面参与、多种途径共同发挥作用的完整的农学科学研究体系，进一步促进和推动中国农学的发展。

（四）充分发挥企业和农户的主体效用

随着时代的进步，科技进步已经成为政府实现其使命和愿景的重要工具，其中最重要的一环就是加大对农村知识产权的维护力度。全社会、多元化的农业投入体系是美国农业科研投入的重要特征之一，其中企业的投入已达到50%以上。通过加大对农业科学研究和应用的投资可以极大地提升农业科学研究成果的普及度，从而使更多的消费者受益。目前，中国的农业企业尚未发挥足够的技术创新潜力，对于高新技术领域的探索仍然缺乏积极性，因此应制定针对性的激励政策引导企业发挥最大的潜在价值，促进高新技术科学成果产出和应用。

此外，应注重提高农户的综合素质，提升其创新意识和技术接受能力，以便更好满足现代农业发展需要。在农业劳动力素质教育中要充分关注乡村女性群体，随着农村劳动力转移情况日益增多，且转移出去的多为男性，现阶段在很多区域女性逐渐成为农村主要劳动力，角色上扮演着农业科研成果推广的接受者和决策者。

第十章
人才与科技助力乡村振兴战略的实践路径

第一节 人才与科技助力乡村产业振兴的实践路径

一、发挥农民对乡村产业振兴的作用

《中共中央 国务院关于实施乡村振兴战略的意见》明确提出，要充分发挥农民的主动性、积极性和创造性，以促进农村经济发展。在乡村产业振兴的进程中，农民不仅是最主要的受益群体，同时也构成了推动这一过程的关键力量。要实现乡村产业的振兴，关键在于在政府的宏观指导下，深化农民对乡村产业振兴的理解，并激发他们的自主参与意识，从而为乡村产业的振兴注入更多的动力（边琳丽等，2019）。唯有通过充分发挥农民的作用，乡村振兴的可持续发展目标才得以实现。

（一）提高农民的文化水平

要实现乡村产业振兴，仅仅依赖外部力量远远不够，必须从内部出发持续提升农村居民的教育水平（钟楚原等，2023）。只有提高了农村居民的文化素质，方能激发他们对产业发展的新认识，鼓励他们积极参与乡村产业的建设，正如俗语所说“授人以鱼，不如授人以渔”。因此，在支持农户发展其产业的同时，也应保障每个农村孩子能够接受基础教育，从根本上解决农村教育问题。在乡村地区，建设全程的本地化教育体系是关键，这意味着需要在每个乡镇建立小学，改善学校的软硬件设施并提升教师的教学水平，在提高乡村教师的专业素质的同时鼓励他们参加进修活动，并引入城市的师资力量和先进的文化，以确保农村地区的教育水平不逊于其他地方。还要建立健全学生评价和教育体系，为他们提供外出学习的机会，鼓励他们用知识改变自己的命运，并激发学习自主性，进而不断提高自己的综合素质。此外，还需要改变农村家长的

传统保守观念，让他们支持孩子接受更好的教育，以避免家庭等原因导致的学生辍学。最后，提高农户的科技和文化素质也是至关重要的。可以通过为农户提供有针对性的培训和教育，聘用专业教师指导农户运用专业知识和技术助力乡村产业的发展，使农户能够与时俱进，适应现代产业发展的需要。

（二）提升农民对互联网的使用

随着网络购物在国内的普及，“互联网＋”已经成为一个主流的产业发展模式。在这个快速发展的互联网时代，农户应当积极适应时代变迁，基于现有的发展方式，通过在线平台拓展其商业运营。目前，电子商务平台如淘宝、京东不再是唯一的网络销售途径。新兴的农村经济发展模式，如直播销售，为农民提供了利用直播和短视频等新媒体推广本地农产品的机会，这有助于提升农产品在国内市场的知名度。特别是在特殊时期，这种模式能有效扩大农产品的销量，为农民带来更多收益。此外，农民通过互联网接受农产品订单还可以大幅减轻当地农产品的销售压力，他们可以利用网络下订单的方式，建立“订单优先，生产后补”的模式。订购者根据自己的需求预订所需的农产品，农村农户则根据订单生产相应的产品。这种模式不仅能减少由于市场波动导致的农产品滞销的问题，而且能提高农产品的质量以满足更多市场和消费者的需求。总之，订单驱动的生产方式可以同时实现农民收入的增加、农产品库存和资源浪费的减少。

（三）提升农民对特色文化的重视

农民作为对家乡最为熟悉的群体之一，拥有丰富的文化传承、风土人情、民族特色和地域特征，这些文化资源在乡村产业振兴过程中具有巨大的价值。随着人民生活水平的不断提高，市场需求呈现出多样化的特征，消费者不再只关注价格，而是更加注重商品的品质、创新性以及独特性。因此，在乡村产业振兴的过程中，必须重视农民对于特色文化的认识，创建具有地域特色的品牌，鼓励农民将当地的特色与产业发展相融合，无论是历史遗址、民族习俗、地理环境、气候特点还是农产品，都可以成为发展特色产业的关键元素。要创造具有文化特色的产品，就需对其进行深度开发、深加工和再利用，并结合现代化设计理念创造出既吸引现代人又满足审美需求的品牌。通过与当地特色优势相结合，将其发展成可实现规模生产的特色品牌，保障从生产、包装、深加工、宣传到销售等各个环节都能充分发挥地方特色。同时，品牌效应的重视也是不可或缺的。只有建立统一的生产标准和质量控制体系、打造具有辨识度的包装设计和商品商标，这样的品牌才能深入人心。综上所述，只有将地方文化与产业振兴相融合、传统文化元素与现代化特征相结合、注重地域特色的传承与创新，方能创造出鲜明的文化优势品牌，满足当代消费者需求的同时推动乡村产业振兴，进而提高农民的收益。

二、改善产业振兴的科技支撑条件

在所有领域的发展中，高新科技的支持扮演着不可或缺的角色，农村产业的发展亦是如此。在推动农村产业发展的过程中，科技的引导和人才的融入显得尤为关键。这一过程不仅能够促进技术的革新和产业的升级，还将为农村地区带来更多发展机遇和经济增长。为了实现农村产业的健康和可持续发展，不断引进前沿科技并为农村从业者提供必要的培训至关重要。

（一）加大对科学技术的投入

毛泽东在农业现代化的论述中强调了农业机械化和科技化在促进乡村产业发展中的重要作用。为了实现农村产业的复兴，我们必须紧跟时代潮流，将科学技术融入工业发展的各个领域。这与邓小平所提出的“科技是第一生产力”观点相呼应。只有将科技与工业紧密结合，农村工业的发展才能得到加速。农业作为农村工业的基础，其科技应用在农业生产中占有重要位置。科技手段的运用不仅可以培养出高产量和高品质的农作物品种，从而提高农作物的产量和品质，还能减少农业生产对环境的污染，减轻病虫害对农作物的影响。同时，在种植、收获等劳动密集型工作中引入高科技和机械化设备可以减轻人力负担。此外，人工智能作为解放劳动力的有效工具，可用于实时监测农作物的生长情况和进行精细化管理，如浇水、施肥和除虫等。科学技术的引入不仅可以降低劳动力成本，还可以提高产量和效益。在农村的其他行业领域，同样需要加大科技投入。如在推动旅游业发展方面，通过现代科技手段可以确定适合发展旅游业的农村地区，并引入高科技设施吸引更多游客。在旅游景点中，还可以增设高科技的休闲娱乐项目以吸引更多游客；在商品深度加工领域可以将科技应用于生产线上，通过引入先进技术对原有商品进行深度加工，扩展产品线从而创造出更多新型商品，提高商品附加值以增强商品的竞争力，吸引更多顾客。

（二）加大农业科技创新及研发力度

在积极引入农村产业的科技和人才资源的同时，加强农村工业领域科学技术的研发工作是推动农村工业创新发展的关键。为了实现科技研发的目标，必须充分考虑农村工业的特性和实际情况，应根据农村工业的具体情况组织专家和学者前往农村进行现场调研，通过深入了解当地的生产条件、资源利用情况以及市场需求，定制适合当地的技术创新方案。同时，提升农业生产企业的研发能力至关重要，因为这些企业紧密贴近市场和农村现实，有助于更好地满足市场需求。因此，加强农业研究机构与企业之间的合作，以实现技术研发成果的及时转化和推广至关重要。同时，强化农村工业领域的科技创新平台建设，提升科研人员和机构的创新能力也是必不可少的。在构建这些创新平台时，可以借鉴其他地区的农业科技创新经验，吸纳先进的管理和技术方法。此外，鼓励不同研究机构建立联合试验平台，促进合作和信息共享，将这些联合试验平台作为农业科技创新的载体，以此加速农村产业的科技进步。

三、加快构建现代化乡村产业体系

构建一个现代化的乡村产业体系是实现乡村产业振兴的关键环节。正如习近平总书记在多个场合强调的，构建现代化的农业产业体系被视为推动农村工业发展的根本之策。唯有通过对农村传统工业的创新、推进和发展，乡村产业振兴才能更加快速、高效地实现。

（一）促进城乡产业融合发展

在党的十六届三中全会中，胡锦涛曾明确提出了城乡统筹的理念，其中“城乡一体化”被视为推动农村工业发展的重要途径。实现乡村产业振兴的关键在于城镇和农村工业的全方位整合，以推动农村工业的增长。城乡工业一体化的发展不仅是简单地将城镇的工业模式复制到农村，而是通过充分整合城乡资源，利用城市工业所需的资金、人才、技术等要素，推动农村工业的融合与升级，从而提高农村工业的经济效益和生产力。城乡产业一体化的发展可以通过以下几个方面来实现：首先，整合城乡农业产业，根据城市需求和消费趋势，合理安排农业生产，包括农产品种植和养殖。其次，加强深加工业的发展，将城市需求与农村生产相结合，以提高农产品的附加值。再次，在农村的第三产业领域，要强化城乡商贸交流，拓展农村旅游、服务业、教育等领域的商贸合作，将城市的知识和文化资源充分运用到农村，促进城乡资源的有机互补。最后，在推动城市和农村工业融合的过程中，必须强调自然资源和生态环境的保护，以避免发展过程中的资源环境损害。通过科学规划和资源管理，可以实现城乡工业的优势互补，促进产业的持续健康发展。

（二）提高乡村产业的精深加工水平

农村农产品的发展，涉及产量、品种多样性和品质等关键因素，要实现乡村农产品的高效推广，农产品加工业的发展至关重要。因此，促进农村农产品加工业的发展具有重要战略意义。为此，必须着力提高农村产业的精深加工水平。目前，我国农村产业存在规模偏小、产量不稳定、产品质量参差不齐等问题。通过将小规模同类产品的小工业集中起来，实行农业合作社模式，可以实现规模化生产。这包括将几个家庭的土地集中在一起，进行大规模的播种、施肥和收割等活动，实行统一生产，形成农产品的生产流水线。有优势的行业应扩大生产规模、增加投资、提高发展潜力，并进行创新以规避因落后生产而导致的风险。为了提高农产品的精深加工程度，增加产业链的延伸，可以通过增加对加工行业的创新发展来实现，特别是对高产出的初级农产品进行积极开发和应用，以及对以初级农产品为基础原料的新产品进行研发，以提高农产品原料的增值，发掘原料的各种价值，实现多样化的原料利用。此外，加强对农业加工企业的资本投资，完善贷款、税收等方面的优惠政策，以减轻企业的负担，推动农产品附加值的开发和研究。加强对产品的品质控制，制定农产品品质检查的标准化制度，并在局部区域内实现与行业标准的深度融合。在产品进入市场之前，要做好产品上市前的准备工作，确保产品的品质符合标准要求。总之，通过以上措施，可以促进农产品加工业的发展，提高农产品的品质和附加值，从而实现乡村农产品的高效推广。

第二节　人才与科技助力乡村文化振兴的实践路径

一、发展具有乡村特色的文化产业

农村文化产业，涉及在乡村地区创造和提供的文化产品及服务，其文化价值具有无形而显著的影响力。这一力量在推动乡村文化产业的发展中具有深远意义，因为它能够满足广大村民日益增长的精神需求，促使乡村文化变得更加繁荣，进一步放大乡村文化的影响力，同时也加强了其内在的推动力（赵秀玲，2023）。地域特色鲜明的农村文化企业也可以通过其形象的塑造，为自身的传承和发展创造有利条件。同时，巩固农村文化产业的发展基础、总结促进其发展的合理途径、推动农村文化产业的合作化和规模化发展等都是农村文化产业持续繁荣发展的重要推动力量。

（一）夯实乡村文化产业的发展基础

乡村地区的发展普遍面临着如自然环境、地理条件以及基础设施等方面的制约，这些因素使得乡村文化产业在农村地区难以存活和健康发展。在乡村振兴的大背景下，如何巩固乡村文化产业的发展基础并促使其持续繁荣，成为一个不可忽视的关键问题。乡村文化产业的发展基础的坚实与否，直接关系到其未来的发展前景。因此，在乡村振兴的过程中，为了推动乡村文化朝着产业化方向迈进，必须夯实乡村文化产业的发展基础，这是一项必要的基础性工作。首先，深入挖掘当地的乡土文化是推动文化产业发展的关键。农村地区蕴藏着丰富的文化资源，包括传统的民俗、手工艺、乡土故事和地方历史，这些文化资产如果得到妥善保存和创新性的展示，能够成为吸引游客和促进文化交流的独特资源。因此，首要任务是深入了解农村的发展历史和特色文化背景，通过组织文化节庆活动、建立乡村博物馆或开发文化旅游项目，为乡村文化产业的发展提供坚实基础。其次，合理规划是推动乡村文化产业健康发展的必要条件。对优质的乡村文化资源进行科学规划和开发，确保文化产业的发展方向既保持本土特色，又能适应市场需求。在规划过程中，应考虑到当地的经济状况、资源特点和社会需求，制定出既可行又具有创新性的发展策略。例如，将传统的农业活动与文化体验结合起来，创造独特的乡村旅游产品，或是通过开展文化交流活动，提升当地的品牌影响力和市场竞争力。再次，要重点支持具有代表性的农村文化产业项目。短期内集中资源和努力支持一些具有潜力和代表性的项目，可以带动整个地区的文化产业发展。这些项目应该具有明显的地方特色，能够吸引外部投资，促进当地经济的多元化。这些项目还可以作为成功模式，为其他乡村文化产业的发展提供经验和启示。另外，引入先进技术和管理理念对乡村文化产业的现代化至关重要。使用新技术如数字媒体、网络平台和电子商务等，可以有效地推广乡村文化，拓宽销售渠道，提高文化产品的市场接受度。同时，创新的管理理念如可持续发展、社区参与和利益共享等，可以确保乡村文化产业的长期健康发展。最后，有效挖掘和利用乡村文化资源，结合科学规划和现代技术，是确保乡村文化产业可持续发展的关键。这不仅有助于保护和传承乡土文化，而且为乡村经济提供了新的增长点，为乡村振兴战略的实施提供了有力支持。通过这些综合措施，乡村文化产业能够在保持本土特色的同时，实现创新发展，为乡村社区带来经济利益和文化繁荣。

（二）探索推动乡村文化产业进一步发展的适宜路径

为促进乡村文化产业的蓬勃发展，并充分挖掘和利用农村地区的文化资源，必须探索出一条适合农村发展的可行途径。在当前乡村振兴的背景下，文化产业的发展已成为推动农村经济增长和改善民生的重要途径。在党和政府的引导和支持下，农村地区在脱贫攻坚阶段已经基于本地的文化资源，成功发展了一系列文化产业。这些产业不仅提升了农村经济实力，还改善了居民的生活条件。现在，在乡村振兴的新阶段，深入探讨乡村文化产业化发展的新路径和策略，将为乡村文化振兴贡献重要力量。首先，需要培育具有本地特色的文化品牌。这需要相关部门综合整合各类资源，基于乡村文化产业的发展阶段提供相应的政策支持。通过前期扶持和后期奖励等方式，将当地的资源有序引入文化发展中。在此过程中，考虑当地的实际情况，开发具有地方特色的文化产品和服务，培育本地文化品牌。品牌建设应避免盲目模仿，而是以农村的丰富文化资源为核心，创造出独特而吸引人的文化产品。其次，应充分利用科技浪潮提升农村文化产业的科技含量。为促进农村文化工业的持续发展，必须不断提高其科技含量。在这方面，可以开发反映乡村文化特点和村民新生活的影视和音乐作品等内容。这将有助于乡村文化产品数字化，丰富文化产品结构。同时，科技力量可以用于推动农村文化产业的发展。结合现代科技，以科技为基础，将农村文化产业与先进科学技术结合起来，为发展提供支持，以提高竞争力和吸引力。最后，文化消费应发挥促进和引导的作用。文化消费是人们为满足精神文化需求而购买文化产品和服务的行为，文化消费不仅为文化产业提供市场需求，还对文化生产起到推动和引导的作用。因此，充分利用文化消费的力量，可以促进文化产业的创新。综上所述，深入发展乡村文化产业的关键途径包括培育具有地方特色的文化品牌、加强科技与文化的结合、充分发挥文化消费的引导作用。通过这些方法，可以有效地优化和升级乡村文化产业，推动其持续健康发展，为乡村振兴贡献重要力量。

二、培育多元的乡村文化振兴力量

乡村文化振兴是一项复杂而繁重的任务，其实现难以仅靠单一力量，只有通过多方支持和培育多元力量，才能有效解决在实施过程中所面临的多种问题（陈洪友，2023）。为了在农村地区大力促进农村文化的发展，必须在以下三个方面充分发挥农民主体地位、党和政府领导地位以及能人的作用。

（一）充分发挥村民在乡村文化振兴中的主体作用

在漫长的五千年历史长河中，不同的时代和地域孕育了我国多种类型的农村文化。这片土地上，辛勤劳作的农民，不仅是乡土文化的奠基者，更是深刻理解乡村文化的缔造者。因此，农民群体是新农村建设的主力军，是无可替代的核心力量。首先，要认识到村民在乡村文化振兴中的重要性。村民不仅是乡村文化的传承者，也是创新者和实践者。他们对本土文化有着深刻的理解和情感连接，是乡村文化振兴不可或缺的力量。乡村文化的振兴不仅仅是保护和传承传统文化，更包括创新和适应现代社会的需要。村民的参与不仅能够保证文化活动的真实性和生动性，还能够促进文化的传播和发展。其次，要激发村民参与乡村文化振兴的积极性。为了激发村民的积极性，需要对他们进行文化教育和培训，提高他们的文化素养和自我表达能力。可以通过开设文化讲座、工作坊、技能培训班等形式，教授他们关于本土文化的知识，以及如何保护和传承这些文化。同时，鼓励村民参与到乡村文化活动的组织和实施中。例如，组织传统节日庆典、民俗展示、文化市集等活动，让村民在活动策划、执行、宣传等方面发挥作用。通过这样的参与，村民不仅能够更好地了解和传承本土文化，还能够提升自身的组织和管理能力。再次，构建村民参与乡村文化振兴的平台和机制。建立村民参与乡村文化振兴的平台。这可以是一个物理的空间，如文化活动中心、乡村博物馆或艺术工作室，也可以是线上的社交平台，如乡村文化网站或社交媒体群组。这些平台不仅提供交流和展示的空间，还可以成为文化活动的策划和组织中心。建立激励机制，鼓励村民参与乡村文化的保护和发展。可以通过设置文化创意比赛、优秀文化传承人奖励等方式，激发村民的创造力和参与热情。同时，对于在文化振兴中表现突出的个人或团体给予表彰和奖励，提升他们的社会地位和影响力。最后，促进村民在文化创新中发挥作用。鼓励村民在传统文化的基础上进行创新。这不仅包括传统艺术形式的现代化演绎，也包括将传统文化与现代生活方式、技术相结合的尝试。例如，将传统手工艺与现代设计理念结合，创造出既有传统韵味又符合现代审美的工艺品。创设文化交流和学习的机会，让村民能够接触到更广泛的文化形式和创意思维。通过组织文化考察团、交流会等活动，让村民有机会走出乡村，学习和借鉴其他地区的成功经验与创新做法。

通过上述措施，可以更有效地发挥村民在乡村文化振兴中的主体作用，促进乡村文化的保护、传承和创新，为乡村的全面振兴贡献力量。

（二）充分发挥党和政府在乡村文化振兴中的主导作用

为了充分发挥党和政府在乡村文化振兴中的主导作用，需要采取一系列综合措施。首先，党和政府应制定有利于乡村文化振兴的政策和规划，确保文化发展战略与国家和地方的发展目标一致。这包括针对文化保护、发展和创新的长远规划，以及短期项目的实施计划。制定这些规划时，应考虑到各地区的文化特色、经济状况和社会需求，保证文化发展计划的实用性和可行性。其次，为了支持乡村文化的振兴，党和政府需要提供稳定的资金支持。这不仅包括直接的财政投入，还包括税收优惠、补贴、低息贷款等多种形式的经济支持。同时，应合理配置文化资源，如人才、技术、信息等，确保这些资源能够高效利用，支持乡村文化的发展。政府应定期组织和推广各种文化活动，如节日庆典、文化展览、艺术表演等，这些活动不仅能够增强村民的文化归属感和自豪感，还能够吸引外部游客，提升乡村文化的影响力。这些活动也是促进文化交流、激发文化创新的重要平台。在文化教育和人才培养方面，重视乡村文化教育，培养具有文化素养和创新能力的人才，可以通过建立文化教育项目、开设文化培训课程、提供奖学金和研修机会等方式。文化创新和科技应用也是推动乡村文化振兴的重要途径，政府应鼓励和支持文化创新，将传统文化与现代科技结合，创造新的文化表现形式和产品。例如，利用数字技术保存和展示传统文化、开发文化旅游 App、利用虚拟现实技术重现历史场景等。这些创新不仅能够提升文化体验的丰富性和互动性，还能够拓宽文化产品和服务的市场。政府还应帮助乡村文化产业开发市场，建立品牌。通过提供市场研究、品牌策略、广告推广等支持，帮助乡村文化产品和服务找到合适的市场定位，建立独特的品牌形象。政府也可以通过举办文化交易会、文化节等活动，为乡村文化产品和服务提供展示与交流的平台。此外，促进社会各界对乡村文化振兴的参与和支持，与企业、非政府组织、学术机构、媒体等建立合作伙伴关系，共同推动乡村文化的发展。同时，加强对乡村文化遗产的保护和传承工作，制定相关法律法规，保障文化遗产的合法权益。最后，建立文化发展的评估和监测机制，定期评估文化政策的效果，监测文化项目的进展情况，确保文化发展计划的实施效果，及时调整与优化政策和策略。通过实施这些措施，党和政府可以在乡村文化振兴中发挥更大的主导作用，为乡村文化的发展提供坚实的支持和保障，促进乡村文化产业的繁荣和乡村社会的全面发展。

（三）充分发挥人才在乡村文化振兴中的关键作用

在乡村文化振兴的过程中，发挥人才的关键作用是至关重要的。人才是推动乡村文化创新、发展和传播的核心动力。为了更好地发挥人才在乡村文化振兴中的作用，需要从多个层面进行深入的工作和规划。首先，要识别和培养具有潜力的乡村文化人才。这不仅包括艺术家、手工艺人、文化活动策划者等直接从事文化创作和活动的人员，也包括那些能够为乡村文化提供理论支持、市场分析、管理建议的专家和学者。为了吸引和留住这些人才，必须提供有吸引力的条件，如合理的薪酬、良好的工作环境、充分的创作自由和发展空间。其次，应该鼓励和支持人才在乡村文化振兴中发挥创新能力。这意味着不仅要保护和传承传统文化，更要鼓励人才将传统文化与现代元素、新技术相结合，创造出新的文化形式和表达方式。例如，利用数字技术重新诠释传统故事，或者将传统工艺融入现代设计中。除了创新，人才还应该在推广乡村文化中发挥重要作用。他们可以通过举办展览、演出、讲座、工作坊等活动，将乡村文化介绍给更广泛的受众，包括城市居民和外国游客。这不仅有助于提高乡村文化的知名度和影响力，还能为乡村带来经济效益。在培养和利用人才的同时，需要构建一个有利于人才发展的良好环境。这包括提供持续的教育和培训机会，让人才能够不断提升自己的技能和知识；建立有效的激励机制，包括物质奖励和精神鼓励，以激发人才的积极性和创造力；创建一个开放和包容的文化氛围，鼓励不同背景的人才交流和合作，促进思想的碰撞和创新的产生。此外，政府和社会各界也应给予人才更多的支持和关注。这可以通过提供研究资金、项目资助、政策咨询等形式，帮助人才将他们的想法和项目转化为现实。同时，也应通过媒体和公共平台宣传优秀的人才和他们的工作，提高社会对乡村文化人才的认识和尊重。最后，强化人才与乡村社区的联系也非常重要。人才应该深入乡村，了解村民的需求和期望，与村民紧密合作，使他们的工作更加贴近乡村的实际情况。村民也应被鼓励参与到文化项目中来，与人才共同工作，共同推动乡村文化的发展。总之，通过培养和利用文化人才，创造有利于人才发展的环境，以及加强人才与乡村社区的联系，可以充分发挥人才在乡村文化振兴中的关键作用，推动乡村文化的保护、传承和创新，为乡村的全面发展做出重要贡献。

第三节　人才与科技助力乡村生态振兴的实践路径

一、激发乡村生态振兴参与主体的协同作用

在推进乡村生态振兴工作时，不能孤立行动，应该实现多方要素的协同，通过汇聚各界力量，激发乡村生态资源的最大潜力（谷晓芸，2023）。这样，乡村的生态活力才能充分发挥，生态资源也得以被充分发掘和利用。因此，在当前新时代的背景下，迫切需要调动乡村生态振兴各主体以协同作用的方式推动乡村生态振兴进程。

（一）充分发挥乡村基层党组织战斗堡垒作用

在农村生态振兴工作中，必须突出强调党委和党组织的关键作用。为了有效推进乡村生态振兴，必须坚持“五级书记抓乡村振兴”的工作机制，确保中央与地方在权责关系上的协同。其中，乡村基层党组织扮演着战斗堡垒的重要角色，特别是在领导乡村生态振兴方面。首先，要明确县、乡、村级党组织在乡村生态振兴中的具体职责。这不仅涉及领导和组织生态振兴项目，还包括对生态工作进行监督和指导。特别是在村级，基层党组织的作用尤为关键。他们的工作成效将直接影响整个党的工作效能，以及乡村生态振兴工作的推进速度和整体进展。为此，各村基层党组织应建立生态轮训制度，并在县、乡、村三级建立生态联络点，确保生态工作的顺利进行。这些联络点不仅是信息传递的渠道，也是监督和协调的平台。其次，基层党组织需要将生态绩效纳入考核评价体系中，以此推动党员干部和组织对生态工作的重视。在实践中，还应定期召开支部大会，将生态振兴工作的关键点纳入群众性活动。这样做不仅能够深化对生态学的理解，也有助于从更深层次上推动生态学的发展。同时，通过支部大会等活动探索生态问题的解决方案，可以更好地结合实际情况，制定符合当地实际的生态发展策略。此外，农村基层党员干部需要不断提升自身的生态素养，强化环保意识，始终坚持生态优先的原则。他们应勇于抵制任何可能破坏农村生态环境的行为，成为生态保护和振兴的模范。通过这些综合措施，可以确保乡村基层党组织在生态振兴中发挥出更大的作用，为乡村生态振兴提供

坚实的组织保障。

（二）着力提高村民生态参与积极性和践行度

回顾乡村建设历程，我们发现，大多数村民通常扮演着旁观者或被动参与者的角色，未能充分认识到自身在农村生态振兴中的主体地位，这在本质上削弱了他们在农村生态振兴中的主人翁作用。《乡村振兴战略规划（2018—2022年）》明确提出了以农民为主体的理念。农民不仅是农村社群的主要成员，也是生态振兴的最大受益者。要提高村民的生态参与积极性，关键在于将他们视为乡村生态振兴的核心。首先，基层政府和各级党组织应加强对村民的引导、宣传和动员工作，唤醒他们的潜在主体意识。在制定乡村生态振兴指导方案时，要听取村民的意见，并充分考虑他们的建议。通过建立多种交流方式，让村民自由表达生态诉求、追求生态权益，实现农村的民主治理，使他们认识到自身的价值和贡献，增强生态自治的信心。其次，应重视对相关人员的教育培训，以提高他们在环境保护方面的职业技能和素质。在村庄内设立与生态振兴相关的职位，如环卫工、乡村生态宣传员、环境监察员等，这不仅可以解决农民的生计问题，还可以有效提高他们的生态参与度。此外，利用农村社会中的熟人网络和传统优势，构建互利互惠的磋商机制，调动所有村民的积极性。综上所述，通过加强对村民的引导和动员，提供教育培训，设立相关职位，并构建有效的磋商机制，可以调动所有村民的积极性，使他们从纯粹的被动参与者角色转变为积极的决策制定者、参与者和监督者，从而更好地推进乡村的生态振兴进程。

（三）全面激励乡镇企业心系乡村绿色发展

乡镇企业的兴起彻底改变了乡村社会仅依赖于农业的单一发展模式，为乡村发展带来了更多的活力。这些企业不仅促进了乡村就业，帮助农民实现小康生活，增加了社会有效供应，还满足了乡村和社会的多元需求，成为乡村经济的重要支柱。在乡村全面振兴的背景下，乡镇企业作为支持乡村经济发展的主要力量，需要调整其步伐以与乡村发展的主要调子相协调。乡镇企业应积极涉足绿色环保行业，协助乡村实现绿色经济的发展，推动乡村生态振兴目标的实现。在乡村基层，鼓励“返乡助乡”的精神，是促进乡镇企业绿色发展的重要举措。这不仅包括强化对乡镇企业的支持，提供必要的政策便利和资金援助，还包括鼓励乡村企业家回乡投资、创业、建设。尤其在公益活动和项目上，如生态旅游景区建设、乡村基础设施改善等方面，乡村企业家的参与将大大促进乡村生态环境的优化。乡镇企业在发展过程中应逐步摆脱仅关注经济效益的传统思维模式，而是要确立经济效益与生态效益并重的发展理念。这意味着要对传统的工业模式进行升级改造，引入先进的设备和技术，以实现资源和能源的节约及高效利用。同时，乡镇企业应积极探索新的增长点，培育新型的绿色发展业态和模式，如发展绿色能源经济，利用可再生能源等。在地理和资源优势方面，乡镇企业应最大程度地利用农村地区丰富的生态资源，更好地融入乡村的生态环境中，承担起生态和社会责任。乡镇企业的发展与农村整体环境紧密相连，它们之间的互动关系决定了乡村可持续发展的可能性。通过实施绿色生态发展策略，不仅能促进农村绿色产业和绿色经济的发展，还能提升农村的生产力和促进生态振兴。为了支持乡镇企业走上绿色发展之路，政府应出台一系列支持政策。这些政策包括提供经济补贴、税收优惠、简化审批程序等，为乡镇企业提供便捷的绿色发展通道。通过这些措施，可以消除乡镇企业在绿色化和生态化转型过程中遇到的障碍，为乡镇企业的绿色增长和繁荣提供强有力的支持。综上所述，乡镇企业在乡村全面振兴中发挥着举足轻重的作用。通过调整发展策略、积极参与绿色环保产业、加强与乡村社会的协调与合作，乡镇企业不仅能够实现自身的可持续发展，还能为乡村生态振兴做出积极贡献。政府的支持和指导将是推动乡镇企业绿色转型的重要保障。

（四）加快乡村生态人才多方培育和建设

从乡村的实际发展情况来看，我国在生态人才上面临着数量不足、质量不高、结构不合理以及与需求不匹配等挑战。在乡村生态振兴过程中，一个重要的实践难题是如何培养出符合我国乡村生态振兴价值导向和目标愿景的生态人才。在2021年，中央一号文件明确提出了将乡村人才振兴纳入党委人才工作总体部署，强化适合乡村特点的人才培养机制，以激励人才为乡村服务。同年，《关于向重点乡村持续选派驻村第一书记和工作队的意见》的发布进一步彰显了政府对农村优秀人才的关注和支持，提出应加速乡村生态人才的培养建设，使人才振兴与生态振兴的关系更加密切，实现五大振兴之间的协同发展。同时，生态型人才的培养不仅需注重其专业培训，还需合理配置人力资源。首先，在教育体系方面，高校应担负起培养生态人才的重要责任。高等教育机构需要明确其培养目标，针对乡村生态振兴的需求，加强相关专业的课程设置和学科建设。特别是在环境人文社会科学领域，高校应加强课程建设，拓宽学科领域，将环境伦理学、生态经济学、乡村规划学等课程纳入教学体系。高校还应强化与乡村实际相结合的教育模式，通过开展乡村实习、实地考察等方式，使学生能够直接接触乡村，加深对生态振兴的认识。政府在生态人才培养中的作用同样不可忽视。政府应制定相应政策，鼓励和支持生态人才的培养和发展。这包括提供教育和培训资金、设置奖学金、简化职业资格认证程序等措施，激励更多的人才投入乡村生态振兴中。政府还应加强与高校、研究机构的合作，推动理论与实践的紧密结合，共同培养符合乡村振兴需求的生态人才。

社会组织和企业在生态人才培养中也扮演着重要角色。社会组织可以通过组织生态保护项目、乡村实践活动等，为学生提供实践平台，使其能够获得实际工作经验。企业则可以通过校企合作、提供实习岗位等方式，培养符合企业需求的生态专业人才。同时，企业还应加强对员工的生态教育和培训，提高其环保意识和能力。在培养生态人才的过程中，还应强调乡村的实际情况。每个乡村的生态环境、经济条件和文化背景都有所不同，因此，生态人才的培养也需因地制宜。政府和教育机构应根据不同地区的具体情况，制定相应的人才培养计划。例如，对于生态环境脆弱的地区，应重点培养生态恢复和保护方面的专业人才；对于农业大县，应重点培养现代农业技术和乡村管理方面的人才。此外，加强生态人才的国际交流与合作也是提高人才培养质量的重要途径。通过与国外高校和研究机构的交流合作，学习国际先进的生态理念和技术，可以拓宽国内生态人才的视野，提高其国际化水平；也可借鉴国外在乡村生态振兴方面的成功经验，为我国乡村生态振兴提供参考。最后，生态人才的培养还需强调实践能力的培养。除了理论学习，学生还应参与到实际的乡村生态项目中，通过实践活动深入理解乡村生态系统的运作，掌握生态保护和振兴的具体技能。这不仅有助于提高其实际工作能力，还能增强其对乡村生态振兴的责任感和使命感。综上所述，生态人才的培养是一项系统工程，需要政府、高校、企业、社会组织以及国际合作的共同努力。通过多方面的协作，我们可以培养出既有专业知识又具备实践经验的高质量生态人才，为我国乡村生态振兴提供有力的人才支持。

二、强化乡村生态振兴保障机制的作用发挥

从历史经验和实践来看，为了推进乡村生态振兴工作并提高其效果和成果的可持续性，必须建立完善、统一、有力的保障机制，以确保政府引导与市场运作相协调。这需要在宣传、科技、法律、组织等多个方面不断完善农村环境保护体系。为加强乡村环境保护的顶层设计，必须在宣传方面加大力度，提高农村居民的环境意识，同时科技支持也至关重要，以便采用现代技术和方法来监测、改善和保护农村环境。

（一）提升乡村生态技术化水平，发挥科技机制保障作用

为了提升乡村生态技术化水平并充分发挥科技机制在乡村生态振兴中的保障作用，应采取一系列综合措施，这些措施不仅响应了 2019 年发布的《数字乡村发展战略纲要》，也符合推进农村绿色化、信息化、科技化和智能化现代化进程的需要。首先，建立跟踪国际前沿技术并整合科研资源的研发团队和平台是至关重要的。这些团队应专注于生态型科学技术的研究与开发，包括低频

高效的生态施肥技术和生物降解农膜技术，以减少对土壤和其他生态环境的污染。这样的研发活动不仅促进了新型产品、技术、装备和机械的创新，而且加强了产业界、学术界和政府之间的合作。其次，积极发展农业生产中的"绿色"技术至关重要。这包括建设绿色化、科技化的公共基础设施和构建可实现互联互通的物联网系统。例如，可以通过现代高科技的智能垃圾分类系统协助居民完成垃圾分类、投放、存储和搬运等工作，提高农村生态基础设施的科技化水平。此外，还应重视大数据技术的应用，建设农业农村大数据服务平台，以及全国范围内的乡村生态系统监测服务平台。通过信息化和网格化管理，全时、全程监控和保护乡村土壤、水源、空气等。在实施这些措施的同时，应鼓励和支持乡村社区参与这些技术的应用和创新。社区居民可以成为生态技术应用的积极参与者，通过参与智能垃圾分类、环境监测等活动，提高他们对于生态保护的意识和能力。同时，应开展以居民为中心的生态教育和培训活动，帮助他们理解和掌握新兴生态技术的操作和利用。进一步而言，政府应制定相关政策和措施，激励和引导科技创新在乡村生态振兴中的应用。这包括提供资金支持、税收优惠、技术咨询等，以降低乡村社区和企业在引入与应用新技术时的成本及风险。同时，政府还应加强与科研机构、高校和企业的合作，共同推动科技创新和应用，提升乡村生态振兴的整体效果。最后，应强化乡村生态技术化应用的监测和评估机制，确保科技创新和应用能够真正满足乡村生态振兴的需求，促进乡村经济和社会的全面发展。通过定期的评估和反馈，可以持续优化技术应用方案，确保乡村生态技术化发展的可持续性和有效性。综上所述，通过建立和实施这些综合措施，可以有效提升乡村生态技术化水平，充分发挥科技在乡村生态振兴中的保障作用，为乡村的现代化发展提供强有力的支撑。

（二）加强乡村生态振兴法治落实，发挥法治机制保障作用

农村生态振兴的实现离不开法治的有效治理。通过法律的规范与约束，可以确保农村生态振兴措施的有效实施，从而实现依法振兴的宏伟目标。在生态立法领域，我国已修改和颁布了一系列环保法规，包括《中华人民共和国环境影响评价法》和《中华人民共和国环境保护税法》，以及专门关注大气污染和土壤污染防治的法规。为了更好地满足推动乡村生态振兴工作的现实需求，我们还应继续修改和颁布乡村生态振兴法，以《中华人民共和国乡村振兴促进法》为基础，明确规定各种现实问题及其违法行为的法律规范，以进一步提高法治水平。此外，我们必须规范司法程序以确保生态立法、生态执法和生态司法之间的有机结合。加强对重大恶劣环境污染事故的终身责任追究制度，完善后续损害赔偿制度，并对违法行为采取严厉的处罚，以提高违法成本。严厉打

击破坏农业资源环境的违法行为，对破坏生态环境的犯罪行为实施准确的定性和量刑，进行严格的处罚并实施经济补偿，确保不宽恕违法。同时，可以考虑设立专门的农村环境污染与伤害的司法援助机构，以完善农村司法援助体系，向农村居民提供必要的免费法律服务，回答他们在乡村生态污染法律问题上的疑虑，以确保他们能够充分利用法律手段来保护自己的生态权益和经济权益，从而维护农村生态的公平和正义。这些系列举措将有助于加强农村生态振兴的法治基础，推动生态法治建设的不断完善。在乡村生态法治的构建中，还需加强农村环境保护法律法规的普及和教育。农民和农村从业人员应通过各种渠道，如村委会、农村学校、社区中心等，获得有关生态保护的法律知识。通过举办讲座、研讨会、宣传活动等，普及环境保护的法律规定，增强农民的法治意识和自我保护能力。同时，提供面向农村居民的法律咨询服务，帮助他们解决实际遇到的环境问题。此外，还需强化环境监管力度，确保农村生态法律法规得到有效执行。政府应加大对环境违法行为的检查和监督力度，确保法律法规得到切实遵守。对于违反环境保护法律法规的行为，应及时进行查处，严格执行罚款、吊销许可证、责令停产停业等处罚措施，确保环境法律法规的权威性和严肃性。加强与公众的沟通和协作，鼓励公众参与环境保护，监督环境违法行为，共同维护农村生态环境的健康和安全。在乡村生态振兴的法治进程中，不仅要依靠法律法规的制定和执行，还需要构建一个全民参与的生态环境保护体系。通过法律的引导和约束，结合公众的参与和监督，可以更有效地推动乡村生态振兴，实现环境保护与农村发展的协调统一。通过这些措施，可以确保乡村生态振兴在法治的轨道上稳步前行，为实现乡村全面振兴提供坚实的法治基础。

（三）促进乡村生态组织结构优化，发挥组织机制保障作用

组织是一种涵盖个人或团体的社会结构，根据其目标和特性可划分为相对稳定的社会单位。在乡村全面振兴的过程中，组织振兴成为关键环节。以中国共产党的组织建设为例，强化组织观念、加强组织程序和维护组织纪律一直是其重要工作。这一点在乡村生态振兴中同样至关重要，因为良好的组织机制能够促进生态振兴并为其提供持续动力。首先，政党的权力源自其内部组织架构，而权力的行使同样基于这一组织体系。在乡村全面振兴的各个发展阶段，精心策划和周详的计划指导显得尤为重要。在计划经济时代，由于资源的相对稀缺，特定组织对社会资源的分配成为必须。在现代，随着市场经济的发展，企业成为经济发展的主体，发挥着关键作用。企业的依赖性和属性对于乡村全面振兴具有重要意义。为了更好地推动乡村全面振兴，应建立农村生态建设领导小组。该小组应由省级领导牵头，市级、县级、乡级领导共同参与，以确保

各级政府在农村环境建设方面承担责任。通过明确各级党委、政府相关职能部门、政府下属事业单位和村委会的权责划分，实现职责与权力的有机结合，可以确保各级政府部门间的协调与合作。同时，应设立乡村生态治理和监督工作小组，由县级领导担任组长，各乡镇和村委会派代表担任小组成员。通过制度化和持续性的推动，确保乡村生态振兴工作的有效实施。此外，与乡村生态振兴相关的重要部门，如水利、生态环境、财政、宣传、农业农村发展和组织等部门，应建立起协作机制，实现上下级部门的协调与配合。进一步而言，逐步构建和完善省、市、县、乡、村五级部门的生态振兴联系工作、情况通报、动态管理和监督评估机制，对于确保乡村生态振兴工作的顺利实施至关重要。这不仅涉及具体政策的制定和执行，还包括对乡村生态项目的监控、评估和反馈，确保各项措施能够有效落地。在乡村生态振兴的组织机制中，还应重视乡村居民的参与和声音。通过建立村民议事会、乡村发展咨询小组等机构，可以让乡村居民直接参与到决策过程中，提出他们的需求和建议。这种自下而上的参与机制，不仅有助于提升政策的适应性和有效性，还能增强乡村居民对乡村发展的归属感和积极性。综上所述，乡村生态振兴的组织机制不仅需要政府的领导和推动，还需要乡村社区的积极参与和支持。通过建立有效的组织机制，可以更好地整合资源、协调各方力量，推动乡村生态振兴的全面发展。这一过程需要精心策划和周密布局，确保各项政策和措施能够切实落实，实现乡村全面振兴的目标。

第四节　人才与科技助力乡村组织振兴的实践路径

一、加强基层政府自身能力建设

（一）激发基层干部工作热情，提升乡镇政府服务水平

提升乡镇政府服务水平是实现乡村振兴的关键环节。针对这一目标，我们需要采取以下措施：首先，对于乡村整并后的遗留问题，需要进行合理的解决。这包括主动增加群众服务机构的编制和人员配备，以扩大服务范围和覆盖面。乡村整并可能会导致对某些村落的行政区划功能减弱，因此，应通过重新调查，明确这些村落的新行政归属，确保农户能够充分享受到乡村振兴政策的优惠待遇（唐斌尧等，2021）。这一过程中，应考虑到地理位置、经济发展水平和居民的生活需求，以实现最合理的行政区划调整。其次，应加大对基层干部工资和福利待遇的保障力度。适当的利益保障不仅可以激发基层干部的积极性和创造力，还能提高其工作效率和质量。有针对性地制定乡镇干部的奖励激

励计划，对于在工作中表现优异的干部给予物质奖励，这将增强他们对工作的热情和归属感。同时，通过科学的评估机制，量化干部的工作表现，确保奖励的公平性和透明性。对于基层领导干部的心理激励也非常重要。心理激励的作用不亚于物质激励，它能够提高干部的满意度和忠诚度。因此，在工作推动过程中，应对乡镇干部持更宽容的态度，建立完善的干部容错机制。这意味着要谨慎对待基层的问责，减少不必要的压力，以避免过多的检查和督导工作对基层造成负担。此外，乡镇干部的选拔工作也需引起足够重视。乡镇干部是联系政府和民众的桥梁，他们的素质和能力直接影响到政策的实施效果和民众的满意度。因此，应增加选拔乡镇干部的力度，选择素质高、了解基层实际、能够解决民众问题的人员担任关键职位。同时，应定期对乡镇干部进行培训，提高他们的专业知识和工作技能，使他们更好地适应乡村振兴的需要。综合来看，提升乡镇政府服务水平需要从解决整并遗留问题、加强干部福利保障、实施心理激励和优化干部选拔等多方面入手。这些措施的实施将大大提高乡镇政府的工作效率和服务质量，进而为乡村振兴提供坚实的基础支撑。通过这些综合性的措施，可以确保乡村振兴的政策得到有效实施，促进农村的全面发展，实现乡村振兴战略的长期目标。

（二）合理利用农村人力资源，加强农村基层组织建设

在乡村振兴的背景下，合理利用农村人力资源和加强农村基层组织建设是至关重要的。实现这一目标需要采取一系列综合性和系统性的措施。首先，对于村“两委”成员的组建，需要进行精心挑选和强化。应从不同领域选拔具备致富经验、科技专业技能、创业经验以及是退伍军人或高校毕业生的人员。这些成员应具有开放的思维、强烈的事业心以及出色的经营管理能力。他们将作为村级领导的核心力量，推动技艺传承和农村产业发展，引导村民增收致富，从而提高村级经济发展的实效性和效益。其次，加强后备人才队伍的培养和建设至关重要。可借鉴江苏、广东等地的做法，通过建立村级人才库，构建一个涵盖产业、金融、政府和民间等多方参与的协作平台，为村民提供包括沟通、发展指导、创业咨询、项目孵化以及资金支持等全方位服务。此外，应考虑为“两委”成员提供在任职期结束后进入事业单位或成为公务员的机会，吸引更多高素质人才参与乡村振兴。提升基层干部的素质水平也是关键一环。应组织县、镇和村三级干部到农村集体经济迅速发展的地区学习先进经验。培训内容应包括业务素质和经营管理方法，目的是提升村级集体工作的素质水平，推动村级集体的转型升级。此外，还需培育一批具有领导力的“领头雁”，通过鼓励他们走出去并吸引他们回来的方式，利用“乡情”和“乡愁”的情感纽带，吸引企业家、大学生、退伍军人等回乡参与乡村振兴。在这个过程中，山西的

经验值得借鉴，特别是在村党组织书记的派任制方面，通过公开选拔具有强烈事业心和家乡情怀的人员，鼓励他们回到自己的村庄，同时保持其编制和工资，激励他们为家乡的振兴贡献力量。这样的策略能够形成“头雁领路、群雁齐飞”的新格局，有效提升农业和农村的人才质量。综上所述，通过精心挑选和强化村“两委”成员的组建，重视后备人才队伍的培养和建设，以及提升基层干部的素质水平，可以有效地利用农村人力资源，加强农村基层组织的建设。这些措施将共同推动乡村振兴的进程，实现乡村的全面发展和繁荣。

（三）合理选择产业发展路子，提升村集体经济效益

村级集体经济作为农村基层组织运转的物质基础，在推动乡村振兴计划中发挥着至关重要的作用。为了实现这一目标，需要采取一系列综合性和系统性的措施来强化村级集体经济的管理和发展。首先，村级财政管理的规范化至关重要。通过深入改革村级集体经济的管理体制、运行机制和管理方式，可以实现村级集体经济的可持续发展、开源节流和高效运作。这包括强化对村级集体经济财务运作的引导和监管，建立明确的财务监管机构，坚持村务财务公开原则，确保集体资金的透明运用及村民的知情权和参与权。此外，明确集体资金的运用方向和原则是保护村民权益的关键，这有助于确保村级财务状况的充分公开和透明。其次，化解村级集体经济的债务负担是提升村级集体经济实力的重要环节。通过严格管控非生产性支出，采用“财政支持一点、包扶帮一点、集体出一点”的原则，综合运用政策、资金和项目，有针对性地解决债务问题。同时，关注“短平快”产业在村级集体经济中的比重，加大对这些产业的支持，以促进村级经济的健康发展和收入的稳定增长。此外，注重考核与激励相结合，对村级集体经济进行全面、细致、定量的评估，是提高管理效率的关键。引入“三项机制”，包括补贴奖励制度，以激励村级行政主管部门的有效参与。制定合理的奖励政策，鼓励和激发村级行政主管在支持村级经济工作中的积极作用。这些措施将提高村级经济的效益和影响力，为乡村振兴计划的成功实施提供坚实基础。进一步而言，发展村级集体经济还需要重视创新和转型。例如，鼓励村级集体经济投资于新兴产业和创新项目，如绿色能源、生态旅游和智慧农业。这些产业不仅符合国家可持续发展的战略目标，还能为村民提供新的就业机会和增收渠道。同时，加强与外部市场的连接，拓展销售渠道，提高农产品的附加值，也是提升村级集体经济实力的有效手段。在实施这些策略的同时，还应注意加强村民参与和民主管理。通过定期召开村民大会，公布村级集体经济的运作情况，听取村民的意见和建议，可以提高政策的透明度和村民的满意度。此外，通过建立健全反馈和投诉机制，及时解决村民在集体经济发展过程中的问题和疑虑，有助于增强村民对村级集体经济的信任和支

持。综上所述，通过规范化财政管理、渐进性地化解债务负担、注重考核与激励相结合，以及创新和转型等措施，可以有效地提升村级集体经济的管理效率和发展水平。这将有助于加强农村基层组织的号召力和凝聚力，成为乡村振兴计划成功实施的重要组成部分。通过这些全面和系统的措施，村级集体经济将能够更好地支持农村基层组织的建设，推动乡村振兴计划的顺利实施。

二、促进城乡公共资源均衡配置

（一）提升农村基础教育质量

2018年国务院办公厅发布的《关于全面加强乡村小规模学校和乡镇寄宿制学校建设的指导意见》标志着农村教育改革的一个重要里程碑。该指导意见主要聚焦于改善农村地区教育资源配置，促进教育公平，具体内容和实施措施如下：第一，建立完整的小学或合作小学。针对学生来源充足且人口相对集中的村庄，该措施的目标是确保当地学生能接受良好的基础教育。通过建立完整的小学或与邻近村庄合作建立小学，可以为孩子们提供更加便利和高质量的教育服务。第二，设立小型学校和寄宿中心。针对偏远和生源稀少的地区，建议在这些区域设立小型学校和寄宿中心，以满足当地孩子的教育需求。这不仅能提供更好的学习环境和服务，还能减少因远离学校而导致的教育障碍。第三，开办社区幼儿园。鼓励在农村社区开办幼儿园，特别是在人口密集的产业带和示范园区。政府应出台政策支持私立幼儿园的进村发展，通过购买服务等方式促进私营幼儿园的健康运营。这将有助于解决农村家庭因孩子进城读书而导致的劳动力流失，减轻家庭教育负担。第四，支持寄宿制学校的运作。每个镇办（社区）中心小学应配备专门的保教（幼）人员，以照顾寄宿儿童的日常生活。各乡村小学在条件允许的情况下，应接收低龄儿童的寄宿，从而促进教育资源的合理分配。此外，农村教育改革还需注重以下几个方面：首先，应该加强师资力量，重点提升农村地区的教师素质和教育质量。通过定期培训、教育交流和激励机制，提高教师的专业能力和教学水平。其次，创新课程和教学方法。针对农村学生的特点，设计更加贴近实际、富有创新的教学内容和方法。引入信息技术和现代化教学手段，提高教育的吸引力和有效性。再次，改善学校硬件设施。投资于学校基础设施的改善和升级，如现代化教室、图书馆、实验室和体育设施，以提供更优质的学习环境。最后，鼓励社区和家庭的参与。鼓励家长和社区成员积极参与学校教育，建立学校、家庭和社区三方合作的教育模式。

（二）促进城乡公共服务均等化

在当前中国乡村振兴的大背景下，加强农村公共服务领域的建设和完善是实现农村全面发展的关键。要构建一个有效的城乡公共服务体系，既需要国家政策的支持，又需要地方政府和社区的积极参与。首先，对于农村公共服务领域的资金投入，国家和地方政府应扮演主导角色，确保足够的资金用于基础设施建设和维护。这包括水、电、道路、燃气、供暖等基本设施的建设，这些基础设施的完善直接关系到农村居民的生活质量和生产效率。通过增加资金投入和优化资源配置，可以显著提高农村地区的基础设施水平，从而缩小城乡发展的差距。其次，建立以需求为导向的服务模式至关重要。这意味着政府和社区组织需要密切合作，了解农村居民的实际需求，然后制定和实施相应的服务策略。例如，在教育领域，可以根据各地实际情况，合理配置教育资源，确保农村儿童能够获得均衡、高质量的教育服务。同样，在医疗和卫生领域，也应确保农村地区能够获得基本的医疗服务和公共卫生设施。此外，鼓励市场导向的经营方式，动员基层社会组织积极参与社区公益事业的建设和运营，是提高农村公共服务效率的重要途径。通过这种方式，可以充分发挥私营部门的创新能力和效率优势，同时保证公共服务的可持续性。这种模式下，农村居民可以直接参与到公共服务项目的决策和管理中，从而增强他们对公共服务的归属感和满意度。农村公共服务的多样化也是不容忽视的方向。尝试不同形式的农村公共服务项目，如自选、自建、自管和自用等，能够激励广大农村居民积极参与到公共服务项目中，从而为农村公共服务事业的发展注入更多的活力。这种参与式的公共服务模式不仅能够更好地满足农村居民的个性化需求，还能够促进社区内的协作与和谐。综上所述，通过加大对农村公共服务领域的资金投入，采用以需求为导向的服务模式，鼓励市场导向的经营方式，以及尝试多样化的公共服务项目，可以有效地提升农村公共服务的覆盖面和质量，从而为实现乡村振兴提供坚实的支撑。这些综合性的措施将有助于构建一个全面、高效、可持续的城乡公共服务体系，实现农村地区的全面发展和居民的福祉提升。

（三）注重提升农民内生动力

在乡村振兴的关键阶段，注重提升农民的内生动力是推动农业和农村可持续发展的核心。这一目标的实现依赖于观念的转变和政府角色的适当调整，确保农民能够在新时代的农业发展中发挥更大的作用。首先，观念上的根本转变对于激发农民的内生动力至关重要。许多农民因为不愿、不懂或不敢发展而陷入困境。为解决这个问题，政府应该通过政策支持、法规制度和教育培训等手段来引导和教育农民。例如，消除依赖性思维，摒弃等待和要求的倾向，树立勇于冒险、勇于尝试的新观念。可以通过开办创业培训班、农业技术研讨会和市场分析课程，帮助农民了解现代农业的发展趋势和市场需求，从而鼓励他们主动适应市场变化，积极参与农业创新。其次，政府应减少对农业经营的过度干预，转变角色，更多地发挥促进和引导作用。这意味着政府在提供必要的支持（如技术培训、发展指导、市场信息和基础设施建设）的同时，也应尊重农户的自主决策权。这种转变将鼓励农户根据自身条件和市场需求自主选择生产和经营策略，从而促进更具可持续性和适应性的农业发展。此外，提升农民内生动力还需要注重发挥地方特色和优势。每个农村地区都有其独特的资源和条件，如特色农产品、传统手工艺或文化资源。政府可以支持农民利用这些资源开发特色产业，如乡村旅游、特色种植和加工等，以创造更多的就业和收入机会。同时，可以通过建立合作社或农业联合体的方式，鼓励农民共享资源、技术和市场信息，实现规模化、品牌化经营。为了实现这些目标，政府还应加大在农村地区的公共服务和基础设施投资。这包括改善农村地区的交通、通信、教育和医疗设施，为农民提供更好的生活和工作条件。政府也可以通过设立特殊资金、提供税收优惠等方式，支持农民开展农业创新和创业活动。总之，通过观念的转变和政府角色的适当调整，以及充分发挥地方特色和优势，可以有效提升农民的内生动力，推动农业和农村的可持续发展。这些措施将共同促进乡村振兴计划的成功实施，实现农村地区的全面发展和居民福祉的提升。

参考文献

REFERENCES

边琳丽，刘泽惠，2019. 以人才振兴助力乡村振兴［J］. 人民论坛（27）：72-73.

曹子建，吴永常，陈学渊，2023. 中国农业科技成果转化：演变历程、发展现状及优化路径［J］. 中国科技论坛（10）：11-18，27.

陈潮辉，2022. 推进乡村治理现代化："三治结合"及其宪法逻辑［J］. 湘潭大学学报（哲学社会科学版），46（1）：92-97.

陈洪友，2023. 互构与主导：乡村文化振兴进程中的县级融媒体参与机制及实现路径［J］. 西南民族大学学报（人文社会科学版），44（10）：140-148.

陈丽娟，2022. 乡村振兴背景下多元主体协同治理推动乡村人才队伍建设研究［J］. 农村实用技术（9）：66-68.

崔红军，2022. 农业科技金融创新的必要性及路径研析：评《农业科技金融创新研究》［J］. 棉花学报，34（5）：473-474.

樊胜根，邢鹂，方成，等，2006. 农业科研与城镇贫困［J］. 农业技术经济（5）：9-15.

高布权，2008. 论农业科技创新的内涵及其在农业现代化中的功效［J］. 农业现代化研究（5）：522-526.

高丽丽，2023. 加强农村人力资源建设推动农村集体经济发展［J］. 中国集体经济（26）：1-4.

高琴桃，张颖，刘昭强，等，2023. 浅谈乡村振兴战略下农业科技人才队伍建设路径：以甘孜藏族自治州为例［J］. 四川农业与农机（4）：32-33.

郜亮亮，2023. 中国农地产权制度的改革实践、变迁逻辑及未来演进方向［J］. 政治经济学评论，14（1）：48-76.

谷晓芸，2023. 推进乡村生态振兴：现实困境与突破路径［J］. 农业经济（12）：58-59.

何立荣，何宇，2022. 自治、法治、德治在乡村治理中的地位探讨［J］. 广西民族研究（2）：8-14.

黄敦平，周迅，2023. 乡村人才振兴的价值意蕴、现实困境与实现路径［J］. 盐城工学院学报（社会科学版），36（2）：34-38.

黄文记，2021. "三治"结合乡村治理体系中新乡贤的作用研究［J］. 西南民族大学学报（人文社会科学版），42（1）：171-177.

黄永清，宁夏，孔令孜，等，2020. 加快广西农业科技成果转化机制创新研究［J］. 南方农业学报，51（7）：1776-1784.

黄祖辉，俞宁，2010. 新型农业经营主体：现状、约束与发展思路：以浙江省为例的分析

[J]．中国农村经济（10）：16－26，56.
冀香，2023. 乡村振兴视域下新型职业农民培育研究［J］．山西农经（20）：65－67.
孔祥成，刘芳，2022. 中国乡村治理现代化的演进逻辑与路径选择［J］．江淮论坛（2）：145－151，193.
蒯洋，2023. 荣县绿色循环农业科技人才建设存在的问题及对策研究［D］．泸州：西南医科大学.
李广稷，孟东方，2023. 新时代人才强国战略驱动共同富裕问题研究［J］．重庆社会科学（10）：78－93.
李美岩，隋响，2023. 新业态下经济高质量发展的影响要素与发展路径探究［J］．中国市场（36）：10－13.
李敏，2022. 农村基层党组织全面推进乡村振兴的多维功能审视［J］．山东农业工程学院学报，39（1）：16－22.
李思琦，2022. 国外乡村人才开发对中国乡村振兴战略实施的启示：以四川省凉山州为例［J］．国际公关（12）：94－96.
李岩，莫广刚，2022. 乡村人才振兴：政策特点、主要做法与关键关系［J］．农学学报，12（11）：94－100.
李哲，2023. 农业科技创新走廊：区域协同创新发展新范式：评《农业科技成果转化：模式、机制与绩效研究》［J］．中国农业气象，44（3）：254.
林伟敏，刘成华，2023. 农业科技创新能力与农业高质量发展耦合协调研究［J］．北方园艺（9）：144－152.
林潇潇，2023. 面向乡村振兴的“高校—基地”农业科技人才协同培养模式与路径［J］．科技智囊（2）：63－70.
刘畅，吕杰，2020. 新型农业经营体系研究：知识图谱、理论框架构建与未来展望［J］．经济体制改革（2）：74－79.
刘佳，刘欣伟，左旭乾，2023. 河北省农业科技人才激励机制构建研究［J］．乡村科技，14（8）：22－25.
刘金海，谈晓花，2023. 从“双轨”到“三治”：中国乡村治理的现代之变［J］．党政研究（3）：102－110，128.
刘云刚，陈林，宋弘扬，2020. 基于人才支援的乡村振兴战略：日本的经验与借鉴［J］．国际城市规划，35（3）：94－102.
楼栋，孔祥智，2013. 新型农业经营主体的多维发展形式和现实观照［J］．改革（2）：65－77.
毛世平，杨艳丽，王晓君，等，2019. 农业区域创新生态系统建设的国际经验及对京津冀区域的启示［J］．世界农业（7）：76－82，97.
孟祥琳，徐永新，2023. 从脱贫攻坚到乡村振兴：内在逻辑、困境与实践路径［J］．河南理工大学学报（社会科学版），24（2）：48－56.
牟月，2023. 加强乡村治理人才队伍建设的对策建议［J］．农村·农业·农民（B版）

（6）：22－24.
施玖玖，2023. 共同富裕背景下农业科技人才助力乡村振兴的路径研究［J］. 智慧农业导刊，3（23）：176－179.
孙美红，孟颖超，马晶，等，2023. 山西省农业科技成果转化现状与建议［J］. 山西农经（22）：163－166.
孙小省，2022. 试论乡村治理中的村民自治［J］. 领导科学论坛（8）：107－109.
孙月，俞建飞，2020. 农村“双创”背景下新农人培育引领乡村振兴的对策建议［J］. 农学学报，10（12）：18－20.
唐斌尧，谭志福，胡振光，2021. 结构张力与权能重塑：乡村组织振兴的路径选择［J］. 中国行政管理（5）：73－78.
唐剑，杨竞，2021. 西部中心城市涉农科技人才助推乡村产业振兴的路径优化：基于成都市的实证分析［J］. 经济界（5）：89－96.
汪发元，2014. 中外新型农业经营主体发展现状比较及政策建议［J］. 农业经济问题，35（10）：26－32，110.
汪子豪，2023. 马鞍山市乡村治理人才队伍建设研究［D］. 合肥：安徽农业大学.
王丹，赵新力，杜旭，等，2021. 国家农业科技创新水平系统生态演化研究［J］. 中国软科学（12）：41－49.
魏奇锋，顾新，2019. 农业科技成果转化的知识服务体系构建研究［J］. 情报理论与实践，42（6）：111－116.
吴佳彦，2023. 着力培养“五类人才”赋能乡村振兴［J］. 重庆行政，24（4）：25－27.
夏小华，刘晓玉，2023. 乡村治理人才建设的困境及其破解路径［J］. 阜阳师范大学学报（社会科学版）（5）：104－109.
向书坚，轩媛媛，杜文豪，2023. 科技创新如何促进农民生活富裕：理论机制与经验证据［J］. 统计学报，4（5）：1－15.
谢沛涵，刘晓玉，夏小华，2022. 乡村人才振兴：价值意涵、现实困境与实践路向［J］. 农村经济与科技，33（21）：154－158.
熊素，罗蓉，2023.“双碳”目标下中国农业绿色发展：理论框架、困境审视及破局之道［J］. 农村经济（2）：106－115.
余侃华，魏伟，杨俊涛，等，2023. 基于乡村振兴的人才机制反思与模式建构：以韩国“归农归村”计划为镜鉴［J］. 国际城市规划，38（2）：24－30，47.
张春，2023. 乡村治理人才队伍建设的研究［D］. 昆明：云南师范大学.
张琦，庄甲坤，2023. 高质量乡村振兴的内涵阐释与路径探索［J］. 贵州社会科学（5）：145－152.
赵秀玲，2023. 乡村文化振兴与新乡贤再造［J］. 河北学刊，43（4）：167－175.
钟楚原，李华胤，2023. 青年人才何以助力乡村振兴：基于“嵌入性—公共性”框架的分析［J］. 南京农业大学学报（社会科学版），23（1）：50－60.
周海川，2022. 农业青年科技人才交流现状、问题和建议［J］. 农村工作通讯（15）：52－53.